HEIKE VON DER BECK

Norminhalt und Formenstrenge im Recht der Nottestamente

Münsterische Beiträge zur Rechtswissenschaft

Herausgegeben im Auftrag der Rechtswissenschaftlichen Fakultät
der Westfälischen Wilhelms-Universität in Münster durch die Professoren
Dr. Hans-Uwe Erichsen Dr. Helmut Kollhosser Dr. Jürgen Welp

Band 94

Norminhalt und Formenstrenge im Recht der Nottestamente

Ein Beitrag zur Analyse und Reform der außerordentlichen Testamentsformen

Von

Heike von der Beck

Duncker & Humblot · Berlin

Die Deutsche Bibliothek – CIP-Einheitsaufnahme

Beck, Heike von der:
Norminhalt und Formenstrenge im Recht der Nottestamente :
ein Beitrag zur Analyse und Reform der ausserordentlichen
Testamentsformen / von Heike von der Beck. –
Berlin : Duncker und Humblot, 1995
(Münsterische Beiträge zur Rechtswissenschaft ; Bd. 94)
Zugl.: Münster (Westfalen), Univ., Diss., 1994
ISBN 3-428-08451-9
NE: GT

D 6

Fotoprint: Berliner Buchdruckerei Union GmbH, Berlin
Printed in Germany

ISSN 0935-5383
ISBN 3-428-08451-9

Gedruckt auf alterungsbeständigem (säurefreiem) Papier
entsprechend ISO 9706 ♾

Meinen Eltern
in Dankbarkeit gewidmet

Vorwort

Die vorliegende Arbeit geht auf meine Dissertation zurück, die der Juristischen Fakultät der Westfälischen Wilhelms-Universität Münster im Wintersemester 1994 / 95 vorgelegen hat.

Ein besonders herzlicher Dank gilt meinem Doktorvater, Herrn Prof. Dr. Wilfried Schlüter, auf dessen Anregung die Thematik der Arbeit zurückgeht und der ihre Entstehung mit seiner entgegenkommenden Betreuung begleitete.

Mein Dank gilt ebenfalls Herrn Prof. Dr. Kollhosser für die Aufnahme dieser Arbeit in die Schriftenreihe der Münsterischen Beiträge zur Rechtswissenschaft.

Oldenburg, im Februar 1995

Heike von der Beck

Inhaltsverzeichnis

2. Teil

Entwicklung eines Maßstabs zur Überprüfung der Formvorschriften im Recht der außerordentlichen Testamente

3. Teil

Das Bürgermeistertestament: Darstellung und Überprüfung der Formvorschriften des Bürgermeistertestaments

4. Teil

Das Dreizeugentestament: Darstellung und Überprüfung der Formvorschriften des Dreizeugentestaments

Einleitung

Nottestamente[1] und ihre Formvorschriften sind ein wenig beachtetes Thema in der juristischen Literatur.

Der Grund dafür liegt darin, daß ihre praktische Bedeutung in heutiger Zeit gering ist. Zwar bilden sie eine notwendige Ergänzung zu den für den Regelfall konzipierten ordentlichen Testamentsformen, indem sie gerade für außerordentliche Fälle auch außerordentliche Testamentsformen bereithalten.[2] Besondere Verhältnisse erfordern Abweichungen von den Formvorschriften der ordentlichen Testamentsformen, um auf diese Weise dem Erblasser auch noch in einer lebensbedrohlichen Notlage zu ermöglichen, seinem letzten Willen Geltung zu verschaffen.

Diese grundsätzlich wichtige Aufgabe der Nottestamente verliert allerdings dadurch an Bedeutung, daß dem Erblasser mit der Möglichkeit der eigenhändigen Testamentserrichtung eine einfache und bequeme Testamentsform zur Verfügung steht, von der er solange Gebrauch machen kann, wie auch seine Schreibfähigkeit fortbesteht.[3]

Lange[4] führt hierzu treffend aus: „Das eigenhändige Testament ist das Nottestament des Erblassers, der seinen letzten Willen schriftlich niederlegen kann."

Trotz der hierdurch zurückgedrängten praktischen Bedeutung wurde die Notwendigkeit der Zulassung von Nottestamenten nie in Frage gestellt.

---

[1] So werden die außerordentlichen Testamentsformen im allgemeinen bezeichnet, vgl. Mot.V. S. 282 ff.; ebenso in der amtlichen Überschrift zu §§ 23, 24, 26 TestG, die mit Übernahme in das BGB weggefallen ist.

[2] *Lange / Kuchinke*, Erbrecht, S. 320.

[3] *Schlüter*, Erbrecht, S. 113; *Dietz*, Erbrecht, S. 54.

[4] *Lange*, 1. Denkschrift, S. 88; vgl. dagegen Mot. V. S. 282 zu dem Entwurf eines Bürgerlichen Gesetzbuchs, der ein eigenhändiges Testament noch nicht vorsah: „Nachdem weder das holographische noch andere Privattestamente zugelassen sind, ist Sorge zu tragen, daß in schleunigen Fällen möglich bleibt, einen Ersatz für diese Organe (Richter, Notare) zu finden."

Doch ist es der Außenseiterrolle der außerordentlichen Testamentsformen zuzuschreiben, daß eine intensive Auseinandersetzung mit den ihr zugrundeliegenden gesetzlichen Regelungen seit deren Aufnahme in das BGB nicht erfolgt ist. Im Gegensatz hierzu befaßte man sich in zahlreichen Diskussionen, Abhandlungen und Schriften mit den ordentlichen Testamentsformen und bemühte sich hier zugleich um eine stete Anpassung der Gesetzeslage an die praktischen Gegebenheiten.

Die Vernachlässigung der außerordentlichen Testamentsformen hat auf diese Weise dazu geführt, daß die Nottestamente trotz der zahlreichen mit ihnen verbundenen Probleme der Gesetzesanwendung der erforderlichen grundlegenden Reformierung bislang nicht unterzogen wurden.

In erster Linie ergibt sich die Reformbedürftigkeit der außerordentlichen Testamentsformen daraus, daß die hier bestehenden strengen Formerfordernisse der Nottestamente, die weit über die Anforderungen der anderen deutschsprachigen Ländern hinausgehen[5], in vielen Fällen einer wirksamen außerordentlichen Testamentserrichtung im Wege stehen.[6] Dies gilt insbesondere für das vergleichsweise bedeutsame Dreizeugentestament, welches zu Recht der Kritik ausgesetzt ist, es sei ein „totgeborenes Kind“.[7]

Überdies stellt sich die gesetzliche Konzeption der außerordentlichen Testamentsformen als ein unklares und übermäßig auslegungsbedürftiges Regelwerk dar. Die durch die Testamentsrechtsreform des Jahres 1938 vorgenommene notdürftige Korrektur durch Einführung der speziell für Nottestamente geltenden Formerleichterung des § 2249 Abs. 6 BGB hat zu großer Verwirrung geführt und ist zum Gegenstand einer Vielzahl von Rechtsstreitigkeiten geworden.[8]

So hat sich die Rechtsprechung in zahlreichen Fällen mit dieser Thematik beschäftigen müssen. Anhand der hierbei begründeten Kasuistik hat sich mittlerweile eine weitgehend einheitliche Rechtsprechung bezüglich Auslegung und Anwendung der gesetzlichen Regelungen der Nottestamente herausgebildet[9], die aber das grundlegende Dilemma der überzogenen Formanforderungen nicht zu beheben vermochte.

---

[5] Vgl. hierzu 4. Teil, 3. Abschn. A.

[6] *Brox*, Erbrecht, Rn. 136.

[7] *Lange / Kuchinke*, Erbrecht, S. 332; *Harder*, (Anm.) LM Nr. 4 zu § 2250.

[8] *Harder*, (Anm.) a.a.O.

[9] Auf diese wird im folgenden im 3. und 4. Teil eingegegangen.

Ein Überprüfungsbedarf liegt zudem im Hinblick auf die Ausgestaltung der Zulässigkeitsbestimmungen der Nottestamente auf der Hand. Hier erscheint es bereits auf den ersten Blick als fraglich, ob die historisch bedingte Fallgruppeneinteilung der außerordentlichen Testamente auch noch in heutiger Zeit den tatsächlichen Gegebenheiten gerecht werden kann.

Die vorliegende Arbeit soll, ausgehend von einer theoretischen Betrachtung der Strukturen der außerordentlichen Testamentsformen, einen Beitrag zur längst fälligen, eingehenden Überprüfung der Regelungen der außerordentlichen Testamentsformen leisten.

1. Teil

Überblick über die Testamentsformen des BGB sowie die historische Entwicklung der Nottestamente

1. Abschnitt

Ordentliche und außerordentliche Testamentsformen

A. Die ordentlichen Testamentsformen

Als sogenannte ordentliche Testamentsform kennt das BGB zunächst das Notartestament, §§ 2231 Nr. 1, 2232 BGB.

Diese auch als „öffentlich" bezeichnete Testament, wird in einer notariellen Beurkundungsverhandlung errichtet, in welcher der Erblasser seinen letzten Willen erklärt.[1]

Der Notar hat nach den Vorschriften des Beurkundungsgesetzes[2] hierzu eine Verhandlungsniederschrift anzufertigen und diese anschließend in die besondere amtliche Verwahrung zu bringen, § 34 BeurkG, §§ 2258 a, 2258 b BGB.[3]

Eine weitere ordentliche Testamentsform stellt das sogenannte eigenhändige Testament, gem. §§ 2231 Nr. 2, 2247 BGB, dar.

Die eigenhändige Errichtung eines Testaments erfordert die eigenhändig geschriebene und unterschriebene Erblassererklärung, § 2247 Abs. 1 BGB. Dabei ist die gesetzlich vorgesehene Angabe von Zeit und Ort der Testamentserrichtung lediglich als Sollvorschrift ausgestaltet, § 2247 Abs. 2 BGB. Die Verbringung des eigenhändigen Testamentes in amtliche Verwahrung ist fakultativ, § 2248.[4]

---

[1] Die möglichen Erklärungsarten sind in § 2232 BGB geregelt.

[2] Beurkundungsgesetz (BeurkG) 1969, BGBl. I, 1513.

[3] Näheres vgl. *Kipp / Coing*, Erbrecht, S. 191 ff.; *Lange / Kuchinke*, Erbrecht, S. 294 ff.; *Schlüter*, Erbrecht, S. 103 ff.

[4] Näheres vgl. *Kipp / Coing*, Erbrecht, S. 184 ff.; *Schlüter*, Erbrecht, S. 109 ff. mit ausführlichen Literaturhinweisen.

B. Die außerordentlichen Testamentsformen

I. Das Bürgermeistertestament gem. §§ 2249, 2250 Abs. 1 BGB

1. Anwendungsbereich und Errichtung des Bürgermeistertestaments

Den ordentlichen Testamentsformen stehen die sogenannten außerordentlichen gegenüber.

Die Errichtung eines sogenannten Bürgermeistertestaments ist hierbei dann zulässig, wenn die Besorgnis des vorzeitigen Ablebens des Erblassers besteht, sofern die rechtzeitige Errichtung eines Notartestaments ausgeschlossen erscheint, § 2249 BGB.[5]

Ein weiterer Anwendungsfall des Bürgermeistertestaments stellt die Absperrung eines Ortes infolge außerordentlicher Umstände dar, welche die Errichtung eines Notartestaments unmöglich macht oder doch erschwert, § 2250 Abs. 1 BGB (das sogenannte Absperrungstestament).

Der Bürgermeister muß zur Testamentserrichtung zwei Zeugen hinzuziehen, § 2249 Abs. 1, S. 2 BGB. Die Testamentsaufnahme geschieht durch Abgabe einer mündlichen Erklärung oder durch Überreichen einer Schrift mit der Erklärung, daß diese den letzten Wille enthalte, § 2249 Abs. 1 S. 4 i.V. mit § 2232 BGB. Die Niederschriftsaufnahme erfolgt, wie auch beim Notartestament, nach den Regeln des Beurkundungsgesetzes, auf die in § 2249 Abs. 1 BGB im einzelnen verwiesen wird.

Ebenso wie im Rahmen des Notartestaments ist auch hier eine amtliche Verwahrung der Testamentsurkunde vorgeschrieben, § 2249 Abs. 1, S. 4 BGB i.V. mit § 34 BeurkG.

Die Wirksamkeit des Bürgermeistertestaments ist – sollte der Erblasser zu diesem Zeitpunkt noch leben – zeitlich auf drei Monate nach seiner Errichtung begrenzt, § 2252 BGB.

---

[5] § 2249 Abs. 1 S. 4, 2. HS besagt ausdrücklich: „Der Bürgermeister tritt an die Stelle des Notars."

2. Die Formerleichterungen des § 2249 Abs. 6 BGB

Als Besonderheit gegenüber den Bestimmungen des Notartestaments hält § 2249 Abs. 6 BGB eine Formerleichterung folgenden Inhalts bereit:

„Sind bei der Abfassung der Niederschrift über die Errichtung des in den vorstehenden Absätzen vorgesehenen Testaments Fomfehler unterlaufen, ist aber dennoch mit Sicherheit anzunehmen, daß das Testament eine zuverlässige Wiedergabe der Erklärung des Erblassers enthält, so steht der Formverstoß der Wirksamkeit der Beurkundung nicht entgegen."

Mit dieser Formerleichterung wollte der Gesetzgeber der Tatsache entsprechen, daß der mit der Aufnahme und Beurkundung eines Nottestaments im konkreten Fall Betraute, die hierfür geltenden Formvorschriften oftmals nicht hinreichend beherrscht.[6] In der Regel können nämlich von Laien kaum vertiefte Rechtskenntnisse erwartet werden, so daß der Gesetzgeber die damit angelegte Häufigkeit von Formfehlern bei der Nottestamentserrichtung in gewisser Weise zu berücksichtigen und hierdurch entstehende Härten abzumildern hatte.[7]

Hierzu findet sich in Literatur und Rechtsprechung häufig der Gedanke, daß das Gesetz, das einem Bürgermeister in Notfällen entsprechende Aufgaben übertrage, dann auch Vorsorge dafür zu treffen habe, daß er diesen gerecht werden könne.[8] Dies habe insbesondere auch für die juristisch kaum vorgebildeten Bürgermeister kleinerer oder abgelegener Landgemeinden zu gelten, zumal gerade hier ein zu bewältigender Notfall noch am ehesten eintreten könne.[9]

Vor diesem Hintergrund offenbare sich in § 2249 Abs. 6 BGB der gesetzgeberische Wille, die Gültigkeit des Nottestaments möglichst sicherzustellen und unnötige Formstrenge zu vermeiden.[10]

Das Gesetz unterscheidet in § 2249 Abs. 6 BGB *Mängel bei Abfassung der Niederschrift* von jenen Mängeln, die den *Errichtungsvorgang* selbst betreffen. Während erstere heilbar sind, wird an der ordnungsgemäßen Errichtungsver-

---

[6] *Erman-Schmidt*, § 2249 Rn. 5.

[7] OLG Nürnberg DNotZ 1966, 188.

[8] OLG Nürnberg DNotZ 1966, 188; *Erman-Schmidt*, § 2249 Rn. 5.

[9] MK-*Burkart*, § 2249 Rn. 21.

[10] *Weigelin*, SJW 1948, 201, 202.

handlung zwingend festgehalten, deren Vorliegen mit allgemein zulässigen Beweismitteln der ZPO bewiesen werden kann.[11]

Damit blieb der Gesetzgeber hinter dem Vorschlag des mit der Testamentsrechtsreform des Jahres 1938 befaßten Erbrechtsausschusses zurück, der eine generelle Heilbarkeit von Formfehlern vorgesehen hatte, und zwar derart, „daß die Gültigkeit dieser Nottestamente durch Formfehler nicht berührt werde, wenn das Testament trotz des Formverstoßes eine zuverlässige Wiedergabe der Erklärung des Erblassers enthält".[12]

Die in der Folge der Testamentsreform des Jahres 1938 demgegenüber letztlich beschlossene eingeschränkte Formerleichterung des heutigen § 2249 Abs. 6 BGB hat zu einer Vielzahl von Streitigkeiten geführt, da eine eindeutige Differenzierung zwischen Protokoll- und Errichtungsvorschriften häufig nicht möglich ist.

So befaßt sich ein großer Teil der im Bereich der Nottestamente ergangenen Entscheidungen mit der Zuordnung einzelnen Formvorschriften und entsprechender Formmängel zu der einen oder anderen Kategorie.[13]

Die Heilbarkeit von Formmängeln stellt eine Besonderheit im Testamentsrechts dar, die der Gesetzgeber ausschließlich für die Nottestamente vorgesehen hat.

Prinzipiell ist es im Testamentsrecht dagegen nicht möglich, Formfehler dadurch zu heilen, daß der Zweck der nicht beachteten Formvorschriften auf andere Weise erreicht wird.[14] Bei § 2249 Abs. 6 BGB handelt es sich somit um eine Durchbrechung des Prinzips der Formstrenge, um eine Modifizierung des § 125 S. 1 BGB, welche durch das besondere Erfordernis der Schaffung von Formvorschriften für den Ausnahmefall bedingt ist.

II. Das Dreizeugentestament gem. §§ 2250, 2251 BGB

Die weitere außerordentliche Testamentsform, das Dreizeugentestament, ist statthaft bei einer Absperrung des Aufenthaltsortes des Erblassers, welche die

[11] *Kipp / Coing*, Erbrecht, S. 203.

[12] *Lange*, 1. Denkschrift, S. 91.

[13] Vgl. dazu 3. Teil.

[14] *Johannsen*, WM 1971, 402 f.; KG DNotZ 1943, 177, 179.

Errichtung eines Notartestaments unmöglich macht oder wesentlich erschwert, (§ 2250 Abs. 1 BGB, sogenanntes Absperrungstestament) sowie bei so naher Todesgefahr des Erblassers, daß auch ein Bürgermeistertestament nicht mehr aufgenommen werden kann (§ 2250 Abs. 2 BGB, sogenanntes Notlagentestament).

Außerdem kann das Dreizeugentestament, und zwar ohne das Erfordernis einer Notlage, an Bord eines deutschen Schiffes außerhalb eines inländischen Hafens errichtet werden (§ 2251 BGB, sogenanntes Seetestament).

Das Dreizeugentestament ist dem Bürgermeistertestament im Fall des § 2250 Abs. 1 BGB (abgesperrter Ort) gleichgestellt. Dem Erblasser stehen in diesem Fall somit beiderlei außerordentliche Testamentsformen gleichrangig zur Verfügung.

Hinsichtlich der Errichtungsvorschriften sowie der zeitlichen Wirksamkeitsbegrenzung kann auf das Bürgermeistertestament verwiesen werden, da die Anforderungen an beide Testamentsarten gleich ausgestaltet sind. Ergänzend bleibt hinzuzufügen, daß das Überreichen einer Schrift anstelle einer mündlichen Willenserklärung durch den Erblasser nicht zulässig und auch eine amtliche Verwahrung des Dreizeugentestamentes nicht vorgesehen ist.

2. Abschnitt

Historische Wurzeln und Entwicklung der Nottestamente

A. Ursprünge im römischen Recht

I. Das römische Recht und seine Nottestamentsformen

Bereits das römische Recht kannte außerordentliche Testamentsformen, die in privilegierte und qualifizierte Testamente unterschieden wurden.[15]

Zu den privilegierten, erleichterten Formen zählte das *testamentum ruri conditum*, C 6.23.31, welches die Wurzel unseres heutigen Bürgermeistertestaments darstellt sowie das *testamentum tempore pestis conditum*, C 6.23.8, von dem sich das Absperrungstestaments der Gegenwart herleiten läßt.[16]

[15] *Klau*, Über außerordentliche Testamentsformen, S. 6.

[16] *Kipp / Coing*, Erbrecht, S. 201.

Daneben gab es noch weitere, heute jedoch nicht mehr existierende privilegierte Errichtungsmöglichkeiten, wie das *testamentum parentum inter liberos*, welches spezielle Verfügungen zugunsten von Abkömmlingen betraf, und das *testamentum militis*, das Soldaten im Felde dazu berechtigte, ihr Testament in jeder beliebigen Form zu errichten.[17]

Qualifiziert, d.h. erschwert ausgestaltet, waren jene Testamentsformen, denen sich die an bestimmten körperlichen Gebrechen leidenden Menschen bedienen konnten, wie etwa das Blinden- sowie das Taubstummentestament.[18]

Ein Seetestament kannte das römische Recht nicht, wohl aber ein Marinetestament, das die Privilegien des Militärtestaments auf die Seesoldaten erstreckte.[19]

II. Die römischen Vorläufer der außerordentlichen Testamentsformen der Gegenwart

1. Das testamentum ruri conditum

Das *testamentum ruri conditum*[20] verminderte die ansonsten für die Testamentserrichtung vorgeschriebene Zahl von sieben auf fünf Zeugen, wobei es ausreichend war, daß lediglich einer der fünf für sich und die übrigen Zeugen in deren Gegenwart unterschrieb, sofern diese des Schreibens unkundig waren.[21] Die zugezogenen Zeugen mußten imstande sein, nach dem Tode des Erblassers hierüber Zeugnis abzulegen.[22] Die Testamentsform des *testamentum ruri conditum* sollte in dieser Ausgestaltung insbesondere den sich aus der

---

[17] *Meischeider*, Die letztwilligen Verfügungen, S. 45; *Stobbe*, Handbuch des Deutschen Privatrechts, 5. Band, § 304, S. 232; *Lange / Kuchinke*, Erbrecht, S. 333.

[18] *Klau*, a.a.O., S. 13 ff.; *Meischeider*, a.a.O., S. 38; *Windscheid*, Lehrbuch des Pandektenrechts, § 543, S. 225.

[19] *Klau*, a.a.O., S. 9.

[20] Auf diese Testamentsform genauer eingehend: *Morezoli*, Über das sogenannte testamentum rusticorum, AcP 9, 297.

[21] *Meischeider*, a.a.O., S. 43.

[22] *Gans*, Das Erbrecht in weltgeschichtlicher Entwicklung, S. 166; *Meischeider*, a.a.O., S. 43; *Mühlenbruch*, in Glück, Pandektenkommentar, Band 42, S. 245.

dünnen ländlichen Besiedlung sowie dem dort verbreiteten Analphabetentum erwachsenden Bedürfnissen entsprechen.[23]

2. Das testamentum tempore pestis conditum

Das *testamentum tempore pestis conditum* lockerte die Pflicht der im übrigen grundsätzlich erforderlichen gleichzeitigen (unitas actus) und unmittelbaren Anwesenheit der Zeugen in Fällen des Auftretens ansteckender Krankheiten.[24]

Die schwere ansteckende Krankheit des Erblassers erforderte dabei vor allem deshalb eine besondere Ausgestaltung, weil nach römischem Recht zur Errichtung eines Testaments eben grundsätzlich die gleichzeitige Anwesenheit von sieben Zeugen notwendig war, und das Zusammensein derart vieler Personen in unmittelbarer Nähe des krankheitsbehafteten Erblassers offensichtlich bedenklich erscheinen mußte.[25]

B. Die außerordentlichen Testamentsformen nach der Rezeption des römischen Rechts im deutschen Rechtsraum

I. Regelungen im gemeinen Recht

Mit der im 16. Jahrhundert erfolgten Rezeption des römischen Rechts durch das gemeine deutsche Privatrecht[26], wurden auch das *testamentum ruri conditum* sowie das *testamentum tempore pestis conditum* mit nur geringen Modifikationen übernommen.[27]

So sah z.B. das Dorftestament des gemeinen Rechts für besondere Notfälle ebenfalls eine Reduzierung der Zeugenanzahl von sieben auf fünf vor, wobei auch hier die Schreibkundigen für nicht entsprechend gebildete andere Zeugen mitunterschreiben konnten.

---

[23] *Lange / Kuchinke*, Erbrecht, S. 322.

[24] *Klau*, a.a.O., S. 8.

[25] *Mommsen*, Entwurf eines Deutschen Reichsgesetzes, § 80, S. 194.

[26] *Sohm*, Institutionen, § 2, Einleitung, S. 2.

[27] Mot. V. S. 282.

Bei einer möglichen späteren Verhandlung über die Gültigkeit des Testaments hatten die Zeugen den Hergang der Testamenterrichtung darzulegen und ihre Bekundungen auch durch Eidesleistung zu bekräftigen.[28]

II. Regelungen in Partikularrechten[29]

1. Dorftestament im kodifizierten Recht

Auch in den Gebieten des kodifizierten Privatrechts, in denen das römische Privatrecht also durch eigene Kodifikationen ersetzt wurde[30], finden sich die hergebrachten römischen Testamentsformen in abgeänderter Form.

So enthielten, außer den sich an das gemeine Recht anschließenden Statutarrechten[31], auch das preußische Recht, der Code civil und das württembergische Recht sowie weitere Partikularrechte entsprechende Vorschriften.[32]

Das preußische ALR[33] enthielt besondere Vorschriften über solche Testamente, die vor Gerichten in Dörfern oder kleineren Städten aufgenommen werden konnten[34] und die bereits bemerkenswerte Ähnlichkeiten mit dem heutigen Bürgermeistertestament aufwiesen.

Auf dem Lande war die Testamentserrichtung vor einem mit dem Dorfschulzen und zwei vereideten Schöffen besetzten Dorfgericht unter Zuziehung eines vereidigten Gerichtsschreibers gestattet. In kleinen Städten, in denen nur ein einzelner Richter amtierte, konnte das Testament auch vor dem Polizeimagistrat und einem zugezogenen Stadtsekretär errichtet werden, wobei letzterer durch einen Prediger oder einen Notar ersetzt werden konnte.[35]

Über die so erstellten Testamente mußte nach Übergabe an das ordentliche Gericht vor diesem eine Vernehmung der Mitwirkenden und, wenn möglich, des Testators über den Vorgang erfolgen und dieser beurkundet werden. Eine

---

[28] *Klau*, a.a.O., S. 10; *Lange / Kuchinke*, Erbrecht, S. 322.

[29] Die Vielzahl der Parikularrechte erlaubt nur eine beispielhafte Darstellung.

[30] *Sohm*, a.a.O., S. 6.

[31] Mot. V. S. 282 mit weiteren Nachweisen.

[32] Mot. V. S. 282.

[33] PreußALR I 12 §§ 93 ff.

[34] *Stobbe*, a.a.O., § 304 Anm. 39, S. 234.

[35] *Klau*, a.a.O., S. 10; *Meischeider*, a.a.O., S. 44.

etwaige Nichtigkeit konnte das ordentliche Gericht hierbei nur dann beheben, wenn der Testator noch lebte.[36]

Das französische Gesetzbuch[37] sah Erleichterungen der Form für das notarielle Testament auf dem Lande insofern vor, als es anstatt der hier regelmäßig notwendigen Unterschriftsleistung zweier, ausnahmsweise auch die Mitwirkung nur eines Notares ausreichen ließ. In diesem Falle war anstelle der regelmäßig notwendigen Unterzeichnung durch vier Zeugen überdies auch die Unterschrift zweier bereits ausreichend.[38]

2. Das Pesttestament im kodifizierten Recht

Das römische Pesttestament entwickelte sich in seiner Ausgestaltung durch die Partikularrechte in der Weise weiter, daß es nunmehr die Ausbreitung einer ansteckenden Krankheit an dem Aufenthaltsort des Erblassers insgesamt voraussetzte. Die schwere, ansteckende Krankheit des Erblassers selbst genügte daher nach den Vorschriften der Mehrzahl von Kodifikationen nicht, um den Gebrauch erleichterter Formen zu rechtfertigen.[39]

Im einzelnen war das Pesttestament regional unterschiedlich ausgestaltet.

Das preußische ALR und der Code civil ließen die erleichterte Testamentserrichtung nur dann zu, wenn der Ort der Testamentserrichtung wegen einer ansteckenden Krankheit abgesperrt war.[40]

Das österreichische und das Zürcher Gesetzbuch setzten dagegen lediglich voraus, daß an dem jeweiligen Ort eine ansteckende Krankheit herrschte, ohne daß also zusätzlich auch eine Absperrung erforderlich war. Darüber hinaus verlangte das sächsische Gesetzbuch, daß auch der Erblasser oder seine Hausgenossen von dieser Krankheit befallen waren.[41]

---

[36] *Klau*, a.a.O., S. 10 f.; *Lange / Kuchinke*, Erbrecht, S. 322.

[37] C.civ. Art. 974.

[38] *Meischeider*, a.a.O., S. 43.

[39] *Mommsen*, a.a.O., § 80, S. 194.

[40] *Mommsen*, a.a.O., § 80, S. 194.

[41] *Mommsen*, a.a.O., § 80, S. 194.

Überdies galten Formerleichterungen zumeist in weiterem Umfang als nach römischen Recht. Es wurde die Zeugenanzahl verringert[42], oder es genügten Zeugen „geringerer Qualität" als sonst gefordert wurden, z.B. statt zweier Ratspersonen zwei einfache Zeugen[43] oder auch eine kleinere Anzahl Zeugen bei Mitwirkung eines Geistlichen.[44]

Das preußische Landrecht sah die Ausdehnung des Privilegs, militärisch zu testieren, auch auf Personen des Zivilstandes vor, und gestattete, daß die Stelle des Richters oder, beim militärischen Testament, die Stelle des den Richter vertretenden Offiziers, durch eine einzelne, ansonsten nicht zur Aufnahme eines Testaments berechtigte Gerichtsperson, durch den Prediger, den Kaplan, den Arzt des Ortes oder auch einen Rechtsanwalt eingenommen werden konnte.[45]

Das französische Gesetzbuch schließlich sah vor, daß Testamente auch vor dem Friedensrichter oder einem Munizipalbeamten in Gegenwart zweier Zeugen errichtet werden konnten, wenn mit dem betreffenden Ort infolge einer ansteckenden Krankheit aller Verkehr abgebrochen war.

3. Einführung des Seetestaments als weitere außerordentliche Testamentsform

In einzelnen Partikularrechten wurde ein Seetestament als weitere außerordentliche Testamentsform eingeführt, ohne daß hierfür ein Vorbild im gemeinen Recht gegeben war.[46]

Ein Bedürfnis für diese weitere außerordentliche Testamentsform folgte dabei einerseits aus den spezifischen Gefahren auf See sowie andererseits aus den generellen Schwierigkeiten, sich an Bord eines Schiffes einer nach damaligem Recht ordentlichen Testierform zu bedienen.[47]

---

[42] C.civ. Art. 985 ff.; Österr. GB §§ 597 ff.; Sächs. GB § 2113; Zür. GB § 2069; PreußALR I. 12. § 198 ff.; Const.Sax. III. 4; Frankf. Ref. IV. 1 § 3.

[43] Nürnb. Ref. XXIX.4; Hamb. Statt. III.1.2; Köln. Rechtsordn. I. § 2.

[44] Pfälz. Ldr. III.tit.4; Trier Ldr. I § 16; vgl. weitere Einzelheiten bei *Stobbe*, a.a.O., § 304, Anm. 43, S. 235.

[45] *Meischeider*, a.a.O., S. 49.

[46] *Stobbe*, a.a.O., § 304, S. 235.

[47] Die Möglichkeit, eigenhändig zu testieren, war allgemein nicht vorgesehen.

Der Einführung eines besonderen Seetestamentes wurde hierbei lange Zeit entgegengehalten, daß diejenigen, die eine unter Umständen weite und stets gefährliche Seereise antraten, bereits vor Reiseantritt dafür Sorge tragen müßten, ihren letzten Willen regulär niederzulegen.[48]

Aufnahme fand das Seetestament beispielsweise in das preußALR I, 12, §§ 205, 206, in den Code civil Art. 988 ff. sowie in das Österreichische Gesetzbuch, § 597.56.

Das preußische Landrecht hatte das Privileg, militärisch zu testieren, auch auf diejenigen ausgedehnt, die sich „auf einem Schiffe in See“ befanden. Hierzu wurde bestimmt, daß der Befehlshaber eines Schiffes die Stelle des beim Militärtestament zuständigen Offiziers vertrat.[49]

Die nach den Regelungen des österreichischen Gesetzbuches vorgesehene Erleichterung bestand darin, daß anstatt der im übrigen erforderlichen drei Zeugen, auf See nur zwei notwendig waren und als Zeugen auch Frauen und Minderjährige zugelassen wurden.[50]

Das französische Recht schließlich, ermächtigte bestimmte Mitglieder der Schiffsbesatzung dazu, ein Testament in Gegenwart zweier Zeugen aufnehmen zu können.[51]

C. Anmerkungen zur ursprünglichen Ausgestaltung der außerordentlichen Testamentsformen im Bürgerlichen Gesetzbuch

In die ursprüngliche Gesetzesfassung des BGB wurden das Bürgermeistertestament, § 2249 BGB a.F. sowie als Dreizeugentestamente das Absperrungstestament, § 2250 BGB a.F. und das Seetestament, § 2251 BGB a.F., aufgenommen.[52]

---

[48] *Klau*, a.a.O., S. 11 f. mit weiteren Nachweisen.

[49] PreußALR I. 12 §§ 205 bis 207; *Meischeider*, a.a.O., S. 50.

[50] *Mommsen*, a.a.O., § 79, S. 193.

[51] *Meischeider*, a.a.O., S. 50.

[52] Auf die weitere Entwicklung der außerordentlichen Testamentsvorschriften im BGB soll im Zusammenhang mit den im einzelnen darzustellenden Formerfordernissen eingegangen werden, sofern dies für die Bedeutung der jeweiligen Formvorschrift von Interesse ist.

I. Bedenken gegen die Einführung des Seetestaments

Dabei war das Seetestament ursprünglich nicht für eine Aufnahme in das BGB vorgesehen. Doch entschloß sich die „Kommission" im Hinblick auf die Vorbilder des preußischen ALR, des Code civil sowie des österreichischen Gesetzbuchs, die ein solches Seetestament bereits enthielten, letzlich für dessen Einführung, wenngleich auch mit dem ausdrücklichen Hinweis darauf, dies sei lediglich wegen der noch in der letzten Entwurfsfassung bestimmten Beibehaltung des öffentlichen Testaments als einzig zulässiger ordentlicher Testamentsform geschehen.[53]

In den Motiven zum Entwurf eines BGB finden sich in diesem Zusammenhang folgende, das Erfordernis eines Seetestamentes relativierende Ausführungen: „Das Bedürfnis (der Einführung des Seetestamentes[54]) kann verneint werden, da der Nothstand, in welchem sich solche Personen befinden, dem Nothstande der Absperrung insofern nicht völlig gleichzustellen ist, als der Seereisende sich freiwillig in die der Absperrung vergleichbaren Lage begiebt, und daher sehr wohl die ihm etwa erforderlich erscheinenden Verfügungen auf den Fall seines Todes treffen kann."[55]

II. Ursprünglich kein Dreizeugentestament im Falle „naher Todesgefahr"

Zur Aufnahme eines besonderen Notlagentestaments als weitere Möglichkeit der Errichtung eines Dreizeugentestamentes, wie sie heute im Rahmen des

§ 2250 Abs. 2 BGB vorgesehen ist, konnte man sich bei Schaffung des BGB zunächst noch nicht entschließen.

Hierzu legte Mommsen folgende Begründung dar[56]: „Daß ein zu langes Hinausschieben leicht ein völliges Unterbleiben zur Folge haben kann, gilt aber nicht bloß für Testamente, sondern auch für andere Geschäfte, und die Darbietung von besonderen außerordentlichen Mitteln, die dazu dienen können, noch

---

[53] Mot. V. S. 287; *Lange*, 1. Denkschrift, S. 87, Anm. 2; (das eigenhändige Testament hatte die Kommission in ihrem Entwurf nicht vorgesehen).

[54] Hinweis der Verfasserin.

[55] Mot. V. S. 287.

[56] *Mommsen*, a.a.O., § 77, S. 192; Hervorhebungen durch die Verfasserin.

in der letzten Stunde das Versäumte nachzuholen, ist eine Maaßregel von sehr zweifelhaftem Werth. Dieselbe kann, wie einmal die Natur vieler Menschen ist, *leicht dahin führen, daß man sich auf die durch das Gesetz eröffnete Möglichkeit verläßt, und daß gerade in Folge davon etwas unterbleibt, was sonst nicht unterblieben wäre...* ."

D. Nachträgliche Einführung des Notlagentestaments durch § 24 Abs. 2 TestG 1938[57]

Die zunächst an derartigen Erwägungen gescheiterte Einführung des Notlagentestaments als zusätzliche Möglichkeit der Errichtung eines Dreizeugentestaments wurde dann jedoch im Rahmen der Testamentsrechtsreform des Jahres 1938, und zwar durch den § 24 Abs. 2 TestG (heute § 2250 Abs. 2 BGB) nachgeholt.

Durch die neue Vorschrift wurde so eine weitere Anwendungsmöglichkeit des Dreizeugentestaments geschaffen, die diese Errichtungsform nun jenen Personen eröffnete, die sich in so naher Todesgefahr befinden, daß auch die Errichtung eines Nottestamentes vor dem Bürgermeister nicht mehr möglich ist. Als Beispielsfall beinhaltete § 24 Abs. 2 TestG den Hinweis auf einen „Unfall im Gebirge".

Historisch von Interesse ist, daß die Einführung des § 24 Abs. 2 TestG auf einen ausdrücklichen Wunsch Österreichs zurückgeht. Durch den erzwungenen „Anschluß" an das Reich hatte sich dessen Anteil am Alpengebiet erheblich vergrößert. Man rechnete daher mit einer Zunahme von Fällen, in denen Personen durch einen Gebirgsunfall in nahe Todesgefahr gerieten. In einer solchen Situation bestand offensichtlich keine Möglichkeit mehr, einen Bürgermeister beizuziehen, so daß die Notwendigkeit der Zulassung eines Dreizeugentestaments für diesen Fall im deutschen Recht nunmehr gegeben war.[58]

Die hierfür bis dahin geltende Bestimmung des österreichischen Rechts, nach der es genügt hatte, daß der Erblasser vor drei Zeugen testierte, *ohne daß hierüber eine Niederschrift aufzunehmen war*, wurde durch § 50 Abs. 3 Ziff. 2 TestG ausdrücklich außer Kraft gesetzt, ist heute jedoch wieder in Geltung[59].

---

[57] Testamentsgesetz vom 31. Juli 1938, (RGBl. I S. 973).

[58] KG DR 1940, 1685, 1686; *Vogels / Seybold*, TestG, § 24 Rn. 4.

[59] Siehe hierzu 4. Teil, 3. Abschn. A. III.

2. Teil

Entwicklung eines Maßstabs zur Überprüfung der Formvorschriften im Recht der außerordentlichen Testamente

1. Abschnitt

Allgemeine Betrachtungen zu Formerfordernissen im Erbrecht

A. Formzwang im Erbrecht

I. Bedeutungswandel der Formerfordernisse im Erbrecht

Nach ursprünglichem, historischen Verständnis, stellten sich die im Erbrecht bestehenden Formerfordernisse letztlich als bloßer Selbstzweck dar. Die hierfür gebräuchliche Bezeichnung „Solennitätsformen“ verdeutlicht, daß die Formerfordernisse vor allem zur Bekräftigung der erstrebten Rechtsbindung sowie als Ausdruck des Bedürfnisses nach Feierlichkeit bei Vornahme bedeutsamer Rechtsakte galten.[1]

Dieses Verständnis wandelte sich jedoch allmählich immer stärker in die Richtung einer vornehmlich zweckorientierten Sichtweise. Der Gesichtspunkt der Feierlichkeit verlor dabei zugleich stetig an Bedeutung.[2]

Auch in den Motiven zum Entwurf des BGB spiegelt sich dieses gewandelte Verständnis der Formerfordernisse wieder. Dort heißt es in diesem Zusammenhang: „Da in der Regel das Testament erst nach dem Tode des Erblassers bekannt wird, so ist es die Aufgabe des Entwurfs, *solche Formen vorzuschreiben, welche geeignet sind, Formfehler zu verhüten und den Inhalt des Aktes sicherzustellen.*“[3]

---

[1] *Lange / Kuchinke*, Erbrecht, S. 280; zur Solennität allgemein: *Ebel*, Recht und Form, S. 13 ff.

[2] *Von Lübtow*, Erbrecht, Band 1, S. 116.

[3] Mot. V. S. 527; Hervorhebungen durch die Verfasserin.

Nach heutigem Verständnis sind Formvorschriften ausschließlich aus Zweckmäßigkeitserwägungen zu rechtfertigen.[4] Die moderne Rechtsform hat damit im Gegensatz zu der vergangener Rechtsordnungen rein rationalen, zweckorientierten Charakter.[5]

Das gewandelte Formenverstädnis hat zugleich auch dazu geführt, die Formanforderungen im Erbrecht immer weiter zu reduzieren[6], wobei man insbesondere auf jene Formen weitgehend verzichtete, die unter reinen Zweckmäßigkeitsgesichtpunkten als funktionslos erscheinen.

Die Postulate der Willensentschließungs- und betätigungsfreiheit des Bürgers dulden zwingende Formen daher nur dann, wenn diese zur Sicherung wichtiger Rechtsgütern unerläßlich sind.[7]

II. Grundsatz der Formfreiheit bei Geschäften unter Lebenden

Während im Erbrecht ein strenger Formzwang die Regel darstellt, herrscht im Gegensatz hierzu vor allem im Schuldrecht das Grundprinzip der Formfreiheit[8], das für die Geschäfte unter Lebenden insgesamt bestimmend ist.

Als Ausdruck der zivilrechtlichen Privatautonomie[9] wird der Grundsatz der Formfreiheit insbesondere im Schuldrecht nur in sehr wenigen Bereichen durchbrochen.

Dies betrifft besonders Geschäfte von erheblicher wirtschaftlicher Tragweite (z.B. § 311 ff. BGB), solche, die mit beträchtlichen wirtschaftlichen Risiken verbunden sind (etwa bei §§ 766, 780 f. BGB) sowie schließlich auch jene, in denen in atypischer Weise unentgeltliche Zuwendungen erfolgen (§ 518 Abs. 1 BGB).[10]

Durch besondere Formanforderungen wahrt der Gesetzgeber überdies auch sozial schutzbedürftige Rechtspositionen (z.B. Schriftform der Kündigung von

---

[4] *Kipp / Coing*, Erbrecht, S. 129; *ders.* schon in der 9. Aufl. 1953, S. 53.

[5] *Coing*, NJW 1949, 755.

[6] *Mattern*, (Anm.) LM Nr. 1 zu § 2249.

[7] *Görgens*, Die Bindung des Richtes, S. 116.

[8] Vgl. hierzu *Larenz*, Schuldrecht AT, Band 1, S. 67.

[9] *Medicus*, BGB AT, S. 34.

[10] *Larenz*, a.a.O., S. 68.

Wohnraum nach § 564 a BGB) oder auch Drittinteressen (§ 566 BGB zugunsten des nach § 571 BGB in das Mietverhältnis eintretenden Grundstückserwerbers).[11]

III. Zur Rechtfertigung des Formzwangs im Erbrecht

Im Recht der Verfügungen von Todes wegen dagegen gilt, und zwar nicht als Ausnahme, sondern als dessen Grundsatz, daß ein letzter Wille dann unbeachtlich ist, wenn er nicht in formgültiger Weise erklärt wurde.[12]

Was aber, so ist in diesem Zusammenhang zunächst grundsätzlich zu fragen, rechtfertigt es, den Grundsatz der Formfreiheit gerade im Bereich des Erbrechts zu durchbrechen?

1. Die besondere Problemlage letztwilliger Verfügungen

a) Vorbemerkung

Die Verfolgung der speziellen Zielsetzungen des Testamentsrechts ist mit besonderen, dem Testamentsrecht eigenen Schwierigkeiten verbunden. In eben diesen, speziell erbrechtlichen Problemlagen, liegt auch die Ursache für den hier herrschenden Formzwang begründet.

Vorrangiges Ziel des Testamentsrechts ist es, den letzten Willen des Erblassers zur Verwirklichung gelangen zu lassen.[13]

Dies folgt bereits aus dem für das Erbrecht grundlegende Prinzip der Testierfreiheit[14], das eine spezifische Erscheinungsform der Privatautonomie darstellt.[15] Es ist die Testierfreiheit, die dem Erblasser das autonome, durch Sitte und Pflichtbewußtsein ethisch (nicht rechtlich) gebundene Recht verschafft,

---

[11] *Esser / Schmidt*, Schuldrecht AT, Band 1, S. 144 f.

[12] Dit / Rei / Be-Rei, A 99.

[13] *Lange*, 1. Denkschrift, S. 14; *Lange / Kuchinke*, Erbrecht, S. 274.

[14] Zur Testierfreiheit, *Lange*, 1. Denkschrift, S. 7 f.

[15] *Leipold*, Erbrecht, S. 84.

durch Verfügung von Todes wegen die gesetzliche Erbfolge aufzuheben oder zu modifizieren.[16]

Das Ziel derartiger Verfügungen liegt dabei nach der gesetzlichen Ausgestaltung durchaus nicht darin, bloßer Willkür zum Erfolg zu verhelfen[17], sondern vielmehr darin, den Weg zu einer bestmöglichen Regelung des Erbfalls zu eröffnen. Mit den konkreten Besonderheiten des einzelnen Erbfalls ist dabei weder das abstrakte Gesetz noch der außenstehende Richter vertraut, sondern naturgemäß vor allem der Erblasser selbst.[18] Die Testierfreiheit bedeutet somit ein unverzichtbares Persönlichkeitsrecht, dessen Ausübung bis zum Tode eines Menschen grundsätzlich nur seiner freien Selbstbestimmung unterliegen darf.[19]

Um diesem damit gekennzeichneten Grundprinzip des Testamentsrechts gerecht werden zu können, ist es die Aufgabe des Gesetzgebers, die zuverlässige Feststellbarkeit des letzten Erblasserwillens sicherzustellen, um diesem letztlich mit möglichst hoher Gewißheit zum Erfolg zu verhelfen.[20]

Die besondere Problematik dieser Anforderung liegt hierbei jedoch darin, daß die Wirksamkeit der Erblasserverfügung im Gegensatz zu den Geschäften unter Lebenden erst zu einem Zeitpunkt eintritt, zu dem der Erblasser bereits nicht mehr lebt. Er selbst kann daher im eigentlich entscheidenden Augenblick des Inkrafttretens seiner Vermögensregelung naturgemäß weder über seinen wahren Willen befragt werden, noch Erläuterungen hierzu abgeben.[21]

Damit entfällt also der wichtigste Zeuge für den Inhalt des letzten Willens, was nach dem Eintritt des Erbfalls zu einer typischerweise besonders schwierigen Beweislage führt.

b) Das Erfordernis der Beweisbarkeit des Erblasserwillens

Diese im Bereich der Verfügungen von Todes wegen naturgemäß schwierige Beweislage führt notwendigerweise dazu, besondere Sicherheitsvorkehrungen

---

[16] *Von Lübtow*, Erbrecht, Band 1, S. 102; *Ebenroth*, Erbrecht, S. 26; *Kipp / Coing*, Erbrecht, S. 109.

[17] *Lange*, 1. Denkschrift, S. 5 ff.

[18] *Lange / Kuchinke*, Erbrecht, S. 274.

[19] *Leipold*, Erbrecht, S. 23; *von Lübtow*, Erbrecht, Band 1, S. 102.

[20] BGH NJW 1981, 1900, 1901; MK-*Burkart* § 2232 Rn. 1.

[21] *Lange*, ZAkfDR 1938, 577, 578; *von Lübtow*, Erbrecht, Band 1, S. 116.

im Hinblick auf die Beweisbarkeit des Erblasserwillens zu treffen.[22] Denn das Fehlen des einzig entscheidenden Zeugen birgt die Gefahr, daß der wirkliche Erblasserwille als Folge von Beweisschwierigkeiten nicht zur Geltung gebracht werden kann, bzw. eine nur vermeintliche letztwillige Verfügung zu Unrecht für echt gehalten wird.

Das Erbrecht hat vor diesem Hintergrund einerseits stets die besondere *Schutzbedürftigkeit des Erblasserwillens* zu berücksichtigen.[23]

Der Erblasser, der das Wirksamwerden seiner letztwilligen Verfügung naturgemäß weder erleben noch kontrollieren kann, muß dabei insbesondere davor geschützt werden, daß Dritte seinen letzten Willen verfälschen und hierdurch die Verwirklichung der eigentlichen Verfügung vereiteln.

Zudem ist der Erblasser in besonderer Weise auch der Gefahr ausgesetzt, daß sein letzter Wille unbewußt falsch übermittelt wird, ohne daß er dies, wie bei Geschäften unter Lebenden, korrigieren könnte.

Sich zur Ausräumung derartiger Risiken allein auf Zeugenbekundungen Dritter zu stützen, bringt offensichtlich erhebliche Gefahren mit sich, da sich diese im Hinblick auf die eigene Interessenlage regelmäßig nur an diejenigen Äußerungen des Erblassers werden erinnern können, die von für sie vorteilhaftem Gehalt sind.[24]

In Anbetracht dieser besonderen Situation erweisen sich besondere Formerfordernisse – freilich unter der Voraussetzung ihrer angemessenen und umsichtigen Ausgestaltung – im Testamentsrecht als das zuverlässigste und tauglichste Mittel, um den Beweis des wirklichen Erblasserwillens zu erbringen und bewußten wie unbewußten Verfälschungen vorzubeugen.[25]

Die Formvorschriften sollen dabei einen vom Gesetzgeber wohl durchdachten und als sinnvoll erachteten Weg aufzeigen, der die sichere Übertragung des letzten Willens zu gewährleisten vermag. Durch die Aufrichtung von Formerfordernissen legt der Gesetzgeber nicht nur fest, welche Zwecke er hierbei im einzelnen verfolgen will, sondern er bestimmt auch zugleich die konkreten Mittel zu deren Erreichung.[26]

---

[22] *Leipold*, Erbrecht, Rn 218.

[23] *Johannsen*, WM 1971, 402, 403; vgl. auch *Lange*, NJW 1963, 1571, 1575.

[24] *Kipp / Coing*, Erbrecht, S. 126.

[25] *Hesse*, DJ 1944, 109 bezeichnet sie dementsprechend als „Beweisformen".

[26] *Kipp / Coing*, Erbrecht, 9. Aufl., S. 53.

Dem einzelnen Erblasser wird damit ein sicherer Weg gewiesen, der es ihm ermöglicht, seinen letzten Willen zuverlässig beweisbar und möglichst sicher vor unerwünschten Manipulationen Dritter niederzulegen.

c) *Das Bedürfnis nach Rechtssicherheit*

Die besonderen Gegebenheiten des Testamentsrechts führen andererseits auch zu einer erhöhten *Schutzbedürftigkeit des Rechtsverkehrs.*[27]

In weit höherem Maße als bei Geschäften unter Lebenden besteht hier ein Bedürfnis nach Schaffung feststehender Formen, deren sich der Erblasser zu bedienen hat, damit auch für Dritte klar erkennbar ist, daß es sich bei seiner Erklärung tatsächlich um eine letztwillige Verfügung handelt.

Die Nachwelt muß auf diese Weise zudem in die Lage versetzt werden, auch ohne Rückgriff auf die nicht mehr einholbare Erblasserauskunft, mit Zuverlässigkeit den Inhalt des letzten Willen feststellen zu können.[28] Dieses Bedürfnis ist dabei umso dringender, als unter Umständen eine Vielzahl von Personen durch die konkrete Verfügung betroffen sein können.

Die Gültigkeit einer hinterlassenen, von der Einhaltung der bestehenden Formerfordernisse abhängigen Verfügung, soll durch diese voraussehbar und somit auch Dritte in ihrem Vertrauen auf die Wirksamkeit einer formgerecht errichteten letztwilligen Verfügung geschützt werden. Dritte werden so in die Lage versetzt, gegebenfalls auch Dispositionen entsprechend dem Inhalt einer ihnen bekannten testamentarischen Verfügung zu treffen. Mit der Festlegung von Formerfordernissen soll daher ein Beitrag auch zur Schaffung klarer und eindeutiger Rechtsverhältnisse geleistet, Rechtsstreitigkeiten nach Möglichkeit vermieden und deren Ausgang ansonsten zumindest berechenbarer gemacht werden.[29]

---

[27] *Mattern*, (Anm.) LM Nr. 1 zu § 2249.

[28] OLG Frankfurt MDR 1979, 673.

[29] Zur Bedeutung des Prinzips der Rechtssicherheit im Testamentsrecht vgl. *Grundmann*, AcP 187, 429, 441 ff.

2. Sichere Abgrenzbarkeit von bloßen Verfügungsentwürfen

Ein weiterer Grund für die Formenstrenge des Erbrechts ist darin zu erblicken, daß jede letztwillige Verfügung im Hinblick auf das Grundprinzip der Testierfreiheit eine feststehende Entschlußfassung des Erblassers erfordert. Die ihn bindenden Formen zwingen ihn zugleich auch dazu, sich der Tragweite und Bedeutung seiner Verfügung bewußt zu werden und den ernsthaften Testierwillen von bloßen Vorüberlegungen abzugrenzen.[30]

Dieser besondere Gesichtspunkt der Rechtfertigung von Formerfordernissen findet sich ebenso bei Geschäften unter Lebenden verwirklicht, bei denen für Rechtshandlungen mit besonderer Tragweite der Grundsatz der Formfreiheit gleichfalls durchbrochen wird.

3. Keine Auslegbarkeit anhand von Billigkeitskriterien

Die besondere Sicherung letztwilliger Verfügungen durch spezielle Formvorschriften ist auch deshalb erforderlich, weil ihre spätere Auslegung unter Heranziehung von Billigkeitsgesichtspunkten, wie dies bei Geschäften unter Lebenden geschieht, nicht durchführbar ist.

Der Richter, der zumeist nur Beziehungen zwischen zwei Parteien zu beurteilen hat, steht hier oft einer größeren Zahl von Erbschaftsanwärtern gegenüber, was für ihn zu einer unüberschaubaren Interessenslage führen kann. Denn, was im Verhältnis zweier Parteien billig ist, kann gegen Dritte, deren Beziehung zum Erblasser der Richter nicht übersieht, durchaus unbillig sein.[31]

Entscheidend kommt weiter hinzu, daß der Richter das Grundprinzip der Testierfreiheit zu respektieren hat. Dieses nämlich besagt, daß allein der Wille des Erblassers, und zwar unabhängig von Interessen und Erwartungen Dritter zur Geltung kommen soll und das Anlegen eines Billigkeitsmaßstabes vor diesem Hintergrund zu unterbleiben hat. Eine Auslegung anhand von Billigkeitskriterien würde zu einer nicht erwünschten, unzulässigen inhaltlichen Kontrolle der Erblasserverfügung führen, die jedoch nur in den engen Grenzen des § 138 BGB durchführbar und mit der Testierfreiheit vereinbar sein kann.

---

[30] *Kipp / Coing*, Erbrecht, S. 126 f.

[31] *Kipp / Coing*, Erbrecht, S. 127.

4. Zusammenfassung der Zwecksetzungen erbrechtlicher Formerfordernisse

Die Rechtfertigung der Formerfordernisse im Erbrecht ergibt sich somit anhand seinen spezifischen, vielgestaltigen Problemlagen. Diese spiegeln sich in gleicher Weise auch in den Zwecksetzungen wieder, die mit den Erbrechtsformen ganz allgemein verfolgt werden und die sich, je nach Testamentsform, auch in unterschiedlich ausgeprägter Weise in den gesetzlichen Bestimmungen niederschlagen.

Zusammenfassend sei hierbei auf die prägnante Kategorisierung von Firsching verwiesen, der die wesentlichen Aspekte wie folgt hervorhebt[32]:

„Die Formvorschriften verfolgen das Ziel:

- die *Urheberschaft des Erblassers der Außenwelt gegenüber eindeutig festzustellen* und den *letzten Willen in verkehrsüblicher Mitteilung in verkehrsverständlicher Fassung über den Erbfall hinaus festzulegen und zu sichern* (Kundmachungs- und Beweisfunktion),
- die *Abgrenzung des ernstlich letzten Willens gegen bloße Wünsche*, in Aussicht genommene Verfügungen (perfizierende Wirkung),
- den *Erblasser durch den Zwang zur Formerfüllung vor übereilten Entschlüssen zu bewahren* und zur Überlegung zu führen (Schutzfunktion).“

B. Spannungsverhältnis der Formstrenge im Testamentsrecht

Lassen sich zur Rechtfertigung des Formzwangs im Erbrecht zwar unproblematisch genügend Gründe finden, so setzen doch die wesentlichen Schwierigkeiten erst bei der Ausgestaltung konkreter Formerfordernisse ein.

Die im Erbrecht bestehende Besonderheit, daß die letztwillige Verfügung erst nach dem Tode des Erblassers wirksam wird, führt in der Praxis zu gegenläufigen, ja selbst zu widersprüchlichen Forderungen, da hierdurch einerseits besonders intensive Sicherheitsvorkehrungen, d.h. strenge Formvorschriften nahegelegt werden, andererseits jedoch auch eine größtmögliche Formmilde erforderlich erscheint.

---

[32] *Staudinger-Firsching*, § 2231 Rn. 14; Hervorhebungen durch die Verfasserin; ähnlich auch *von Lübtow*, Erbrecht, Band 1, S. 116.

Jede Formanforderung birgt neben ihren Vorteilen zugleich auch die Gefahr, aus Unkenntnis, Unachtsamkeit oder unter dem besonderen Eindruck der nahen Todesgefahr nicht eingehalten zu werden und auf diese Weise letztlich wohlmöglich die Wirksamkeit der letztwilligen Verfügung selbst zu vereiteln, § 125 BGB.[33]

Infolge der besonderen Gegebenheiten des Testamentsrechts werden dabei auftretende Formfehler zumeist erst nach dem Tode des Erblassers entdeckt und können daher, im Gegensatz zu der Situation bei Geschäften unter Lebenden, nicht mehr durch erneute Vornahme der Rechtshandlung oder durch deren Vollzug[34] geheilt werden.[35] Die Nichtigkeit der formfehlerhaften Verfügung ist somit endgültig und ist einer späteren Heilung nicht zugänglich.

Die Formnichtigkeit ist hierbei vor allem in jenen Fällen bedauerlich, ja unerträglich, in denen der unzweifelhaft feststehende letzte Wille des Erblassers nur deshalb nicht verwirklicht werden kann, weil er nicht unter Beachtung sämtlicher Formerfordernisse ordnungsgemäß niedergelegt wurde.[36]

Gleichwohl sind derartige Härten als Kehrseite berechtigter Formerfordernisse hinzunehmen. Formenstrenge erlaubt es nicht, sich zugunsten einer gerechten Entscheidung über die bestehenden Formanforderungen dann hinwegzusetzten, wenn diese im Einzelfall versagen und es als Folge hieraus zu unerwünschten Ergebnissen kommt.

Dies bekräftigte schon das Reichsgericht wie folgt[37]: „Es ist zunächst nicht zulässig, gesetzlich vorgeschriebene Formen aus dem Grunde beiseite zu schieben, weil sie in einzelnen Fällen nicht geeignet seien, den vom Gesetzgeber damit verfolgtem Zwecke zu dienen.“

Die Beachtung einer zwingenden Formvorschrift kann aus grundlegenden Erwägungen auch dann nicht durch andere Maßnahmen ersetzt werden, wenn diese im konkreten Fall ebenfalls geeignet sein mögen, die Erfüllung des Zwecks der Vorschrift zu gewährleisten.[38] Eine letztwillige Verfügung kann somit

---

[33] *Soergel-Harder*, vor § 2229 Rn. 1; *von Lübtow*, Erbrecht, Band 1, S. 116.

[34] Z.B. §§ 313, 518, 766 BGB.

[35] *Vogels*, StAZ 1938, 425; *ders.*, ZAkDR 1935, 635; *Lange*, ZAkDR 1935, 635, 636; *Lange / Kuchinke*, Erbrecht, S. 284.

[36] *Hesse*, DJ 1944, 109 stellt dieses Spannungsverhältnis anschaulich für die damals geltenden Militärtestamente dar; ebenso die amtliche Begründung zum TestG in DJ 1938, 1254.

[37] RGZ 86, 385, 386.

[38] KG DNotZ 1943, 177, 179.

nicht allein deshalb gültig sein, weil erwiesen ist, daß sie den Willen des Erblassers tatsächlich richtig wiedergibt.[39]

So stellt sich § 125 BGB und seine Nichtigkeitsfolge als striktes Recht dar, da die Einhaltung der Formerfordernisse anders nicht durchsetzbar wäre.[40] Formvorschriften sind somit notwendigerweise starr, wollen sie sich nicht selbst aufgeben.[41] Auch eine durch allzu großzügige Auslegung der Formvorschriften bewirkte Durchbrechung der Formstrenge liefe daher den gesetzlichen Vorgaben zuwider.[42]

Zwar hat die Rechtsprechung für die Geschäfte unter Lebenden in bestimmten, eng begrenzten Fällen Billigkeitskorrekturen der Nichtigkeitsfolge vorgenommen[43], doch sind diese Ausnahmen auf das Testamentsrecht nicht übertragbar.[44]

Das durch das Prinzip der Formstrenge somit verursachte Spannungsverhältnis stellt den Gesetzgeber letztlich vor ein schwer zu lösendes Dilemma. Stellt er besonders strenge Formvorschriften auf, um hierdurch ein hohes Maß an Rechtssicherheit und Manipulationsschutz zu garantieren, so läuft er auf der anderen Seite Gefahr, daß die tatsächliche Umsetzung des Erblasserwillens letztlich als Folge von nichtigkeitsbegründenden Formmängeln vereitelt wird.

Begnügt er sich dagegen mit weniger strengen Formanforderungen, so ist nun zwar das Risiko eines Formverstoßes und der daraus folgenden Nichtigkeit einer letztwilligen Verfügung geringer, zugleich vergrößert sich aber die Verfälschungsgefahr und tritt ein Verlust an Rechtssicherheit ein.

Um diesem dem Prinzip der Formstrenge immanenten Spannungsverhältnis gerecht werden zu können, müssen Formvorschriften daher so beschaffen sein,

---

[39] *Johannsen*, WM 1971, 402, 403; anders *Vogels*, ZAkDR 1935, 635, 637: „denn das Wesentliche ist doch, daß feststeht, was der Erblasser gewollt hat; nur um dies sicherzustellen, ist die Form vorgeschrieben. Ist dieser Zweck im Einzelfall erreicht, so sollte man verzeihlichen Mängeln gegenüber möglichst nachsichtig sein."

[40] *Larenz*, Schuldrecht AT, S. 68; *ders.*, BGB AT, S. 413.

[41] *Hesse*, DJ 1944, 109; vgl. auch *Coing*, NJW 1949, 757.

[42] *Von Hippel*, Formalismus und Rechtsdogmatik, S. 33 f.: „Aber solche Auslegung und solche Ergänzung sind natürlich am Ende, sobald feststeht, daß der zuständige Gesetzgeber gewisse klar aufgefaßte Ziele durch gewisse klar aufgestellte Mittel verfolgte, daß er bestimmten Gefahren durch bestimmte Maßnahmen begegnen wollte."; vgl. auch *Welter*, Auslegung und Form, S. 68 ff.; Dit / Rei / Be-Rei, A 108.

[43] Zur Entwicklung der diesbezüglichen Rechtspr. vgl. *Medicus*, BGB AT, Rn. 628 ff.

[44] *Larenz*, BGB AT, S. 413.

daß sie den mit ihnen verfolgten Zwecksetzungen genügen, ohne sich jedoch andererseits als Fallstricke zu erweisen.[45] Hier liegt die große Problematik der Schaffung geeigneter Formvorschriften, die sich als Gratwanderung zwischen den Anforderungen der Beweisbarkeit des Erblasserwillens und Rechtssicherheit auf der einen Seite sowie dem gebotenen möglichst geringen Formnichtigkeitsrisiko auf der anderen Seite darstellt. Die geglückte Festlegung der Testamentsform ist daher Ausdruck besonderer Gesetzgebungskunst.[46]

Im Vorspann zum Testamentsgesetz 1938[47] wird das Bemühen des Gesetzgebers um eine angemessene Lösung dieses Konflikts wie folgt ausgedrückt und den neuen Erbrechtsbestimmungen als Zwecksetzung vorangeschickt: „Die Anforderungen an die Errichtung oder Aufhebung einer Verfügung von Todes wegen sind *so zu gestalten, daß unnötige Formstrenge vermieden, andererseits eine zuverlässige Wiedergabe des Willens des Erblassers sichergestellt wird.*"

2. Abschnitt

Der Formverzicht bei den außerordentlichen Testamentsformen

A. Das Bedürfnis nach außerordentlichen Testamentsformen

I. Abhängigkeit von den ordentlichen Testamentsformen

Das Testamentsrecht hat das Ziel, letztwillige Verfügungen zur Verwirklichung zu bringen. Auch wenn jeder Formzwang notwendig gewisse Hürden aufrichtet, so müssen die Testamentsformen doch so beschaffen sein, daß sie einem jeden, der seinem letzten Willen Geltung verschaffen will, dies auch tatsächlich ermöglichen. Die Formerfordernisse dürfen sich daher nicht in einer Weise auswirken, die der Testamentserrichtung durch den durchschnittlichen Erblasser unüberwindbare Hindernisse entgegenstellt und diese faktisch vereitelt.

Zwar mögen auch die Formanforderungen der ordentlichen Testamente unter gewöhnlichen Lebensumständen in dem ein oder anderen Fall *vorübergehend* nicht zu erfüllen sein, z.B. der Notar ist gerade verhindert oder Schreibzeug ist

---

[45] *Lange*, ZAkDR 1938, 578; MK-*Burkart*, § 2232 Rn. 1.

[46] *Von Lübtow*, Erbrecht, Band 1, S. 117.

[47] a.a.O.; Hervorhebungen durch die Verfasserin.

nicht zur Hand, sie führen aber im Normalfall nicht zu einem dauernden Hindernis.

Als problematisch erweist sich die Testamentserrichtung dagegen in einer Situation des außergewöhnlichen Notstandes, insbesondere der nahen Todesgefahr. Auch wenn der Erblasser noch in der Lage sein sollte, seinen letzten Willen zu äußern, ist er unter Umständen angesichts seines nahenden Todes nicht mehr befähigt, auch die Formerfordernisse der ordentlichen Testamentserrichtung zu erfüllen, um seiner letztwilligen Vermögensregelung auf diese Weise Geltung zu verschaffen. In diesen besonderen Ausnahmesituationen können die ordentlichen Formvorschriften daher zu unerwünschten, unüberwindbaren Hürden werden, die der Verwirklichung des letzten Willens entgegenstehen, und zwar dies sogar endgültig.

Das Bedürfnis nach außerordentlichen Testamentsformen hängt damit ganz wesentlich von der Ausgestaltung der ordentlichen Testamentsformen ab.

Diejenige Form, die im Rahmen einer formmilden Gesetzeskonzeption dem ordentlichen Testament zugrunde liegt, mag in einer formstrengen Rechtsordnung nicht einmal zur Errichtung eines Nottestaments genügen.[48] So stellt beispielsweise in Österreich das mündliche, vor drei Zeugen errichtete Testament ein ordentliches Testament dar, während ein solches Vorgehen in Deutschland derzeit nicht einmal zur Errichtung eines Nottestamentes genügen würde.[49]

Unser BGB hat als ordentliche Testamentsformen das Notartestament und das eigenhändige Testament zugelassen.

Das Notartestament steht dem Erblasser dabei als eine möglichst sichere und beweiskräftige Testamentsform zur Verfügung. Es bietet sowohl das bestmögliche Maß an Rechtssicherheit und Beweisbarkeit, als auch die geringste Gefahr, daß die Realisierung des Erblasserwillens an der Formstrenge scheitert. Der Erblasser bedient sich zur Testamentserrichtung hier einer sachverständigen Person, die nicht nur eine rechtliche Beratung und Klärung des letzten Willens leistet[50], sondern auch dazu befähigt ist, das Testament fachkundig und in Kenntnis aller zu wahrender Formalien aufzunehmen.

Das eigenhändige Testament ist demgegenüber eine einfachere und bequemere Testiermöglichkeit, die allerdings auch nicht die gleiche Sicherheit bietet. Da

---

[48] *Lange / Kuchinke*, Erbrecht, S. 321.

[49] Siehe 4. Teil, 3. Abschn. A. III.

[50] *Kretzschmar*, Erbrecht, S. 75; *Vogels / Seybold*, TestG, § 6 Rn. 1; *Lange*, 1. Denkschrift, S. 78.

beim eigenhändigen Testament, das ein Laientestament darstellt, das mit der Formstrenge verbundene Spannungsverhältnis besonders zum Tragen kommt, hat der Gesetzgeber die hier zu beachtenden Formerfordernisse durch das Testamentsgesetz des Jahres 1938 weitgehend reduziert.[51]

Wegen der geringen noch an das eigenhändige Testament gestellten Anforderungen kann es so in vielen Notlagen auch als Nottestament fungieren.

Das BGB hat daher die ordentlichen Testamentsformen somit in der Weise ausgestaltet, daß die Testamentserrichtung unter normalen Lebensumständen relativ sicher gelingen wird. Die Formanforderungen stellen dabei auf den „Normalfall“ ab, in dem der Erblasser die Wahl hat, entweder unter fachkundiger Beratung ein Notartestament zu errichten oder, wenn er dies für unverhältnismäßig aufwendig hält, seinen letzten Willen eigenhändig niederzuschreiben.

II. Zur Notwendigkeit von Nottestamentvorschriften im BGB

Die Aufnahme von Nottestamentvorschriften in das Bürgerliche Gesetzbuch erfolgte als Fortsetzung einer langen Rechtstradition. Bereits das römische Recht kannte, wie bereits ausgeführt, erleichterte Testamentsformen, die in Deutschland partikularrechtlich fortgebildet wurden. Ein Bedürfnis, diese Regelungen für Notfälle auch in das BGB zu übernehmen, lag dabei umso näher, als die Entwürfe zum BGB ursprünglich lediglich das öffentliche Testament als ordentliche Testamentsform vorsahen.

Dieser Gedanke findet sich in den Motiven zum Entwurf des BGB folgendermaßen niedergelegt[52]: „Das Bedürfnis, einen Ersatz für die ordentlichen Formen zu schaffen, wenn die Mitwirkung der öffentlichen Organe (Richter oder Notar) nicht zu erlangen ist oder diese verhindert sind, läßt sich nicht in Abrede stellen. Nachdem weder das holographische noch andere Privattestamente zugelassen sind, ist Sorge zu tragen, daß in schleunigen Fällen möglich bleibt, einen Ersatz für diese Organe zu erlangen.“

Obwohl sich in heutiger Zeit das eigenhändige Testament gleichberechtigt neben dem Notartestament etablieren konnte, besteht jedoch nach wie vor ein Be-

---

[51] *Lange*, ZAkDR 1938, 577, 578 über die Grundentscheidung im TestG: „Jede Form, die mehr erzwingen will, als zur Durchsetzung ihrer Zwecke erforderlich ist, wird zum Formalismus und entbehrt damit der inneren Rechtfertigung.“

[52] Mot. V. S. 281.

dürfnis nach außerordentlichen Testamentsformen. Dieses Bedürfnis ergibt sich in jenen Extremfällen, in denen weder das rechtzeitige Herbeiholen eines Notars noch eine eigenhändige Testamentserrichtung möglich ist, da der Erblasser in unmittelbarer Lebensgefahr schwebt und überdies auch nicht mehr schreibfähig ist. In einer solchen Situation kann der Erblasser seinem letzten Willen vermittels der ordentlichen Testamentsformen selbst dann keine Gültigkeit mehr verschaffen, wenn er noch fähig wäre, diesen verständlich zu artikulieren.

Für derartige Fälle sind die Formerfordernisse der ordentlichen Testamentsformen somit ungeeignet und unerfüllbar und vereiteln unwiederbringlich die letzte Chance einer Testamentserrichtung.

Zwar mag man erwägen, dem in eine derartige Extremsituation Geratenen den Vorwurf zu machen, er hätte doch rechtzeitig für eine Testamentsniederlegung sorgen können. Es sind jedoch genügend Fälle denkbar, in denen dieser Vorwurf durchaus nicht angebracht ist. So mag eine Person beispielsweise durch einen Unfall oder einen sonstigen widrigen Umstand in plötzliche Todesgefahr geraten sein, oder ein schwer Erkrankter, dem der Ernst seiner Lage zunächst verheimlicht wurde, mag erst kurz vor seinem Tode von seinen Angehörigen an eine Testamentserrichtung erinnert werden.

Doch auch unabhängig davon, ob der Erblasser verschuldet oder unverschuldet eine rechtzeitige letztwillige Regelung seiner Vermögensverhältnisse unterließ, läßt doch der Respekt vor dem letzten Willen des Sterbenden es als nicht hinnehmbar erscheinen, daß dieser in außergewöhnlichen Notlagen nicht mehr zur Geltung gelangen kann. Das Recht, eine Bestimmung über das eigene Vermögen für die Zeit nach dem Tode treffen zu können, ist eine wesentliche und auch in Notsituationen unverzichtbare Forderung des Persönlichkeitsgedankens.[53]

Den sich hieraus ergebenden Anforderungen muß der Gesetzgeber entgegenkommen und auf gewisse Formanforderungen verzichten, um hierdurch ein wirksames Testieren auch noch in außergewöhnlichen Notsituationen zu ermöglichen.

---

[53] *Lange / Kuchinke*, Erbrecht, S. 321.

B. Möglichkeit eines gänzlichen Formverzichts?

Problematisch ist allerdings, auf welche Weise der Gesetzgeber diesen Anforderungen gerecht werden kann. Es könnte dabei zunächst überlegt werden, ob für derartige Notstandssituationen nicht ein gänzlicher Formverzicht in Betracht kommt. Wie etwa im römischen Recht der Soldat[54], so könnte dann jeder, der in eine bedrohliche Notlage gerät, in beliebiger Weise letztwillig testieren.[55]

Ein gänzlicher Formverzicht würde dabei einerseits zu dem grundsätzlich begrüßenswerten Ergebnis führen, daß auch ein Formnichtigkeitsrisiko nicht bestünde. Jeder mit allgemeinen Beweismitteln nachgewiesene Wille wäre als gültig zu betrachten. Eine Testiermöglichkeit wäre damit praktisch in jeder denkbaren Extremsituation gegeben und umfassend gewährleistet.

Auf der anderen Seite bestünde hierbei jedoch die erhebliche Gefahr, daß es in einer Vielzahl von Fällen zu beträchtlichen Unsicherheiten über Inhalt und Wesen der Erblassererklärung käme, die sich letztlich wiederum nur durch die naturgemäß ausgeschlossene Befragung des Erblassers selbst beheben ließen.[56] Auch ist nicht zu verkennen, daß die völlige Formfreiheit erhebliche sonstige Probleme und Grenzfragen nach sich zöge. Könnte beispielsweise einer letztwilligen Verfügung Wirksamkeit zugesprochen werden, wenn ein Zeuge vor Gericht erklärte, er habe den beim Autounfall schwer verletzten Erblasser kurz vor dem Tode gefragt, ob dessen langjährige Lebensgefährtin seine alleinige Erbin sein sollte, und dieser habe dazu durch Kopfnicken eindeutig seine Zustimmung bekundet?

Gäbe man alle Formen preis und ließe stattdessen die Beweismittel der ZPO ohne Einschränkungen für die Ermittlung des Erblasserwillens zu, so müßte sich das Gericht selbst diejenigen Kriterien schaffen, die es als Maßstab eines zu erbringenden Beweises über das Vorliegen einer letztwilligen Verfügung und deren Inhalt anlegen will. Die Rechtsprechung liefe hierbei Gefahr, zu unberechenbaren oder gar willkürlichen Ergebnissen zu gelangen, da letztlich umstritten bleiben müßte, wann ein ausreichender Beweis für die Echtheit einer letztwilligen Verfügung als erbracht zu gelten habe.

---

[54] Als formlos erklärter Wille konnte das Wehrmachtstestament im letzten Stadium des Krieges in wirklicher oder vermeintlicher unmittelbarer Todesgefahr errichtet werden, ebenso auch später das Verfolgtentestament, vgl. *Lange / Kuchinke*, Erbrecht, S. 333; *von Lübtow*, Erbrecht, Band 1, S. 122; näher eingehend: *Wagner*, Das Militärtestament, ZAkDR 1943, 222.

[55] Vgl. Ausführungen zur formfreien Verfügung bei *Görgens*, Die Bindung des Richters, S. 117.

[56] *Hesse*, DJ 1944, 109.

Außerdem bestünde weiter die Schwierigkeit zu klären, ob sich der Erblasser zur Zeit der Kundgabe seines letzten Willens überhaupt in einer ihn von allen Formen befreienden Notlage befunden hatte.

Die Schaffung eines feststehenden formalen Rahmens, der geeignet ist, die maßgeblichen Anhaltspunkte für das Vorliegen einer echten Erblasserverfügung und deren Inhalt zu liefern und damit eine sichere und materiell zutreffende Entscheidung über den Erblasserwillen zu ermöglichen, erweist sich somit als unerläßlich.

Demnach erfordert die zuverlässige Feststellung des Erblasserwillens jedenfalls das Festhalten an einem Minimum an Formerfordernissen.

Zugleich ist deutlich, daß ein Verzicht auf die Einhaltung jener Formerfordernisse, die für die ordentlichen Testamentsformen gelten und von denen auch die Betrachtung der außerordentlichen Testamentsformen notwendig auszugehen hat, nur in begrenztem Umfang möglich ist.

C. Betrachtungen zu den Auswirkungen eines Formverzichts

Dabei stellt sich hier die grundlegende Frage der Auswirkungen eines Formverzichts. Jeder Formverzicht führt nämlich notwendigerweise dazu, daß zugleich auf die mit der Formaufstellung verbundenen Funktionen und Zwecksetzungen, d.h. auch auf die Formvorteile in entsprechendem Umfang verzichtet werden muß. *Eine Formerleichterung bedeutet demnach gleichzeitig auch einen Verlust an Rechtssicherheit und Beweisbarkeit des Erblasserwillens.*

Wie weit ein solcher Verzicht bei außerordentlichen Testamentsformen gehen darf, läßt sich dabei nur ermitteln, wenn zunächst der unterschiedliche Stellenwert dieser Zwecksetzungen bei ordentlichen und außerordentlichen Testamentsformen im Vergleich zueinander betrachtet wird.

I. Formzweck der Rechtssicherheit

Das wesentliche Ziel der Herstellung von Rechtssicherheit im Testamentsrecht ist es, Entscheidungen über die Gültigkeit einer letztwilligen Verfügung voraussehbar zu machen und so das Vertrauen auf diese zu schützen. Auf eine klar und eindeutig auszulegende Testamentserrichtungsvorschrift können sich die Parteien einstellen und ihre Handlungen danach ausrichten. Ist aufgrund einer eindeutigen Rechtslage für die Parteien erkennbar, ob und mit welchem Inhalt eine letztwillige Verfügung Bestand hat, so bewirkt dies zugleich auch eine Entlastung der Gerichte und trägt damit zur Herstellung und Bewahrung des allgemeinen Rechtsfriedens.[57]

1. Bedeutung der Rechtssicherheit im Regelfall der ordentlichen Testamentserrichtung

Die Schaffung von Rechtssicherheit ist dabei für ordentliche Testamentsformen, die den beherrschenden Regelfall des Testierens darstellen, von großer Bedeutung.[58] Häufig sind mehrere Personen von der Testamentsverfügung betroffen und wünschen möglichst schnellen und zuverlässigen Aufschluß über die Vermögenslage nach dem Erblassertod.

Gemäß § 1922 BGB geht das Vermögen des Erblassers mit seinem Tode auf die Erben über. So haben die gesetzlichen Erben ein Interesse daran, Klarheit darüber zu erlangen, ob sie es sind, die nun die Vermögensnachfolge antreten oder aber ihr gesetzliches Erbrecht durch die testamentarische Verfügung geändert wurde. Ebenso will auch der in der testamentarischen Verfügung benannte Erbe möglichst sichere Gewähr dafür erhalten, daß die Erbeinsetzung wirksam ist und er sich auf die neue Vermögenslage einrichten kann.

Auch für die Nachlaßgläubiger ist es von entscheidender Bedeutung, daß die Erbfolge geklärt ist, d.h. die Wirksamkeit einer vorhandenen letztwilligen Verfügung feststeht. Ist die diesbezügliche Rechtlage unklar, so sind die Gläubiger des Erblassers daran gehindert, wegen etwaiger Erblasserschulden aus der Erbenhaftung nach § 1967 BGB vorzugehen. Ebenso besteht in diesem Fall Unsicherheit für die Gläubiger des Erben, die auf dessen vermeintlichen Vermögenszuwachs Zugriff nehmen wollen.

Da in der überwiegenden Anzahl der Sterbefälle testamentarische Verfügungen vorliegen, die zudem in ordentlicher Form errichtet wurden, haben die Formerfordernisse der ordentlichen Testamente für das Wirtschaftsleben eine nicht zu verkennende bedeutsame Funktion. Eben hieraus folgt zugleich auch ein starkes Bedürfnis, in diesem Bereich auf die Herstellung von Rechtssicher-

[57] Siehe bereits oben 2. Teil, 1. Abschn. A. III. 1. c) dazu vertiefend *Wolf / Gangel*, JuS 1983, 663, 665; *Leipold*, in FS Müller-Freienfels, S. 421, 427; *Grundmann*, AcP 187, 429, 442.

[58] *Lange*, AcP 143, 99 f.; kritisch dazu *Grundmann*, AcP 187, 429, 442.

heit hinzuwirken. Es gilt dabei zu verhindern, daß in der Vielzahl derartiger Erbfälle erst nach langem Prozessieren Klarheit über die Rechtslage hergestellt und das Geschäftsleben hierdurch insgesamt übermäßig blockiert wird.[59]

2. Bedeutung der Rechtssicherheit im Ausnahmefall der außerordentlichen Testamentserrichtung

Einen vergleichbaren Stellenwert nimmt die Herstellung von Rechtssicherheit bei außerordentlichen Testamentsformen nicht ein. Dieser Unterschied läßt sich dabei in erster Linie auf deren geringe praktische Bedeutung zurückführen.

Nottestamente werden aufgrund ihres Ausnahmecharakters nur in seltenen Fällen errichtet. Sie sind zudem nur von begrenzter Gültigkeitsdauer, § 2252 BGB, so daß sie nicht selten später durch ein ordentliches Testament ersetzt werden müssen. So ist auch ihre Bedeutung für das Wirtschaftsleben als nur gering zu bewerten.

Je kleiner aber die Anzahl der außerordentlichen Testamentserrichtungen, um so geringer ist auch die Notwendigkeit, das Interesse des Rechtsverkehrs an Voraussehbarkeit und Vertrauensschutz zu berücksichtigen und den Gesichtspunkt der Rechtssicherheit vorrangig in die Gestaltung der Formerfordernisse einfließen zu lassen.

Für eine geringe Anzahl von Ausnahmefällen kann von der Rechtsordnung ein höheres Maß an Unsicherheit über die Rechtslage zum Zeitpunkt des Erblassertodes hingenommen werden, auch wenn diese gegebenenfalls erst im Rahmen eines möglichen gerichtlichen Verfahrens beseitigt wird.

Das Interesse an Rechtssicherheit zugunsten der wenigen von den Nottestamentsfällen betroffenen Erbschaftsanwärter oder Gläubiger muß daher in Ansehung der besonderen Ausnahmesituation zurücktreten. Zuallererst ist hier dem Interesse des Erblassers zu entsprechen, der seinen in der Notlage geäußerten Willen nicht mehr in die Form eines ordentlichen Testaments zu kleiden vermag, jedoch eine letzte Möglichkeit haben soll, diesem in anderer Weise Wirksamkeit zu verschaffen.

---

[59] Vgl. auch BGH NJW 1981, 1737, 1738.

II. Formzweck des Erblasserschutzes und der Beweisbarkeit

Dagegen ist die Beweisbarkeit des Erblasserwillens für die Ausgestaltung der ordentlichen und außerordentlichen Testamentsvorschriften gleichermaßen von Bedeutung. Entsprechend dem Ziel des Testamentsrechts, den Erblasserwillen zur Geltung zu bringen, muß dafür Sorge getragen werden, daß dieser auch zur Überzeugung des Gerichts festgestellt werden kann, d.h. beweisbar ist.

Hieraus ergibt sich das grundlegende Erfordernis, die Übermittlung des Erblasserwillens in einer Weise zu sichern, die es zu gewährleisten vermag, daß die letztwillige Verfügung ebenso verwirklicht wird, wie sie der Erblasser tatsächlich getroffen hat.

Der Erblasser hat nämlich nur dann ein Interesse an der Gültigkeit seiner letztwilligen Verfügung, wenn diese auch authentisch und unverfälscht zur Geltung kommen kann.

Diesbezüglich ist zwischen ordentlicher und außerordentlicher Testamentserrichtung keinerlei Unterschied zu machen. Auch wenn die Nottestamente lediglich als Notbehelfe gedacht sind, so haben sie doch nur dann ihre Berechtigung, wenn sie der Verwirklichung des *tatsächlichen* Erblasserwillens dienlich sind und dessen zuverlässige Feststellung ermöglichen.

Zu diesem Ergebnis ist auch der mit der Testamentsrechtsreform des Jahres 1938 befaßte Erbrechtsausschuß gelangt, der hierzu treffend folgendes ausführte[60]: „Jeder Fall plötzlicher Todesgefahr läßt sich nie erfassen. Wer einen Unfall erleidet, der ihn schreibunfähig macht, und ohne Hinzukommen anderer stirbt, wird nie testieren können; *die Grenzen des Nottestaments müssen dort liegen, wo die Gefahren der bewußt und unbewußt falschen Übermittlung des letzten Willens den Vorteil der Testamentserrichtung überwiegen*".

III. Schlußfolgerung

1. Zulassung allgemeiner Beweismittel

Für die Augestaltung der außerordentlichen Testamentsformen läßt sich vor diesem Hintergrund zunächst feststellen, daß an dem für ordentliche Testamentsformen geltenden Prinzip, nach welchem der Erblasserwille ausschließlich

[60] *Lange*, 1. Denkschrift, S. 91.

durch Formen bewiesen und zur Gültigkeit gebracht werden muß, nicht notwendig festzuhalten ist.

Das die Wirksamkeit des Erblasserwillens an die Einhaltung gewisser Formvorschriften gebunden ist, ist zwar erforderlich, um ein möglichst hohes Maß an Rechtssicherheit zu gewährleisten, sie ist andererseits jedoch keine zwingende Voraussetzung für die Sicherung seiner Beweisbarkeit, auf die es im Bereich der außerordentlichen Testamentsformen vorrangig ankommt.

Die Formen stellen gewiß ein wichtiges Beweismittel zur Ermittlung des Erblasserwillens dar, sind aber durchaus nicht die einzige Möglichkeit hierfür.

So könnte der Erblasserwille grundsätzlich auch durch die Zulassung allgemeiner Beweismittel belegt werden.

Das Bestreben, die Formerfordernisse im Bereich der außerordentlichen Testamentsformen auf jenes Minimum zu reduzieren, welches für die Beweisbarkeit des Erblasserwillens unbedingt notwendig ist, erfordert es, *nur an solchen Formen festzuhalten, die nicht durch allgemeine Beweiserbringung ersetzt werden können.*

Geht es nämlich ganz vorrangig um das Ziel, den Erblasserwillen zu schützen und beweisbar zu machen, so ist es vor allem von Bedeutung, ob der tatsächliche Erblasserwille überhaupt zuverlässig festgestellt werden kann, nicht aber, wie dies konkret erfolgt.

Von nachrangiger Relevanz ist hierbei, daß sich die Rechtslage in Ansehung der Testamentsurkunde zunächst als unklar erweisen mag und die Gültigkeit eines Testaments möglicherweise erst nach einer späteren allgemeinen Beweiserbringung im Prozeß zu klären ist. Eine derartige spätere Klärung erscheint im engbegrenzten Bereich der Nottestamente als durchaus hinnehmbar. Die außerordentlichen Testamente haben im Gegensatz zum ordentlichen eigenhändigen Testament, das als Laientestament ebenso mit möglichst wenigen Formen auskommen muß, nämlich den offenkundigen Vorteil, daß ihre Errichtung unter Mitwirkung stets mehrerer Personen erfolgt. Diese können somit zu einem späteren Zeitpunkt wertvolle Auskünfte über die Umstände der Niederlegung des letzten Willens des Erblassers geben und wesentlich zur Beweisbarkeit des Erblasserwillens in einem späteren Prozeß beitragen.

Da, wie bereits ausgeführt, eine vollständige Ersetzung der Formen durch allgemeine Beweiserbringung jedoch zu unerträglichen Unsicherheiten über die Erblassererklärung führt, gilt es festzustellen, welche Formen für den Schutz des Erblasserwillens einerseits unerläßlich sind und inwieweit die Funktion der Formen im übrigen durch anderweitige Beweiserbringung ersetzt werden kann.

Aus dieser Betrachtung der bei ordentlichen und außerordentlichen Testamenten unterschiedlich ausgeprägten Wertigkeit der Rechtssicherheit sowie des Schutzes des Erblasserwillens läßt sich folgende verschiedenartige Ausrichtung beider Testamentsgattungen ableiten:

Bei den ordentlichen Testamentsformen muß es vorrangiges Ziel sein, vermittels der Aufstellung von Formerfordernissen *zu einer von Beginn an möglichst sicheren, eindeutigen Entscheidung darüber zu gelangen, ob und mit welchem Inhalt die letztwillige Verfügung Wirksamkeit beansprucht, und zwar dies unter Inkaufnahme aller Unbilligkeiten einer formenstrengen Ausgestaltung.*

Bei den außerordentlichen Testamentsformen steht dagegen das Streben *nach einer letztlich möglichst richtigen, wenn auch unter Umständen äußerlich zunächst unsicheren Entscheidung über Wirksamkeit und Inhalt der Verfügung im Vordergrund, wobei dieses Ziel zwar nicht gänzlich ohne die Aufstellung von Formerfordernissen erreicht werden kann, andererseits aber auf solche allein nicht angewiesen bleibt.*

2. Betrachtung der geltenden Rechtslage

Diese unterschiedlichen Zielsetzungen lassen sich auch im wesentlichen anhand der geltenden Gesetzeslage belegen.

So sind die Anforderungen an die ordentlichen Testamente in der Weise ausgestaltet, *daß die Testamentsurkunde selbst Aufschluß über ihre Wirkamkeit gibt.*

Dies gilt im besonderen Maße für das Notartestament, dem überdies die erhöhte Beweiskraft des § 415 ZPO zukommt. Ein nach diesen Vorschriften erfolgtes Beurkundungsverfahren führt dazu, daß die Urkunde aus sich heraus für die Einhaltung aller Formerfordernisse Beweis liefert, wobei weder auf außerhalb der Urkunde liegende Umstände zurückgegriffen werden muß, noch dies überhaupt zulässig ist. Der Rechtsverkehr kann daher allein dem Inhalt der Urkunde ihre Gültigkeit entnehmen und auf die Richtigkeit der Beurkundung vertrauen. Derjenige, der diese anzweifelt, trägt hierfür die Beweislast.

Das eigenhändige Testament erlaubt gem. § 2247 Abs. 5 BGB nur ausnahmsweise einen Rückgriff auf außerhalb der Urkunde liegende Umstände, und zwar für den Fall, daß die Orts- und Zeitangabe fehlt, diese aber zur Beurteilung der Wirksamkeit des Testaments benötigt wird. Diese Ausnahme von der Formstrenge wurde dabei nur deshalb zugelassen, weil eine Orts- bzw. Zeitangabe nur in Einzelfällen für die Wirksamkeit des Testaments relevant ist, im Regelfall aber keine Rolle spielt[61], d.h. nur in Ausnahmefällen auf diesbezüglich anderweitige Feststellungen zurückgegriffen werden muß.[62]

Im Gegensatz hierzu ist die Testamentsurkunde im Bereich der Nottestamente nach geltendem Recht *nicht notwendig von alleiniger Relevanz*, und zwar jedenfalls dann nicht, wenn sie einen unter § 2249 Abs. 6 BGB fallenden Formfehler aufweist. In einem solchen Fall kann die Urkunde nicht mehr die vollständige Erkenntnis über den ordnungsgemäßen Verlauf der Errichtungsverhandlung vermitteln, so daß dieser mit allgemeinen Beweismitteln nachzuweisen ist. Hier muß also im Hinblick auf die in § 2249 Abs. 6 BGB enthaltenen Heilbarkeitsvoraussetzungen zusätzlich auf allgemeine Beweismittel zurückgegriffen werden, womit erhebliche Anforderungen an die Aufklärung des Sachverhalts durch die Nachlaßgerichte gestellt werden.[63]

3. Abschnitt

Entwicklung eines Orientierungsmaßstabs zur Beurteilung der Formerfordernisse im Recht der außerordentlichen Testamente

Vor dem Hintergrund der dargelegten Grundstrukturen soll im folgenden zu erkennbaren Orientierungsmaßstäben gelangt werden, die sich für eine Beurteilung der im Recht der außerordentlichen Testamentsformen verankerten Formerfordernisse eignen und zugleich auch für die Konzeption einer Reduzierungen dieser Rechtsformen heranziehbar sind. Hierzu wird, der Struktur des Gesetzes entsprechend, stets von den für die ordentlichen Testamentsform vorgesehenen Formerfordernissen auszugehen sein.

Eine Formreduzierung ist dabei grundsätzlich auf zweierlei Weise denkbar: Nachdem die Beurkundung eines ordentlichen Testaments allein durch den No-

[61] So *Grundmann*, AcP 187, 429, 447.

[62] Vgl. auch die Sondervorschrift des § 2247 Abs. 3 hinsichtlich der Art und Weise der Unterzeichnung.

[63] *Weigelin*, SJW 1948, 200, 201.

tar erfolgen kann[64], besteht eine Möglichkeit der Formerleichterung darin, daneben auch *weitere Personen zur Beurkundung der letztwilligen Verfügung des sich in einer besonderen Notlage befindlichen Erblassers zuzulassen.*

Eine derartige Formreduzierung dient hierbei dazu, diejenigen Schwierigkeiten aus dem Wege zu räumen und einen Ausweg dafür zu bieten, wenn eine Herbeiholung des Notars ausgeschlossen ist und der Erblasser zudem eine eigenhändige Testamentserrichtung nicht bewältigen kann oder möchte.

Ein weiterer gangbarer Weg der Formreduzierung stellt daneben die *Erleichterung aller sonstigen, nicht auf die Person des Beurkundenden bezüglichen Errichtungsvoraussetzungen* dar. Die Nottestamentserrichtung wird hierdurch vereinfacht und vermieden, daß Nottestamente als Folge formeller Mängel nichtig sind.

Beide Aspekte einer Formerleichterung lassen sich im Nottestamentsrecht des BGB auffinden und sollen im folgenden betrachtet werden.

A. Reduzierung der Formerfordernisse im Hinblick auf die zur Testamentserrichtung notwendigen Personen

Die Beschränkung des Kreises derjenigen, die bei ordentlicher Testamentserrichtung zu einer Testamentserstellung befugt sind (nämlich auf den Notar sowie den Erblasser selbst), kann in außergewöhnlichen Notlagen zu praktisch unüberwindbaren Schwierigkeiten führen.

Was im Normalfall eine adäquate Voraussetzung sein mag und den Erblasser, der die Wahl zwischen eigenhändiger Testamentserrichtung und dem Notartestament hat, vor keine besonderen Schwierigkeiten stellt, kann in Extremlagen zur unüberbrückbaren Formhürde werden und bedarf deswegen einer Formlockerung.

Um den Umständen auch außergewöhnlicher Notlagen gerecht werden zu können, ist es daher erforderlich, außer dem Notar auch andere Personen zu berechtigen, ein Testament für den Erblasser aufzunehmen, und zwar gerade auch solche, die für den Erblasser in der Notsituation erreichbar sind.

---

[64] Daneben ist eine Testamentserrichtung freilich auch durch den eigenhändig testierenden Erblasser selbst möglich.

I. Geltende Gesetzeslage

Nach geltender Gesetzeslage sind als Ersatzbeurkundungspersonen entweder der Bürgermeister oder aber drei Zeugen zugelassen.

Anders als der Notar muß der Bürgermeister zum Beurkundungsvorgang allerdings stets zwei Zeugen hinzuziehen. Der Gesetzgeber verzichtet hiermit auf eine fachkundige Beurkundungsperson, zumal der Bürgermeister einer kleinen Landgemeinde – nur hier ist er schneller zu erreichen als der Notar – mit derartigen Beurkundungen kaum vertraut sein wird.

Andererseits bestimmt der Gesetzgeber mit dem Bürgermeister immer noch eine Person, die, ebenso wie der Notar, öffentliches Vertrauen genießt und zudem grundsätzlich eine dem Erblasser gegenüber neutrale Stellung einnimmt.

Bei der Zulassung dreier Zeugen als Beurkundungspersonen handelt es sich um, in den Grenzen der Zeugenausschließungsgründe, beliebige Personen, die sich zum Zeitpunkt des Eintritts des Notfalls in der Nähe des Erblassers aufhalten und bereit sind, bei der Testamentserrichtung mitzuwirken.

Diese Ausgestaltung stellt eine noch weitere Formerleichterung dar, als diese durch die Zulassung des Bürgermeisters als Beurkundungsperson gegeben ist. Im Gegensatz hierzu verzichtet der Gesetzgeber nunmehr nämlich nicht nur auf eine fachkundige Beurkundungsperson, sondern er betraut zudem auch drei beliebige Privatpersonen mit der Beurkundung des letzten Willens und läßt damit Beurkundungspersonen genügen, die nicht mit öffentlichem Vertrauen ausgestattet sind. Als taugliche Zeugen sind zwar nur solche Personen zugelassen, die nicht unter die Ausschließungsvorschriften des Beurkundungsgesetzes fallen[65], sie stammen aber doch regelmäßig aus dem Umfeld des Erblassers, so daß deren Neutralität nicht immer gewährleistet ist.

Zudem dürften ihre Kenntnisse über Beurkundungen in der Regel sicherlich noch geringer sein als die der Bürgermeister auf dem Lande.

---

[65] Siehe 4. Teil, 1. Abschn. B. II.

II. Beibehaltung der nach geltender Rechtslage gegebenen Zuständigkeit unterschiedlicher Ersatzbeurkundungspersonen?

Andere deutschsprachige Rechtsordnungen[66] sehen lediglich das Zeugentestament als Nottestament vor, nicht aber das Bürgermeistertestament.

So fragt sich, ob die im BGB gewählte Zweiteilung heute überhaupt noch zweckmäßig ist, wofür der Gesichtspunkt der Beweisbarkeit des Erblasserwillens sprechen könnte, oder sich mittlerweile das Bürgermeistertestament als historisches Relikt bereits überholt hat.

1. Auffassung des Erbrechtsausschusses (Testamentsreform 1938)

Der mit der Testamentsrechtsreform des Jahres 1938 betraute Erbrechtsausschuß sprach sich seinerzeit für die Beibehaltung dieses Systems ausgesprochen.[67]

Zwar habe es das Bürgermeistertestament, so wurde argumentiert, durch die Verbesserung der Verkehrsmittel wesentlich an Bedeutung verloren, da heute auch der Richter oder ein Landnotar in eiligen Fällen verhältnismäßig rasch herbeigeholt werden könnten und überdies rechtlich nicht geschulte Gemeindevorsteher den Anforderungen einer Testamentserrichtung regelmäßig nicht gewachsen seien. Für die Aufrechterhaltung des Gemeindevorstehertestaments sei aber letztlich die Erwägung maßgebend, *daß eine Errichtung unter Mitwirkung einer schreibkundigen und geschäftsgewandten Person immer noch der eigenhändigen Errichtung oder der vor beliebigen Zeugen vorzuziehen sei.*

2. Das Bürgermeistertestament als möglichst sichere Form des außerordentlichen Testierens

Diese Erwägungen des Erbrechtsausschusses haben prinzipiell auch noch heutzutage ihre Berechtigung. Die Beibehaltung eines Bürgermeistertestaments

---

[66] Siehe 4. Teil, 3. Abschn. A.

[67] *Lange*, 1. Denkschrift, S. 90.

neben einem Zeugentestament läßt sich in der Tat nur dadurch rechtfertigen, daß es eine vergleichsweise vorteilhafte Testierform darstellt, die dem Erblasser auch in Notsituationen *zusätzlich* zur Verfügung gestellt werden soll.

Während das Dreizeugentestament als allerletzte Möglichkeit zu verstehen ist, den Erblasserwillen überhaupt noch zur Geltung zu bringen, zielt das Bürgermeistertestament auf eine möglichst sichere Testamentserrichtung ab, die den Schutz des Erblasserwillens in möglichst weitem Umfang gewährleisten soll.[68]

a) Die Vorteile der Testamentsbeurkundung durch den Bürgermeister

Der Gesetzgeber benennt mit dem Bürgermeister eine Ersatzbeurkundungsperson, die, wie auch der Notar, öffentliches Vertrauen genießt, als solche eine gewisse Neutralität einzubringen verspricht und zumindest über ein gewisses Maß an Geschäftsgewandtheit verfügt, wenn sie auch im Regelfall nicht die juristischen Kenntnisse eines Notars besitzen wird.

Der Gesetzgeber stellt hier eine Testamentsform zur Verfügung, die eine gegenüber dem Zeugentestament größere Gewähr für die ordnungsgemäße Übermittlung des Erblasserwillens bietet.

Die Mitwirkung des Bürgermeisters als neutraler Person schafft so eine zuverlässigere Testamentserrichtung, als dies vermittels beliebiger Zeugen ermöglicht werden könnte, wofür in einigen Fällen auch tatsächlich ein verstärktes Bedürfnis gegeben sein kann.

Hegt der Erblasser beispielsweise Mißtrauen gegen die ihn umgebenden Mitmenschen, so wird er es auch in einer Notlage vorziehen, eine neutrale Amtsperson mit der Testamentserrichtung zu beauftragen, nicht aber beliebige Zeugen. Die Gefahr, daß der Wille des Erblassers unter der Mitwirkung des Bürgermeisters gefälscht wird, ist erheblich geringer als unter der Mitwirkung beliebiger Zeugen, so daß der Erblasserwille beim Bürgermeistertestament besser geschützt werden kann.

---

[68] Das in § 2250 Abs. 2 festgesetzte Rangverhältnis spiegelt die gesetzgeberische Bevorzugung des Bürgermeistertestaments wieder.

b) Die Vorteile einer öffentlichen Testamentsurkunde

Vor dem Bürgermeister kann zudem ein öffentliches Testament errichtet werden, das in seiner Wirkung einem Notartestament gleichsteht.

Die Vorzüge des öffentlichen Testierens können so, wenn die Notlage es erlaubt, auch noch im Extremfall zur Geltung kommen. Die Testamentsniederschrift weist als öffentliche Urkunde die erhöhte Beweiskraft nach § 415 ZPO auf, das heißt, sie begründet vollen Beweis der in ihr bezeugten Tatsachen.[69] Diese formelle Beweiswirkung besagt, daß der Inhalt und die Abgabe der Erblassererklärung als richtig protokolliert gelten.[70] Während also beim Privattestament derjenige die Gültigkeit beweisen muß, der sich darauf beruft, hat bei einem öffentlichen Testament derjenige den Gegenbeweis gegen die Vermutung der richtigen Beurkundung zu führen, der seine Wirksamkeit bestreitet, § 415 Abs. 2 ZPO.

Das öffentliche Testament ist ferner beweiskräftig i.S. von § 35 GBO. Es genügt daher grundsätzlich, wenn im Grundbuchverfahren anstelle eines Erbscheins das öffentliche Testament und die Niederschrift über dessen Eröffnung vorgelegt werden, § 35 Abs. 1 S. 2 GBO.[71]

Daneben hat das öffentliche Testament Beweiskraft i.S. von § 41 SchiffsRVO, § 16 RSchuldbuchG und kann darüber hinaus überall dort Beweisfunktionen erfüllen, wo die Vorlage öffentlicher Urkunden verlangt wird, z.B. § 12 Abs. 2 S. 2 HGB.[72]

So heben auch bereits die Motive zum Entwurf eines BGB den erhöhten Beweiswert des Bürgermeistertestaments folgendermaßen hervor[73]: „Das Protokoll, welches bei der Errichtung des Testamentes in ordentlicher Form oder vor einem Gemeindevorsteher als öffentliche Urkunde vollen Beweis für den darin beurkundeten Vorgang liefert, wird bei der dritten hier zugelassenen Testamentsform ein Privatbericht, dessen Richtigkeit erst erwiesen werden muß."

---

[69] MK-*Schreiber*, ZPO, § 415 Rn. 24 f.

[70] Dit / Rei / Be-Rei § 2231 Rn. 4, 5.

[71] *Horber / Demharter*, GBO, § 35 Rn. 34; *Meikel-Roth*, Grundbuchrecht, Band 2, § 35 Rn. 100.

[72] Dit / Rei / Be-Rei § 2231 Rn. 5.

[73] Mot. V. S. 285.

3. Ergebnis

Die im BGB angelegte Zweiteilung wird damit den unterschiedlichen Bedürfnissen und der unterschiedlichen Dringlichkeit der jeweiligen Notsituation in einer flexiblen Weise gerecht und stellt so für den jeweiligen Notfall eine dieser entsprechende bestmögliche Testierform bereit. Ist es dem Erblasser trotz naher Todesgefahr noch möglich, einen Bürgermeister herbeiholen zu lassen, so bringt ihm diese Testamentserrichtung eine zuverlässigere Beweisbarkeit und einen besseren Schutz seines letzten Willens als bei Errichtung vor beliebigen Zeugen.

Auch wenn das Zeugentestament in der Praxis die weitaus bedeutendere Rolle spielt, sollte die Möglichkeit der Testamentserrichtung vor dem Bürgermeister daher auch weiterhin bestehen bleiben, da so dem Ziel des Testamentsrechts, den Erblasserwillen möglichst zur Verwirklichung zu bringen, am besten entsprochen werden kann.

B. Reduzierung der Formerfordernisse im Hinblick auf die sonstigen Errichtungsvoraussetzungen

I. Spannungsverhältnis der Formstrenge bei außerordentlicher Testamentserrichtung[74]

Die Notwendigkeit der Bereitstellung erleichterter Errichtungsvoraussetzungen für die außerordentlichen Testamentsformen folgt aus dem in diesem Bereich in besonderer Weise ausgeprägten Spannungsverhältnis der Formstrenge.

Laien sind nicht in gleicher Weise wie der juristisch ausgebildete Notar in der Lage, Formvoraussetzungen einzuhalten, die der Gesetzgeber für ein ordnungsgemäßes Beurkundungsverfahren als notwendig vorschreibt, da ihnen die hierzu erforderlichen Kenntnisse fehlen. Unnötig strenge Anforderungen an die hier zu wahrenden Formen sowie deren Einhaltung müssen daher in einer Vielzahl von Fällen zur Unwirksamkeit von Nottestamenten führen.[75]

---

[74] S.o. 2. Teil, 1. Abschn. B bezüglich der ordentlichen Testamentsformen.

[75] KG OLGZ 66, 462.

Hierbei ist allerdings, wie bereits ausgeführt, zwischen dem Bürgermeister und den Personen des Zeugentestaments zu differenzieren. Der Bürgermeister dürfte weit eher mit Urkunden und der Anfertigung von Protokollen vertraut sein als der normale Laie, zumal er, als Folge seines Amtes, grundsätzlich damit rechnen muß, daß er eines Tages die Aufnahme eines Nottestamentes durchzuführen haben wird. Daher kann und wird er regelmäßig auch entsprechende Vorbereitungen treffen.[76]

Neben dem damit in abgestufter Weise zu berücksichtigenden Mangel an juristischer Sachkenntnis ist die Gefahr von Formverstößen im Bereich der außerordentlichen Testamentsformen jedoch auch deshalb verstärkt vorhanden, weil in den Extremsituationen, in denen Nottestamente in der Regel errichtet zu werden pflegen, Formvorschriften weitaus leichter mißachtet werden als im Normalfall. Die Beurkundung des Nottestamentes eines mit dem Tode ringenden, kaum mehr sprechfähigen und körperlich leidenden Erblassers geht nicht selten mit emotionalen Belastungen sowie mit drängender Eile einher. Diese Umstände haben vielfach zur Folge, daß die zu beachtenden Formvorschriften nicht in der Weise eingehalten werden, die das Gesetz verlangt.[77]

Die hieraus resultierende Gefahr von Formverstößen ist dabei deshalb besonders unbefriedigend, weil dem Erblasser bei etwaiger Nichtigkeit seines Nottestamentes gerade solche Fehler zum Nachteil gereichen, die andere bei der Testamentsaufnahme begangen haben, auf die er selbst jedoch keinen Einfluß hatte.

Will der Gesetzgeber also erreichen, daß auch in außergewöhnlichen Notlagen ein gültiges Testament errichtet wird, so müssen jene typischen Fehlerquellen beseitigt werden, die nach der geltenden Gesetzeslage die Wirksamkeit von Nottestamenten oftmals vereiteln. Die verschärfte Gefahr von Formfehlern unterstreicht daher das Erfordernis, hinsichtlich der Errichtungsvoraussetzungen nur an jenem absolut notwendigen Minimum an Formen festzuhalten, das für die Beweisbarkeit des Erblasserwillens unerläßlich ist.

[76] Die gesetzlichen Bestimmungen, die von den beurkundenden Personen bei der Aufnahme von Nottestamenten zu beachten sind, sind in der „Anweisung des RMdI und des RMJ vom 22.11.1938 für Bürgermeister und Gutsvorsteher zur Aufnahme von Nottestamenten" erläutert worden. (RMBliV 2037, DJ 2013 in der Fassung des Runderlasses vom 14.6.1939 RMBliV 1210, DJ 1076) Inzwischen sind sie ersetzt durch entsprechende Vorschriften der Länder (z.B. NRW: AV vom 23.11.1956 JMBl.NRW 1956, 278); vgl. zu den anderen Ländern *Erman-Schmidt*, § 2249 Rn. 3; ebenso mag auch als Hilfe dienen: *Haegele*, Nottestament-Mappe.

[77] *Haegele*, Rpfleger 1963, 194.

Auch der BGH[78] hob vor diesem Hintergrund die grundlegende Notwendigkeit von Formerleichterung folgendermaßen hervor: „Die Verwirklichung des letzten Willens des Erblassers darf bei naher Todesgefahr *nur von der Beachtung derjenigen Formalitäten abhängig gemacht werden, deren Einhaltung zur einwandfreien Ermittlung des letzten Willens schlechthin unentbehrlich sei, bei schärferen Anforderungen würde die Wohltat erleichterter letztwilliger Verfügungsmöglichkeit praktisch bedeutungslos werden.*"

II. Bestimmung von Umfang und Gegenstand der Beweiserfordernisse

1. Gegenstand der formgestützten Beweisführung nach h.M.

a) Vorbemerkung

Um einen Orientierungsmaßstab zu ermitteln, an dem sich die Errichtungsvorschriften für Nottestamente auszurichten haben, ist es zunächst notwendig, jene für die Beweisbarkeit des Erblasserwillens notwendigen Kriterien zu betrachten, über die sich das Nachlaßgericht bei seiner Entscheidung über die Erteilung eines Erbscheins Gewißheit verschaffen muß, bzw. die im streitigen Verfahren von der Partei, die sich auf die Wirksamkeit des Testaments beruft, bewiesen werden müssen.

In einem zweiten Schritt gilt es dann zu klären, inwieweit die Beweisbarkeit des letzten Willens gerade durch Formen sichergestellt werden muß, bzw. inwieweit diesbezüglich auf allgemeine Beweismittel zurückgegriffen werden kann. Beim Versuch, die Voraussetzungen für die Beweisbarkeit des Erblasserwillens näher zu konkretisieren, stößt man auf die Schwierigkeit, daß das Gesetz nicht positiv definiert, welche materiellen Anforderungen an ein wirksames Testament gestellt werden. Das BGB stellt lediglich verschiedene Testamentsformen zur Verfügung, deren Einhaltung zu einer wirksamen Testamentserrichtung führt. Die durch das BGB materiell vorausgesetzten Anforderungen einer letztwilligen Verfügung lassen sich aus diesen Formen nur mittelbar schließen und erfordern die Betrachtung ihrer konkreten Zwecksetzungen.

---

[78] BGHZ 54, 89, 96; Hervorhebungen durch den Verfasser; siehe auch OLG Freiburg HEZ 2, 238 f.

b) *Inhalt und Ernstlichkeit als Fixpunkte der h.M.*

Der BGH[79] stellt diese folgendermaßen dar: „Will der Erblasser eine Verfügung von Todes wegen (durch mündliche Erklärung) errichten, so geht der Hauptzweck des Gesetzes dahin, eine *zuverlässige Wiedergabe des Inhalts und der Ernstlichkeit* seiner letztwilligen Erklärung zu gewährleisten."

Demzufolge wird einer letztwilligen Verfügung durch die Rechtsprechung dann Wirksamkeit zugesprochen, wenn *Inhalt und Ernstlichkeit* des letzten Willens beweisbar sind.

Zu diesem Ergebnis gelangt die h.M. auch im Hinblick auf die Form des eigenhändigen Testaments, wobei hier speziell solche Formen für unverzichtbar gehalten werden, die erforderlich sind, um Fälschungen zu vermeiden und auf diese Weise gleichfalls den Inhalt und die Ernstlichkeit der fixierten Willenserklärung gewährleisten sollen.[80] Die vergleichende Betrachtung des eigenhändigen Testaments ist hier gerade deshalb von Interesse, weil der Gesetzgeber auch bei dieser Testamentsform, ähnlich wie beim Nottestament, mit einem unverzichtbaren Minimum an Formen auszukommen bestrebt war.[81] Inhalt und Ernstlichkeit stellen damit den durch die h.M. konkretisierten zwingenden Gegenstand des durch die zu wahrende Form zu führenden Beweises dar.

2. Zum Gegenstand der formgestützten Beweisführung im Bereich der außerordentlichen Testamentsformen

a) *Zum Inhalt der Erblassererklärung*

Die Rechtsprechung stellt die Kriterien des Inhalts sowie der Ernstlichkeit der Willenserklärung auch im Bereich der Nottestamente in den Vordergrund.[82]

So kommt der BGH[83] zu dem Ergebnis: „Das Dreizeugentestament des § 2250 Abs. 2 BGB ist ein dem sich in naher Todesgefahr befindenden Erblasser eingeräumter Notbehelf, dessen Gesetzeszweck nicht erreicht würde,

---

[79] BGHZ 54, 89, 98 betreffend die Zwecksetzung der Formerfordernisse bei Nottestamenten.

[80] MK-*Burkart*, § 2247 Rn. 1; *Grundmann*, AcP 187, 438, 441; *Kipp / Coing*, Erbrecht, S. 189.

[81] Vgl. *Lange*, ZAkDR 1938, 577 f.

[82] So auch RG DR 1944, 841.

[83] BGH WM 1972, 224, 225; Hervorhebungen durch die Verfasserin.

wenn man an seine Errichtung und Form Anforderungen stellen würde, *die über die Gewährleistung des Inhalts und der Ernstlichkeit des letzten Willens hinausgingen.*"

Ob bzw. inwieweit diese beiden Kriterien tatsächlich auch für die Beweisbarkeit von Nottestamenten Geltung beanspruchen können, bedarf allerdings der näheren Untersuchung.

Es stellt sich dabei zunächst die Frage, inwieweit der Inhalt der Erblassererklärung beweisbar sein muß. In diesem Zusammenhang ist zu untersuchen, ob der zu beweisende Erblasserwille den sogenannten *„inneren" Willen* umfaßt, d.h. das wahrhaft und wirklich Gewollte, wozu gleichermaßen zählt, daß die Willensbildung wohlüberlegt und unbeeinflußt stattgefunden hat; oder aber, ob sich die Beweisbarkeit lediglich auf den *„äußeren" Willen* erstrecken muß, d.h. auf die nach außen abgegebene Willenserklärung, mag sie auch von dem eigentlichen inneren Willen abweichen.

Im ersten Fall müßten die Testamentsvorschriften bezwecken, daß die Übereinstimmung von tatsächlich gewolltem und nach außen erklärtem Willen gewährleistet werden kann, während hingegen im letzten Fall nur die Übereinstimmung von dem erklärten Willen und dem der Nachwelt übermittelten Willen sicherzustellen wäre.[84]

Der BGH[85] setzte sich in einer Entscheidung mit diesem Problem konkret auseinander und kam zu folgendem einleuchtenden Ergebnis: „Die Rechtsordnung strebt allerdings schon allgemein (§ 133 BGB) und in gesteigertem Maße im Erbrecht (§ 2084 BGB) danach, dem rechtsgeschäftlichen Willen des einzelnen Rechtsgenossen möglichst zum Erfolg zu verhelfen; diese allgemeine Zielrichtung drückt auch der genannte programmatische Vorspruch zum Testamentsgesetz aus. Aber die Rechtsordnung erkennt aus zwingenden Gründen der Rechtssicherheit auch im Erbrecht den rechtsgeschäftlichen Willen grundsätzlich nur insoweit an, als er durch eine Erklärung nach außen verlautbart wird; *maßgebend ist nicht der im Innern verbliebene Wille, sondern dasjenige, was als Wille nach außen hin erklärt wird.*"[86]

---

[84] Das KG (DNotZ 1941, 26, 28) sprach sich in einer frühen Entscheidung für eine umfassende Beweisbarkeit aus: „... daß auch beim Nottestament eine Gewähr dafür gegeben sein muß, daß der schriftlich niedergelegte Wortlaut wirklich dem vom Erblasser Gewollten und Erklärten entspricht."

[85] BGHZ 37, 89, 92 ; vgl. auch *Haegele*, Rpfleger 1963, 194.

[86] Hervorhebungen durch die Vefasserin.

Der BGH stellt damit klar, daß dem Inhalt des fixierten Erblasserwillens allein in der Weise Bedeutung zukommt, in der sich dieser in der Testamentsurkunde tatsächlich verkörpert hat.

Anhand der Entscheidung des BGH wird damit folgendes deutlich: Wenn auch die Zielrichtung des Testamentsrechts einen umfassenden Schutz des Erblasserwillens anstrebt, so kann sich der eigentliche Schutzbereich doch nur auf den nach außen kundgegebenen, erklärten Willen erstrecken. Der letzte Wille muß demnach nur beweisbar sein, soweit er sich aus der Testamentsurkunde ergibt. Nicht bewiesen werden muß dagegen, daß dieser auch dem inneren Willen des Erblassers entspricht.

Dies bedeutet, daß der Inhalt der Erblasserverfügung letztlich im Hinblick auf seine *Authentizität* bewiesen werden muß. Beweisbar hat danach allein zu sein, daß die in der Niederschrift festgehaltene Erklärung in eben dieser Weise abgegeben wurde. Diesbezüglich muß das Gericht zu der Überzeugung kommen, daß die Testamentsurkunde nicht eine bewußt oder unbewußte Verfälschung beinhaltet, d.h. eine nur vermeintliche letztwillige Verfügung des Erblassers darstellt.

Gerade die damit benannten Gefahren bestehen jedoch im Bereich der Nottestamente in besonderer Weise. Im Anwendungsbereich der außerordentlichen Testamentsformen sieht sich der Betroffene zumeist plötzlich und unerwartet der Notwendigkeit gegenübergestellt, seinen letzten Willen zu erklären. Die besondere Situation der nahen Todesgefahr erhöht die Möglichkeit von Irrtümern und Mißverständnissen dabei beträchtlich.

Beim Bürgermeistertestament steht dabei die Gefahr der unbewußten Falschübermittlung im Vordergrund, während die der bewußten Manipulation bei seiner Mitwirkung als Amtsperson wohl eher gering ist. Beim Zeugentestament dagegen sind beide Gefahren gleichermaßen gegeben. Erforderlich ist damit jedoch für beiderlei Testamentsgestaltungen, daß das Gericht zuverlässig überprüfen kann, ob der wirklich erklärte Wille zutreffend festgehalten und übermittelt wurde.

Bei der Ausgestaltung der Formvorschriften für Nottestamente ist folglich die Beweisbarkeit der Authentizität insgesamt ein unverzichtbares Erfordernis.

b) Zur Ernstlichkeit der Willenserklärung

Ob dagegen auch der Aspekt der Ernstlichkeit der Willenserklärung wie beim eigenhändigen Testament zu den für Nottestamente beweisrelevanten Aspekten gehört, erscheint allerdings fraglich.

Beim eigenhändigen Testament muß derjenige, der sich auf die Testamentsurkunde beruft, beweisen, daß die Urkunde ein Testament und nicht bloß ein Entwurf oder die Mitteilung eines beabsichtigten oder an anderer Stelle errichteten Testaments darstellt.[87] Einem Testament kann, auch wenn seine Authentizität feststeht, nur dann Wirksamkeit zugesprochen werden, wenn zudem außer Zweifel steht, daß sie vom Erblasser als endgültige letztwillige Verfügung betrachtet worden ist.[88]

Beim eigenhändigen Testament soll dabei die Erblasserunterschrift Aufschluß über die Ernstlichkeit der Testamentserrichtung geben.

Der Aspekt der Ernstlichkeit der Erblassererklärung, der für den Beweis des eigenhändigen Testaments von wesentlicher Bedeutung ist, *spielt dagegen bei den Nottestamenten keine vergleichbare Rolle.*

Das Problem der Feststellung der Ernstlichkeit tritt vielmehr typischerweise bei der eigenhändigen Testamentserrichtung auf, da der Erstellung eines derartigen Testaments oftmals zunächst bloße Vorüberlegungen und Entwurfsfassungen vorangehen und der Erblasser seinen endgültigen Entschluß erst nach reiflichem Bedenken fassen wird.

Wird jedoch ein Nottestament errichtet, so spricht diese Tatsache bereits selbst dafür, daß es sich hier um eine ernst gemeinte letztwillige Verfügung handelt. Die Eilbedürftigkeit und die Notlage lassen im allgemeinen keinen Raum mehr für bloße, nicht ernst gemeinte Vorentwürfe. Der Testierwille ist daher bei den außerordentlichen Testamentsformen in aller Regel gegeben, so daß die Frage der Ernstlichkeit der Willenserklärung in den Hintergrund tritt.

---

[87] *Vogels / Seybold*, TestG, § 21 Rn. 12.

[88] *Kipp / Coing*, Erbrecht, S. 189. Enthält das Schriftstück bei eigenhändiger Testamentserrichtung alle wesentlichen Formerfordernisse, insbesondere die eigenhändige Unterschrift des Erblassers, so spricht zunächst die Vermutung dafür, daß der Erblasser das Schriftstück als abgeschlossenes Testament angesehen hat, d.h. der Testierwille wird insoweit vermutet, vgl. hierzu *Görgens*, Überlegungen zur Weiterentwicklung des § 2247 BGB, S. 357, 358; *Staudinger-Firsching*, 10. / 11. Aufl. § 2247 Rn. 10.

Im Ergebnis ist somit festzuhalten, daß sich der Gegenstand der zwingend erforderlichen Beweisbarkeit bei außerordentlichen Testamenten, in Abweichung zu der von der h.M. vertretenen Position, allein auf die bereits erörterte Frage der Authentizität beschränkt. *Das Kriterium der Authentizität bestimmt damit jenes unverzichtbare Minimum, an dem sich die Reduzierung der Formvorschriften auszurichten hat.*

3. Die gesetzgeberischen Wertungen des § 2249 Abs. 6 BGB

Daß die Sicherstellung der Authentizität bei den außerordentlichen Testamentsformen im Vordergrund stehen muß, entspricht auch den in § 2249 Abs. 6 BGB zum Ausdruck kommenden gesetzgeberischen Wertungen.

Mit dieser Bestimmung hat der Gesetzgeber folgende Bedingung für die Heilbarkeit von Formverstößen aufgestellt: „ist aber dennoch mit Sicherheit anzunehmen, daß das Testament eine zuverlässige Wiedergabe der Erklärung des Erblassers enthält...“.

Nach § 2249 Abs. 6 BGB wird damit einem mit heilbaren Formfehlern behafteten Nottestament somit nur dann Gültigkeit zugesprochen, wenn – nach Heranziehung allgemeinen Beweismittel – bewiesen ist, daß der Inhalt des Testaments mit der Äußerung des Erblassers über seinen letzten Willen übereinstimmt, mit anderen Worten *authentisch* ist.[89] In der Ausgestaltung dieser Formerleichterung bringt der Gesetzgeber damit deutlich zum Ausdruck, daß auf die Einhaltung gewisser Formerfordernisse nur dann verzichtet werden kann, wenn die Feststellung der Authentizität gleichwohl gelingt.

C. Zu den Grenzen eines beim Bürgermeister- und Zeugentestaments[90] möglichen Formverzichts

In welchem Umfang die Beweisbarkeit der Erblasserverfügung und damit die Authentizität durch Formvorschriften zu schützen ist, richtet sich danach, welcher Sicherheitsanspruch an die jeweilige Testamentsform zu stellen ist.

---

[89] Mit allgemeinen Beweismitteln muß zudem bewiesen werden, daß die Errichtungshandlung selbst gesetzmäßig war, *Kipp / Coing*, Erbrecht, S. 203.

[90] Der Begriff „Zeugentestament“ ist bewußt neutral gewählt, da die Notwendigkeit von drei Zeugen erst noch zu untersuchen ist.

Bei der Festlegung der Grenzen des Formverzichts ist hierbei eine Differenzierung zwischen Bürgermeistertestament und Zeugentestament erforderlich. An der grundsätzlichen Bereitstellung beider Testamentsarten wird hier deshalb festgehalten, weil das Bürgermeistertestament dem Erblasser eine zusätzliche, zuverlässigere Testiermöglichkeit bieten soll, als dies das reine Zeugentestament ermöglicht.[91] Gemäß dieser Zwecksetzung sind daher auch die Errichtungsvorschriften in einer Weise auszurichten, die dieser unterschiedlichen Sicherheitsgewährleistung gerecht zu werden vermag.

Da hierbei von einem Bürgermeister ohnehin im Regelfall erwartet werden kann, daß er komplexeren Formerfordernissen gewachsen ist, als dies bei beliebigen Zeugen der Fall ist, ist es auch unter diesem Aspekt sachgerecht, an das Bürgermeistertestament und an das Zeugentestament unterschiedlich hohe Anforderungen zu stellen.

I. Das Bürgermeistertestament

Beim Bürgermeistertestament ist dabei die Besonderheit gegeben, daß sowohl eine „Optimalform“ als auch eine „Mindestform“ bereitzustellen ist. Das Bürgermeistertestament soll nämlich zum einen die Möglichkeit einer dem Notartestament vergleichbaren öffentlichen Testamentserrichtung bieten, zum anderen können aber an diese Nottestamentsform nicht dieselben hohen Anforderungen gestellt werden, wie dies beim Notartestament möglich ist. Die „Mindestform“ wird hierbei gesetzestechnisch so eingebracht, daß gewisse Verstöße gegen die „Optimalform“ als heilbare Formfehler angesehen werden.

Die Gestalt „Optimalform“ ist dabei insofern vorgegeben, als daß sich die Voraussetzungen, die zu erfüllen sind, um der Urkunde die erhöhte Beweiskraft des § 415 ZPO zuzusprechen, nach eben denselben Regeln richten, wie dies beim Notartestament der Fall ist, also die Einhaltung der Vorschriften des Beurkundungsgesetzes verlangen.

Allerdings wird diese ordnungsgemäße „optimale“ Beurkundung nach den Regeln der Aufnahme eines Nottestaments nicht immer gelingen. Das Bürgermeistertestament ist eher als „Versuch“ zu verstehen, auch in der Notlage eine öffentliche Testamentserrichtung zu ermöglichen. Unterlaufen dem Bürgermeister bei der Protokollierung Fehler, so erfordert es der Charakter eines Nottesta-

---

[91] Vgl. 2. Teil, 3. Abschn. A. II.

ments, auch einer fehlerhaften Protokollierung in möglichst weitem Umfang Gültigkeit zuzusprechen.

Die erhöhte Beweiskraft des § 415 ZPO kommt der fehlerhaften, wenngleich testamentarisch wirksamen Niederschrift dann allerdings nicht zu.[92]

Somit ist die Festlegung einer „Mindestform“ notwendig, da im Gegensatz zum Notartestament das Bürgermeistertestament oftmals nicht den hohen Anforderungen an eine öffentliche Testamentserrichtung gerecht werden kann.

Gewisse Verstöße gegen die Regeln des ordnungsgemäßen Beurkundungsverfahrens müssen dabei toleriert werden, ohne dem Bürgermeistertestament sofort die Wirksamkeit abzusprechen.

Dieser Erkenntnis folgte auch der Gesetzgeber, als er mit der Testamentsrechtsreform des Jahres 1938 die Formerleichterung des heutigen § 2249 Abs. 6 BGB einführte und damit gewisse Formfehler hinnahm und als heilbar ansah.

Die untere Grenze, die beim Bürgermeistertestament die Mindestanforderungen für die Wirksamkeit festlegt, ist hierbei in der Weise auszurichten, daß sie einerseits unterhalb des förmlichen Niveaus eines notariellen Testaments liegt, auf der anderen Seite im Vergleich zum Zeugentestament jedoch noch immer eine relativ sichere Testamentsform bereitzustellen vermag.

Eine nach dem Beurkundungsgesetz ordnungsgemäß erstellte Niederschrift erbringt gem. § 415 ZPO vollen Beweis für die Authentizität, der nur durch den Beweis der Falschbeurkundung durch die Gegenseite zu erschüttern ist. Die erhöhte Beweiskraft des § 415 ZPO führt damit dazu, daß feststeht, daß die Erklärung, wie sie die Urkunde bezeugt, auch tatsächlich abgegeben wurde.[93]

Beim Versuch, für die aufzufindende „Mindestform“ ein Niveau zu definieren, das unterhalb des hohen Beweiswertes einer öffentlichen Urkunde angesiedelt ist, gelangt man zu dem Ergebnis, daß *an den Formerfordernissen jedenfalls insoweit zwingend festzuhalten ist, als sie grundsätzlich die Beweisbarkeit der Authentizität gewährleisten.* Zwar kann eine Niederschrift, die nur dieser „Mindestform“ entspricht, nun keinen formellen Beweis für die Authentizität erbringen. Die „Mindestform“ muß aber doch so gewählt werden, daß ihre Einhaltung in aller Regel *den sich unmittelbar aus der Formwahrung ableitbaren Schluß gestattet, es handele sich um eine authentische Erklärungswiedergabe.*

---

[92] Genaueres dazu 3. Teil, 2. Abschn. B. I. 2.

[93] MK-*Schreiber*, ZPO, § 415 Rn. 24, 25.

Dies bedeutet, daß nur auf solche Formvorschriften verzichtet werden kann, deren Nichtbeachtung in der Regel keine Zweifel an der Authentizität aufkommen lassen. Anders formuliert: es ist an jenen Formvorschriften festzuhalten, die für die *Sicherstellung der Authentizität im Regelfall* unerläßlich sind.

Eine derartige abstrakte Grenzziehung wird damit auch der Stellung des Bürgermeistertestaments als möglichst sichere Testierform in außerordentlichen Notlagen gerecht.

Die geltenden Formvorschriften des Bürgermeistertestaments sollen daher im nachfolgenden 3. Teil darauf überprüft werden, inwieweit sie tatsächlich erforderlich sind, um eine Sicherstellung der Authentizität im Regelfall zu ermöglichen.

II. Das Zeugentestament

Hiervon ist die Situation beim Zeugentestament zu unterscheiden. Die Stellung und Funktion des Zeugentestaments erfordert – gänzlich anders als beim Bürgermeistertestament – die Formreduzierung bis aufs äußerste vorzunehmen. Die Zeugen sind im Vergleich zum Bürgermeister in noch geringerem Maße in der Lage, Beurkundungsvorschriften einzuhalten. So tritt hier die Gefahr der Formnichtigkeit verstärkt hervor, und nahezu jede Formvorschrift droht zur unüberwindbaren Hürde der Testamentserrichtung zu werden. Die Grenze des Formverzichts muß daher, entsprechend dem Charakter des Zeugentestaments als absoluter Notbehelf, deutlich unter jenen Anforderungen liegen, die an das Bürgermeistertestament gestellt werden können.

Das schlechthin unverzichtbare Minimum an Formen zur Gewährleistung der Beweisbarkeit des letzten Willens ist hierbei dort anzusetzen, wo die Formwahrung selbst die Beweisbarkeit der authentischen Erklärungswiedergabe zwar nicht unmittelbar sicherstellen, diese aber doch im Regelfall zumindest mittelbar ermöglicht.

Die Notwendigkeit der weitgehendsten Reduzierung der Formen macht es dabei erforderlich, den Beweis für die Authentizität letztlich im wesentlichen durch allgemeine Beweismittel führen zu lassen.

Das bedeutet folgendes: die zu fordernde Form muß es im Zusammenhang mit der allgemeinen Beweiserbringung, wie etwa dem Zeugenbeweis, *zumindest ermöglichen, daß mit hinreichender Sicherheit ermittelt werden kann, ob tatsächlich eine authentische Erblassererklärung vorliegt.*

Da, wie bereits ausgeführt[94], ein gänzlicher Formverzicht die Beweisbarkeit der Erblassererklärung grundsätzlich unerträglich erschwert bzw. ganz unmöglich macht, muß somit jedenfalls an solchen Formen festgehalten werden, die eben jenen Rahmen abstecken, der die hinreichend sichere, aber auch gerade noch ausreichende Grundlage schafft, um einem späteren Erbscheinverfahren die allgemeine Beweiserbrigung und damit die Feststellung der Authentizität zuverlässig zu ermöglichen.

Hierzu muß ermittelt werden, welche durch Formen geschaffenen, festen Anhaltspunkte, wie z.B. die schriftliche Fixierung oder erforderliche Zeugenanzahl, notwendig sind, um die unverzichtbare Grundlage einer allgemeinen Beweiserbringung zu bieten.

Die geltenden Formvorschriften des Dreizeugentestaments sollen hierzu im nachfolgenden 4. Teil daraufhin überprüft werden, inwieweit ihre Funktionen tatsächlich durch die Beweismittel der ZPO unter Berücksichtigung des Regelfalls der Notsituation übernommen werden können und daher eine Formreduzierung in diesem Bereich möglich und geboten erscheint.

Die Authentizitätsermittlung ist dabei dann unerträglich gefährdet und die jeweilige Form beizubehalten, wenn bei Verzicht auf das Formerfordernis die Gefahr der bewußten und unbewußten Falschübermittlung in einer Weise erhöht ist, daß auch der Rückgriff auf allgemeine Beweismittel regelmäßig keine zuverlässige Ermittlung der Authentizität mehr gewährleistet.

---

[94] Im 2. Teil, 2. Abschn. B.

3. Teil

Das Bürgermeistertestament: Darstellung und Überprüfung der Formvorschriften des Bürgermeistertestaments

1. Abschnitt

Zulässigkeit und Mitwirkende

A. Das Erfordernis der „Besorgnis des vorzeitigen Ablebens", § 2249 Abs. 1 S. 1 BGB

I. Darstellung der Gesetzeslage und deren Auslegung

1. „Besorgnis des vorzeitigen Ablebens"

Die Errichtung eines Nottestaments nach § 2249 BGB ist dann statthaft, wenn die Besorgnis besteht, daß der Erblasser früher sterben werde, als die Errichtung eines Testaments vor dem Notar möglich ist. Es muß also zu besorgen sein, daß die Testamentserrichtung durch den Tod desjenigen, der testieren will, deshalb vereitelt wird, weil den Erfordernissen der öffentlichen Testamentserrichtung nicht mehr genügt werden kann.[1]

Das Vorliegen dieser Besorgnis ist dabei ein zwingendes Erfordernis, das nicht zu dem Kreis der gem. § 2249 Abs. 6 BGB heilbaren Formfehler zählt.[2]

Allein entscheidend ist hierbei die Besorgnis des Bürgermeisters, der als Urkundsperson an die Stelle des Notars tritt, § 2249 Abs. 1 S. 3, 2. Halbsatz BGB, nicht aber die der Zeugen.[3]

---

[1] *Staudinger-Firsching*, § 2249 Rn. 14.

[2] KG SJW 1948, 200, 201 mit Anm. von *Weigelin* siehe dort, S. 201; *Erman-Schmidt*, § 2249 Rn. 7; MK-*Burkart*, § 2249 Rn. 33.

[3] Dit / Rei / Be-Be § 2249 Rn. 8; MK-*Burkart*, § 2249 Rn. 2; *Palandt-Edenhofer*, § 2249 Rn. 3; *Soergel-Harder*, § 2249 Rn. 3.

Nicht erforderlich ist, daß sich der Erblasser selbst der nahen Todesgefahr bewußt gewesen ist. Es folgt aus der Natur der Sache, daß die den Gesundheitszustand des todgeweihten Erblassers betreffende Feststellung nicht diesem selbst überlassen oder auch nur mitüberlassen werden kann.[4]

2. Objektive Gefahrenlage / subjektive Einschätzung

Der Gesetzgeber hat die Voraussetzung der Gefahrenlage subjektiv als „Besorgnis" ausgestaltet. Zusätzlich sieht § 2249 Abs. 2 S. 2 BGB vor, daß selbst im Fall der irrtümlichen Annahme der Nichterreichbarkeit des Notars die Gültigkeit des Nottestaments nicht berührt wird.

Das Gesetz berücksichtigt hier die besonderen Schwierigkeiten, die sich für den Bürgermeister daraus ergeben, daß er einerseits den gesundheitlichen Zustand des Erblassers beurteilen soll, sowie andererseits auch den Zeitpunkt des möglichen Eintreffens eines Notars abschätzen muß.[5] Der Gegenbeweis dafür, daß die Überzeugung tatsächlich unbegründet war, ist damit ausgeschlossen; zulässig ist nur der Beweis, daß der Bürgermeister die erforderliche Besorgnis tatsächlich nicht hatte.[6]

Auch die Motive zum Entwurf eines BGB lassen erkennen, daß der Gesetzgeber hier die subjektive Einschätzung der Urkundsperson zu schützen suchte.[7]

So ist auch die noch im preußischen ALR demgegenüber bestehende Voraussetzung der „Gefahr im Verzug" nicht in das BGB übernommen worden, um zu gewährleisten, daß die Gültigkeit eines Testaments künftig nicht von den, vor Ort schwer zu beurteilenden, objektiven Gegebenheiten abhängt. Einem solchen „Übelstande", so die Motive, werde dadurch vorgebeugt, daß die hier notwendige Voraussetzung nunmehr ohne Zulassung eines Gegenbeweises als erfüllt gelte.

Zudem sei, so das Reichsgericht[8], auch an die Schwierigkeit einer nachträglichen Feststellung gedacht worden, ob im Zeitpunkt der Errichtung des Notte-

---

[4] BGHZ 3, 372, 377; Dit / Rei / Be-Be § 2249 Rn. 8; MK-*Burkart*, § 2249 Rn. 2.

[5] RGZ 171, 27, 28; *von Lübtow*, Erbrecht, Band 1, S. 221.

[6] MK-*Burkart*, § 2249 Rn. 6; *Soergel-Harder*, § 2249 Rn. 5; *Staudinger-Firsching*, § 2249 Rn. 12.

[7] Mot. V. S. 282.

[8] RGZ 171, 27, 28.

staments der Gesundheitszustand des Erblassers tatsächlich derart gewesen war, daß er unter Berücksichtigung der Frist, innerhalb derer auf das Eintreffen des Richters oder Notars gerechnet werden konnte, die Besorgnis rechtfertigte, der Erblasser werde das Eintreffen nicht erleben.

Die nach dem Wortlaut des Gesetzes subjektive Ausgestaltung dieser Voraussetzung hat im frühen Schrifttum zu der Interpretation geführt, ausschließlich die subjektive Lage, d.h. die Einschätzung durch den Bürgermeister sei entscheidend, das objektive Vorliegen der Gefahrenlage dagegen gänzlich unbeachtlich. Wenn also der Bürgermeister die Gefahrenlage verkannt und daher keine entsprechende Besorgnis gehegt hatte, gleichwohl aber ein Nottestament beurkundete, so sei dieses nichtig.[9]

Seit der Reichsgerichtsentscheidung vom 6.3.1943[10] ist diese enge Auslegung allerdings nicht mehr vertreten worden. Das Reichsgericht trat der bis dahin gängigen Interpretation mit der Begründung entgegen, daß es dem „gesunden Volksempfinden" und dem Grundgedanken des Testamentsgesetzes offenbar widerspreche, wenn ein vom Bürgermeister aufgenommenes Nottestament nur deshalb für ungültig erklärt werden müsse, weil der Bürgermeister eine unmittelbar drohende Gefahr nicht annahm, während sachlich tatsächlich eine Lage gegeben war, die das Ableben des Erblassers vor dem Eintreffen des Richters[11] oder Notars besorgen ließ, und der Erblasser wohlmöglich bald nach Errichtung des Testaments auch wirklich verstorben war.

Nach heute h.M.[12] ist das Nottestament sowohl gültig, wenn der Bürgermeister die Sachlage falsch beurteilt und irrig das vorzeitige Ableben besorgt, als auch dann, wenn er selbst dieses nicht befürchtet, sachlich eine solche Besorgnis aber durchaus begründet ist.

Das Nottestament ist demnach nur dann nichtig, wenn objektiv keine Lebensgefahr bestand und auch der Bürgermeister dies wußte. Der Bürgermeister hat dabei seine Beurteilung nach pflichtgemäßen Ermessen zu treffen[13], die Beur-

---

[9] *Leopold*, Testamentsrecht, S. 53; *Planck-Strecker*, Erbrecht § 2249 Rn. 2; RGRK, 9. Aufl., § 23 TestG Rn. 8.

[10] RGZ 171, 27, 29.

[11] Zuständigkeit des Richters seit BeurkG 1969 abgeschafft.

[12] *Von Lübtow*, Erbrecht, Band 1, S. 221; Dit / Rei / Be-Be § 2249 Rn. 7; *Erman-Schmidt*, § 2249 Rn. 3; *Palandt-Edenhofer*, § 2249 Rn. 3; RGRK-*Kregel*, § 2249 Rn. 16; *Soergel-Harder*, § 2249 Rn. 3.

[13] Dit / Rei / Be-Be § 2249 Rn. 10; MK-*Burkart*, § 2249 Rn. 2; RGRK-*Kregel*, § 2249 Rn. 16; *Staudinger-Firsching*, § 2249 Rn. 16.

kundung jedoch dann abzulehnen, wenn er bei gewissenhafter Überprüfung zu der Überzeugung gelangt, daß keine Besorgnis des vorzeitigen Ablebens besteht.[14]

Im Hinblick auf die vorstehenden Ausführungen wird der Bürgermeister allerdings erwägen müssen, ob ein Dritter mit Berechtigung zu einer abweichenden Beurteilung kommen könnte.[15]

Nach ursprünglicher Gesetzeslage war es erforderlich, das Vorliegen der notwendigen Besorgnis des Bürgermeisters im Protokoll festzustellen. Seit dem TestG 1938 wurde dieser zwingende Feststellungsvermerk jedoch in eine Sollvorschrift umgewandelt (heute: § 2249 Abs. 2 S. 1 BGB).[16]

Sein Fehlen berührt damit nicht mehr die Wirksamkeit des Nottestaments, sondern hat nun lediglich die Folge, daß derjenige, der sich auf die Gültigkeit des Testaments beruft, im Streitfalle das tatsächliche Vorhandensein der Besorgnis beweisen muß.[17]

Ein entgegen der Notlage pflichtwidrig erfolgter Vermerk kann nicht zur Gültigkeit des Testaments führen, da diesem Vermerk keine konstitutive Wirkung zukommt.[18]

3. Ausreichen einer Besorgnis der Testierunfähigkeit?

Eine weitere Problematik betrifft die Frage, ob die Besorgnis des nahen Todeseintritts der Besorgnis der drohenden Testierunfähigkeit gleichzusetzen sei. Die Motive[19] sprachen sich gegen eine derart weite Anwendung aus: „Soweit die letztere nicht in der Gefahr für das Leben mitenthalten ist, verdient sie nicht, besonders ins Auge gefaßt zu werden.“

Dagegen befürwortete der BGH[20] eine weitergehende Auslegung. Eine Gleichsetzung beider Gefahren sei demnach unter der Voraussetzung zu bejahen, daß

---

[14] BayVGH JW 1921, 1148; Dit / Rei / Be-Be § 2249 Rn. 7; RGRK-*Kregel*, § 2249 Rn. 16.

[15] *Staudinger-Firsching*, § 2249 Rn. 12.

[16] Zur Entwicklung der Niederschriftsanforderungen, vgl. 3. Teil, 2. Abschn. B. I. 1.

[17] BGH LM Nr. 1 zu ZPO § 416; *Soergel-Harder*, § 2249 Rn. 15; *Staudinger-Firsching*, § 2249 Rn. 24.

[18] *Palandt-Edenhofer*, § 2249 Rn. 3.

[19] Mot. V. S. 282; vgl. *Planck-Strecker*, § 2249 A. 2.

[20] BGHZ 3, 372, 377; *Ascher*, (Anm.) LM Nr. 1 zu TestG § 24.

„der nahe Eintritt einer bis zum Tod des Erblassers ununterbrochen oder doch nur mit kurzen, die Möglichkeit einer Testamentserrichtung nicht gewährleistenden Unterbrechungen fortdauernden Testierunfähigkeit zu besorgen ist.“

Diese Auffassung des BGH entspricht heute auch der ganz überwiegenden Ansicht in der Literatur.[21]

Lediglich Brox[22] kritisiert die BGH-Entscheidung als zu weitgehend. Er beruft sich hierzu auf den Wortlaut der Gesetzesbestimmung, der allein die Besorgnis umfasse, daß der Erblasser früher sterben werde. Eine entsprechende Anwendung für den Fall der Besorgnis der Testierunfähigkeit sei schon deshalb nicht zulässig, weil der Gesetzgeber das Problem der Testierunfähigkeit gesehen und gleichwohl bewußt nicht geregelt habe, was sich anhand der Erörterung dieser Thematik in den Motiven belegen lasse.

II. Überprüfung der Voraussetzung der Besorgnis

1. Subjektive Ausgestaltung der Zulässigkeitsvoraussetzung

Die hier im Gesetz angelegte subjektive Ausgestaltung stellt, darauf sei hingewiesen, eine Ausnahme gegenüber der üblichen objektiven Beschaffenheit von Urkundserfordernissen dar.[23] Hierzu ist anzumerken, daß eine objektive Ausgestaltung vor allem dem Interesse des Verkehrs an der Herstellung von Rechtssicherheit entspricht. Die besonderen Notsituationen, die der Errichtung eines Nottestamentes zugrundeliegen, machen es hier jedoch erforderlich, die Schaffung von Rechtssicherheit hinter dem Bestreben, eine möglichst sichere Testamentserrichtung auch im Notfall zu ermöglichen, zurückzustellen.[24] Eine subjektive Ausgestaltung der Zulässigkeitsvoraussetzung ist hier somit vorzugswürdig, da diese dem Bestreben, dem Nottestament nach Möglichkeit zur Geltung zu verhelfen, am ehesten gerecht zu werden vermag.

---

[21] *Kipp / Coing*, Erbrecht, S. 202; *von Lübtow*, Erbrecht, Band 1, S. 221; Dit / Rei / Be-Be § 2249 Rn. 10; MK-*Burkart*, § 2249 Rn. 3; *Palandt-Endenhofer*, § 2249 Rn. 2; RGRK-*Kregel*, § 2249 Rn. 16; *Soergel-Harder*, § 2249 Rn. 3; *Staudinger-Firsching*, § 2249 Rn. 15.

[22] *Brox*, Erbrecht, Rn. 132.

[23] Auf den Ausnahmecharakter dieser Vorschrift näher eingehend RGZ 109, 368, 372.

[24] Vgl. 2. Teil, 2. Abschn. C. II.

2. Besorgnis der Testierunfähigkeit

Die von der h.M. befürwortete Einbeziehung auch der Besorgnis der bis zum Tode fortdauernden Testierunfähigkeit entspricht – insoweit ist Brox zuzustimmen – sicher nicht dem Wortlaut des Gesetzes.

Jedoch ist die bis zum Tode andauernde Testierunfähigkeit eine vergleichbare Extremsituation, die vom Gesetzeszweck durchaus erfaßt wird. Für den Erblasser stellt es praktisch dieselbe Notsituation dar, wenn er deshalb nicht mehr öffentlich testieren kann, weil sein baldiger Tod eine rechtzeitige Testamentsaufnahme verhindert, oder aber das absehbare Einsetzen einer bis zum Tod fortdauernden Testierunfähigkeit eine öffentliche Testamentserrichtung auf Dauer unmöglich macht. Der h.M. ist also in diesem Punkt zuzustimmen.

3. Das Verhältnis des Bürgermeistertestaments zum eigenhändigen Testament

Die Voraussetzung der Besorgnis der nahen Todesgefahr des Erblassers verdeutlicht den Charakter des Bürgermeitertestaments als Substitut des notariellen Testaments[25], indem es für den Fall der Nichterreichbarkeit eines Notars bei gleichzeitiger Lebensgefahr des Erblassers die Testamentserrichtung vor dem Bürgermeister zuläßt. Nicht notwendig ist hingegen, daß der Erblasser auch ein eigenhändiges Testament nicht mehr errichten kann.

Ebenso kennt auch das Dreizeugentestament keine Vorrangigkeit der eigenhändigen Testamentserrichtung.

Dies erscheint auf den ersten Blick unverständlich, da doch grundsätzlich die ordentliche Testamentserrichtung der außerordentlichen Notbehelfserstellung vorgehen müßte.[26] Konsequenterweise dürfte ein Bürgermeistertestament daher erst dann zulässig sein, wenn neben der Unmöglichkeit der notariellen Testamentserrichtung zusätzlich auch die eigenhändige Testamentserrichtung nicht mehr gelingen kann, d.h. der Erblasser nicht mehr schreibfähig ist.

Auch in der Praxis stellen Bürgermeister- und Dreizeugentestament in erster Linie Notbehelfe zum eigenhändigen Testament dar, da von ihnen regelmäßig nur dann Gebrauch gemacht wird, wenn der Erblasser zur eigenhändigen Testa-

---

[25] *Schlüter*, Erbrecht, S. 112.

[26] Siehe zum Bedürfnis nach außerordentlichen Testamentsformen 2. Teil, 2. Abschn. A.

mentserrichtung nicht mehr in der Lage ist. Auch diese tatsächlichen Gegebenheiten lassen damit die bestehene gesetzliche Regelung als zumindest fragwürdig erscheinen und geben Anlaß, die dieser Ausgestaltung zugrundeliegende gesetzgeberische Intention zu hinterfragen.

Diese erschließt sich bei näherer Betrachtung der Stellung und Herkunft des eigenhändigen Testaments im Gesetzesgefüge.

Zunächst ist dabei auf die Wurzeln des Bürgermeistertestaments im preußischen ALR hinzuweisen, das ein eigenhändiges Testament nicht vorsah, sondern nur das öffentliche Testieren als ordentliche Testamentsform kannte, so daß sich auch die außerordentlichen Formvorschriften an dieser Gesetzeslage ausrichteten.

Überdies war die Zulassung eines eigenhändigen Testaments als ordentliche Testamentsform auch bei Einführung des BGB nicht geplant[27], so daß das Nottestament konsequenterweise lediglich als Substitut des öffentlichen, nicht aber des eigenhändigen Testaments gedacht war.[28] So findet sich in den Motiven zum BGB der Vorschlag, das eigenhändige Testament allenfalls als Nottestament neben dem Dreizeugentestament zuzulassen, und zwar dies aus der Überlegung heraus, daß taugliche Zeugen vielleicht nicht zu erlangen seien, und dem Verfügenden die Möglichkeit bleiben solle, sich dann noch selbst zu helfen.[29] Letztendlich überwog aber die Abneigung gegen das handschriftliche Testament, so daß die Gesetzesentwürfe zum BGB ein eigenhändige Testament schließlich gar nicht mehr vorsahen.

Nachdem nun das handschriftliche Testament entgegen dem I., II. und auch III. Entwurf zum BGB gleichwohl vom Reichstag in das Gesetzeswerk eingefügt wurde[30], setzte sich, Jahrzehnte später, der Erbrechtsausschuß zur Testamentsrechtsreform des Jahres 1938 mit dem Problem des Verhältnisses der außerordentlichen Testamentsformen zum eigenhändigen Testament auseinander, ohne jedoch hierbei eine Lösung anbieten zu können. Unser jetziges BGB verblieb daher in dieser Hinsicht auf dem, konstruktiv durchaus nicht naheliegenden Stand der ursprünglichen Gesetzesfassung.

---

[27] Ausführlich hierzu *Beutgen*, Die Geschichte der Form des eigenhändigen Testaments, S. 76 ff.

[28] *Lange / Kuchinke*, Erbrecht, S. 277.

[29] Mot. V. S. 284.

[30] *Meyer*, Erbrecht, S. 147.

Lange berichtet in seiner Denkschrift folgendermaßen über die Diskussionen im Erbrechtsausschuß[31]: „Umstritten war die Rangfolge der Nottestamente. So sehr der Erbrechtsausschuß bestrebt war, die Nichtigkeit wegen Formverletzung zu vermeiden, so sehr glaubte er doch daran festhalten zu müssen, daß das Gemeindevorstehertestament als Nottestament zwar nach wie vor schon dann zur Verfügung stehen müsse, wenn ein Richter oder Notar nicht rechtzeitig herbeigeholt werden kann, *obwohl dem Erblasser die Errichtung eines eigenhändigen Testaments möglich und zumutbar wäre*, daß dagegen das 2- oder 3-Zeugentestament nur dann zulässig sein soll, wenn auch die Anfertigung eines handgeschriebenen Testaments nicht möglich oder nicht anzusinnen ist."

An anderer Stelle führt Lange aus[32]: „Würde das handgeschriebene Testament abgeschafft werden, so müßte es, wie auch seine Gegner im Erbrechtsausschuß anerkennen, in einem gewissen Umfange als Nottestament zugelassen werden... Die Zulassung eines handgeschriebenen Nottestaments in diesem Rahmen würde freilich die Zulassung des eigenhändigen Testamentes selbst auf Umwegen bedeuten, denn dann werden Erblasser nicht um Gründe verlegen sein, und zur Vermeidung der Nichtigkeit zur Vordatierung schreiten. Die Gegner des handschriftlichen Testaments im Erbrechtsausschuß vertreten darum die Ansicht, daß die Voraussetzungen der Nottestamente nicht über den Rahmen der §§ 2249, 2250, 2251 hinaus erweitert werden können."

Aus Langes Ausführungen wird deutlich, daß die in den Zulässigkeitsvoraussetzungen der Nottestamente fehlende Bezugnahme zum eigenhändigen Testament darauf zurückzuführen ist, daß man das eigenhändige Testament selbst abzuschaffen trachtete. Auch der Erbrechtsausschuß hat dabei grundsätzlich die Notwendigkeit erkannt, die Existenz eines eigenhändigen Testaments bei der Rangbestimmung der Nottestamente sowie der Festlegung ihrer Zulässigkeitsbestimmungen zu berücksichtigen, hieraus jedoch keine praktischen Folgerungen gezogen.

Nachdem sich das eigenhändige Testament trotz der geschilderten Anfangsschwierigkeiten vollständig im BGB etablieren konnte, wird das Bürgermeistertestament nun faktisch überwiegend dann herangezogen, wenn der Erblasser nicht mehr schreibfähig, die Errichtung eines eigenhändigen Testaments also ausgeschlossen ist.

---

[31] *Lange*, 1. Denkschrift, S. 92; Hervorhebungen durch die Verfasserin.

[32] *Lange*, 1. Denkschrift, S. 92 / 93.

Aber auch aus heutiger Sicht gibt es gleichwohl Gründe an der hergebrachten systematischen Stellung des Bürgermeistertestaments als Substitut lediglich des Notartestaments festzuhalten.

Entscheidet man sich nämlich dafür, auch im Rahmen der außerordentlichen Testamentsformen die Möglichkeit des öffentlichen Testierens zu schaffen und hierfür eine zu diesem Zwecke weniger kompetente Amtsperson zuzulassen, so sollte der Erblasser auch weiterhin – ebenso wie bei ordentlicher Testamentserrichtung – grundsätzlich die Wahl haben, diese öffentliche (Not-)Testamentsform der eigenhändigen Testamentserrichtung vorzuziehen. Auch wenn der Wert der Errichtung eines Bürgermeistertestaments nicht mit dem des Notartestaments gleichzusetzen ist, ja sogar die Gefahr besteht, daß eine öffentliche Testamentserrichtung nicht gelingt[33], so mag doch der Erblasser gute Gründe dafür haben, *trotz seiner noch vorhandenen Schreibfähigkeit* eine Amtsperson mit der Testamentserrichtung zu beauftragen.

Wenn also für den Erblasser die Möglichkeit besteht, unter Hinzuziehung eines Bürgermeisters öffentlich zu testieren und damit für eine relativ sichere Überlieferung seines letzten Willens zu sorgen, so sollte er, selbst wenn und solange er noch schreibfähig ist, nicht zur Errichtung eines Privattestaments gezwungen werden.[34]

Das Bürgermeistertestament ist somit in seiner hergebrachten Ausgestaltung als Ersatz lediglich des Notartestaments zu belassen.

B. Die Mitwirkenden der Errichtung eines Bürgermeistertestaments

I. Bürgermeister als Urkundsperson

An die Stelle des Notars tritt beim Bürgermeistertestament der Bürgermeister der Gemeinde, in der sich der Erblasser aufhält, § 2249 Abs. 1 S. 1 BGB, in gemeindefreien Gebieten[35] gem. § 2249 Abs. 4 BGB der Gutsvorsteher und gem. Abs. 5 dessen Vertreter, nicht aber ein sonstiger Gemeindeangestellter.[36]

---

[33] Vgl. näheres unter 3. Teil, 2.Abschn. B. I. 2.

[34] *Kipp / Coing*, Erbrecht, S. 202.

[35] Vgl. dazu früher §§ 12 Abs. 2, 13, 119 Ziff. 2 DGO; VO über gemeindefreie Grundstücke und Gutsbezirke v. 15.11.1938, RGBl. I, 1631.

[36] KG NJW 1947 / 48, 188; in Hamburg ist der Standesbeamte zuständig gem Hamb. AGBG v. 1.7.1958 (VOBl. II, 58, 441).

Wer Bürgermeister oder sein Stellvertreter ist, bestimmt sich nach den Gemeindeordnungen der Länder.[37] Der Vorsteher eines Gemeindeteils oder dessen Stellvertreter ist nur dann zur Aufnahme eines Nottestaments ermächtigt, wenn er zum Stellvertreter des Bürgermeisters bestellt ist.[38]

Eine etwaige örtliche Unzuständigkeit des Bürgermeisters / Gutsbezirksvorstehers führt seit Erlaß des Beurkundungsgesetzes nicht mehr zur Nichtigkeit des Testaments, § 2249 Abs. 1 S. 4 BGB, i.V. mit § 2 BeurkG.[39]

Der Bürgermeister kann dann nicht an der Beurkundung mitwirken, wenn er unter die Ausschließungsgründe eines Notars nach dem BeurkG fällt, auf die § 2249 Abs. 1 S. 4 BGB im einzelnen verweist.

Im wesentlichen ist das der Fall, wenn er selbst oder ihm nahestehende Personen, wie Ehegatte, Verwandter, sein Vertreter an der Beurkundung beteiligt[40] sind, § 6 BeurkG, oder die Beurkundung der letztwilligen Verfügung darauf gerichtet ist, ihm, seinem Ehegatten oder Verwandten einen rechtlichen Vorteil zu verschaffen (vgl. hierzu im einzelnen § 7, 27 BeurkG).[41]

II. Die Hinzuziehung von Zeugen

1. Vergleich zwischen Bürgermeistertestament / Notartestament

Die Funktion der Zeugen beim Bürgermeistertestament besteht darin, die Beurkundungsperson zu kontrollieren und den ordnungsgemäßen Hergang der Beurkundung sicherzustellen. Sie sind somit Überwachungszeugen.[42] An dem Erfordernis der Hinzuziehung zweier Zeugen, das schon nach der ursprünglichen Fassung des BGB bestand, hat der Gesetzgeber bis heute unverändert festgehalten.

---

[37] Vgl. dazu früher § 6 DGO.

[38] Was insbesondere für die infolge der Gemeindereform der Länder ehemals selbständigen Gemeinden gilt, vgl. KG HEZ 1, 235.

[39] Dit / Rei / Be-Be § 2249 Rn. 6; MK-*Burkart*, § 2249 Rn. 10; *Palandt-Edenhofer*, § 2249 Rn. 5; *Staudinger-Firsching*, § 2249 Rn. 21; vor dem 1.1.1970 konnte der unzuständige Bürgermeister kein gültiges Testament aufnehmen.

[40] Beteiligt sind die Erschienenen, deren im eigenen oder fremden Namen abgegebene Erklärungen beurkundet werden sollen (§ 6 Abs. 2 BeurkG).

[41] Vgl. näheres MK-*Burkart*, § 2249 Rn. 12.

[42] BGHZ 54, 89, 95; *Planck-Strecker*, § 2233 Nr. 1.

Anders ist dagegen die Lage beim Notartestament: Die ursprünglich auch hier bestehende Pflicht der Zuziehung zweier Zeugen wurde durch das TestG 1938 sowie das BeurkG 1969 schrittweise abgebaut. Nach der heutigen Rechtslage besteht ein Zeugenzwang nur noch für die Sonderkonstellation des § 25 BeurkG, der den Fall der Schreibunfähigkeit des Erblassers erfaßt. Nur hier muß ein Schreibzeuge hinzugezogen werden, während die Zeugenzuziehung ansonsten nur noch fakultativ ist, § 29 BeurkG.

Die Diskussion über Sinn und Zweck der Zeugenzuziehung wurde in der Literatur und Rechtsprechung bislang nur bezüglich des Notartestaments geführt. Für den Bereich des Bürgermeistertestaments wurde diese Voraussetzung jedoch noch nicht in Frage gestellt oder ernsthaft diskutiert.

Diese unterschiedliche Entwicklung von Notartestament und Bürgermeistertestament bedarf daher einer näheren Betrachtung.

Die Frage, ob die Beibehaltung der Zeugen beim Bürgermeistertestament tatsächlich auch heute noch gerechtfertigt ist, oder aber das Festhalten an dem Zeugenerfordernis hier lediglich auf einer Vernachlässigung der Nottestamentsvorschriften beruht, wird sich dann beantworten lassen, wenn man diejenigen Gründe, die beim Notartestament zur Abschaffung des Zeugenerfordernisses geführt haben, auf ihre Übertragbarkeit auf das Bürgermeistertestament überprüft.

2. Der Verzicht auf das Zeugenerfordernis beim Notartestament

a) Rechtslage nach der ursprünglichen Gesetzesfassung des BGB

Die die Zeugenhinzuziehung beim Notartestament regelnde Bestimmung des § 2233 BGB a.F. hatte folgenden Wortlaut: „Zur Errichtung des Testaments muß der Richter einen Gerichtsschreiber oder zwei Zeugen, der Notar einen zweiten Notar oder zwei Zeugen zuziehen.“ Die Zeugen wurden hier in erster Linie als sogenannte Solennitätszeugen betrachtet.[43] Hierzu führt Lange / Kuchinke aus[44]: „Bei der Verfügung von Todes wegen und bei der Eheschließung, § 14 EheG, hatte sich zunächst eine gewisse Feierlichkeit erhalten. Das Bedürfnis nach Feierlichkeit wurzelt in der Gestaltung der gesamten Lebensverhältnisse gegenüber dem Tod und über diesen hinaus. Darin liegt die tiefere

[43] *Kretzschmar*, Erbrecht, § 17 IV 1, S. 77; *Planck-Strecker*, § 2233 Nr. 2c.

[44] *Lange / Kuchinke*, Erbrecht, S. 281.

Rechtfertigung von Zuziehung von Zeugen neben der Anfertigung der Urkunde."

Darüber hinaus sollten die Zeugen jedoch auch eine gewisse Kontrolle des Beurkundungsvorgangs gewährleisten.[45]

In den Protokollen zum BGB[46] wurde darauf hingewiesen, daß den Richtern und Notaren zwar grundsätzlich Vertrauen entgegengebracht werden könne, daß sich jedoch die Notwendigkeit der Anwesenheit von Zeugen aus der konkreten Situation selbst begründe. Es bestünde nämlich die Gefahr der Nachgiebigkeit der Amtsperson gegen den vielleicht kranken Erblasser sowie der Ablenkung der Amtsperson durch andere Geschäfte.

Schließlich vermochte die Zeugenzuziehung zu verhindern, daß der Erblasser „pflichtwidrige" letztwillige Verfügungen traf. Man sah die Aufgabe des Erbrechts nämlich durchaus nicht „in der Vollstreckung der Willkür des Erblassers, sondern in der Weitergabe von Werten in sorgender Förderung von Familie und Gemeinschaft, von billigenswerten Zielen und Bestrebungen."[47]

So bestand der Sinn der Zeugenzuziehung letztlich auch darin, daß der Erblasser im Kreise der Nachbarn, der Familie, der Sippe, des Volkes seinen letzten Willen offen darlegte.[48]

b) Neuerungen durch das TestG 1938

Der Gesetzgeber schaffte mit Erlaß des TestG 1938 den Zeugenzwang für das Notartestament grundsätzlich ab (vgl. § 11 Abs. 1 TestG).

Ein Zeugenzwang bestand danach nur noch für Ausnahmefälle, wie etwa bei bestehender Gebrechlichkeit des Erblassers, § 6 Abs. 1 TestG[49], oder dessen Schreibunfähigkeit, § 16 Abs. 3 TestG und dessen Taubheit, § 16 Abs. 2 TestG.

---

[45] *Mugdan*, V. Prot. S. 698; *Kretzschmar*,, Erbrecht, § 17 IV 1, S. 77; *Planck-Strecker*, Erbrecht, § 2231 Nr. 1.

[46] *Mugdan*, V. Prot. S. 698.

[47] *Lange*, 1. Denkschrift, S. 5.

[48] *Lange*, 1. Denkschrift, S. 63.

[49] § 6 TestG lautete: „Ist der Erblasser nach der Überzeugung des Richters oder Notars taub, blind, stumm oder sonst am Sprechen verhindert, so muß der Richter einen Urkundsbeamten der Geschäftsstelle oder zwei Zeugen, der Notar einen zweiten Notar oder Zeugen hinzuziehen."

Daneben konnten Zeugen jedoch fakultativ hinzugezogen werden, und zwar insbesondere auf Verlangen des Erblassers, § 6 Abs. 2 TestG.

Man erblickte in der Zeugenzuziehung zunehmend einen lästigen Zwang, der besonders die Erblasser, die ihre privaten Familien- und Finanzverhältnisse häufig nicht vor Dritten offenbaren wollten, dazu veranlaßte, eigenhändig oder durch Übergabe einer verschlossenen Schrift geheim zu testieren; dies auch gerade deshalb, weil die Zeugen eine Verschwiegenheitspflicht nicht traf.[50]

Die wesentliche Motivation des Gesetzgebers, den Zeugenzwang für den Normalfall abzuschaffen, bestand somit darin, die Attraktivität des öffentlichen Testaments zu erhöhen.[51]

Der Gesetzgeber hielt nämlich gerade dieses für besonders vorteilhaft, denn: „die Urkundsperson kann (hier) ... den Erblasser auf Unklarheiten oder Mängel seiner Erklärung aufmerksam machen und ihn vor pflicht- oder gemeinschaftswidrigen Verfügungen bewahren."[52]

Überdies wurde der Sinn und Zweck der Zeugenzuziehung nun auch generell in Frage gestellt. Man hielt eine Überwachung der Beurkundungsperson nicht für zwingend erforderlich, da an deren Zuverlässigkeit doch in aller Regel nicht gezweifelt werden könne. Weder seien die Zeugen als Schutz des Erblassers vor Beeinflussung durch die Beurkundungsperson unentbehrlich, noch stellten sie eine notwendige Hilfe bei der Errichtung dar.[53]

Auch als Gedächtniszeugen wurden sie nun als überflüssig angesehen, da die Aufnahme der nachfolgend in amtliche Verwahrung zu verbringenden Urkunde die Übermittlung des letzten Willens sicherstelle, und im Falle des Verlustes des Testamentes auch das Gedächtnis der Zeugen versagen könne.[54]

Hinzu kam, daß die Praxis der Zeugenzuziehung auch unter dem Gesichtspunkt des traditionellen Feierlichkeitsgedankens nicht mehr zu rechtfertigen war. Lange führt hierzu anschaulich folgendes aus[55]: „Als bloße Feierlichkeits-

---

[50] *Vogels*, ZAkDR 1935, 635, 636; *Vogels / Seybold*, TestG, § 6 Rn. 1; *Lange*, 1. Denkschrift, S. 62; *Lange / Kuchinke*, Erbrecht, S. 281; *Staudinger-Firsching*, 10. / 11. Aufl., vor § 2229 ff. Rn. 10.

[51] *Vogels / Seybold*, TestG, § 6 Rn. 1.

[52] Amtl. Begründung zum TestG DJ 1938, 1254, 1255; vgl. auch *Vogels*, ZAkDR 1935, 635, 636.

[53] *Vogels*, ZAkDR J935 635, 636; *Lange / Kuchinke*, Erbrecht, S. 281.

[54] *Lange*, 1. Denkschrift, S. 62; *Lange / Kuchinke*, Erbrecht, S. 281.

[55] *Lange*, 1. Denkschrift, S. 63.

zeugen erscheinen die Testamentszeugen in unserer heutigen Zeit überflüssig. Der Erblasser wird in aller Regel als Rechtsunkundiger keine eigenen Zeugen mitbringen. Der Beurkundende soll zudem nicht sein Gesinde oder Gehilfen hinzuziehen (§ 2237 Ab. 4 BGB a.F.). Die bedauerliche Folge hiervon ist, daß sich aus Droschkenkutschern, Dienstmännern und Eckenstehern ein Kreis von Berufszeugen ausgebildet hat, die gegen eine geringe Entlohnung ihres Amtes walten."

c) Neuerungen durch das BeurkG 1969

Mit Erlaß des Beurkundungsgesetzes wurde der Zeugenzwang schließlich auch bei Gebrechlichen abgeschafft und in eine Sollvorschrift umgewandelt, § 22 Abs. 1 BeurkG. Lediglich für den Fall der Schreibunfähigkeit wurde noch an der zwingenden Hinzuziehung eines Schreibzeugen festgehalten, § 25 BeurkG. Zwar wurde die Funktion der Zeugenzuziehung im dem Fall der Gebrechlichkeit immer noch in der Gewährleistung der für die Beurkundung wesentlichen Bestandteile erblickt[56], jedoch nicht mehr so hoch bewertet, daß der Gesetzgeber zu einem Festhalten an der bestehenden Mußvorschrift hätte bewegt werden können.

In der Begründung zum Entwurf eines Beurkundungsgesetzes wird diesbezüglich folgendes ausgeführt[57]: „Nach dem bisherigen Recht müssen zwei Zeugen oder ein zweiter Notar hinzugezogen werden, wenn ein Beteiligter an Mängeln leidet, die ihn an der eigenen Überwachung des Beurkundungsverfahrens hindern. Die Zeugen vermögen einen derartigen Mangel jedoch nur sehr bedingt auszugleichen. Da sie weder dem Inhalt der Urkunde noch den Beteiligten nahestehen dürfen, sind sie im allgemeinen mit den Verhältnissen nicht vertraut. Sie werden daher in der Regel nur der Form halber zugezogen, ohne daß dadurch der Beurkundungsvorgang sachlich gefördert würde."

Eine Bedeutung wurde der Zeugenzuziehung nur noch dann zugesprochen, wenn aufgrund gespannter Familienverältnisse oder besonderer Umstände damit zu rechnen war, daß Dritte die Richtigkeit der beurkundeten Vorgänge anzweifeln würden.[58]

---

[56] Dit / Rei / Be § 3 BeurkG Rn. 3; *Staudinger-Firsching*, § 22 BeurkG Rn. 3.

[57] BT Drucks. V / 3282, S. 33.

[58] *Huhn / v. Schuckmann*, BeurkG, § 22 Rn. 1.

3. Übertragbarkeit auf das Bürgermeistertestament?

Es fragt sich, ob die dargestellten Gründe der Entwicklung beim Notartestament auch Geltung für das Bürgermeistertestament beanspruchen können.

Die wesentliche Motivation für die Zeugenabschaffung im TestG, die Erhöhung der Attraktivität des Notartestaments, ist dabei auf das Nottestament, das sich als nur ausnahmsweise zugelassener Notbehelf versteht, zunächst zweifellos nicht übertragbar.

Das in diesem Zusammenhang vorgebrachte weitere Argument, der Erblasser wolle nicht etwaige von ihm gehütete Geheimnisse über seine Vermögenslage vor Zeugen preisgeben, die nicht zur Verschwiegenheit verpflichtet seien, ist für das Bürgermeistertestament nicht relevant. Im Regelfall befindet sich der Erblasser bei der Errichtung eines Bürgermeistertestaments nämlich bereits kurz vor seinem Ableben. Der Zeitpunkt des Erbfalls steht unmittelbar bevor, so daß es ohnehin unvermeidlich zur baldigen Aufdeckung der Vermögensverhältnisse kommt. Auch wird sich der Erblasser, den Tod vor Augen, hierum kaum mehr ernsthaft sorgen.

Das darüber hinaus vorgebrachte Argument des mangelnden Überwachungsbedürfnisses, das bei einem geschulten Notar zutreffen mag, ist gerade auf den Bürgermeister, der mit der Situation einer Testamentsaufnahme regelmäßig nicht vertraut ist, kaum übertragbar. Seine mangelnde Sachkenntnis und die Ausnahmesituation der nahen Todesgefahr führen leicht dazu, daß dem dem Bürgermeister Fehler unterlaufen, die bei Anwesenheit von Zeugen, die den Vorgang kontrollieren, möglicherweise vermieden werden könnten.

Auch jener Einwand, der sich in der Begründung zum Beurkundungsgesetz findet, die Zeugen seien meist nicht mit den Verhältnissen des Erblassers vertraut und könnten so keine sinnvolle Kontrolle ausüben, ist für das Nottestament im Normalfall nicht gültig. In den allermeisten Nottestamenten wird es sich infolge der besonderen Lage, in der sich der Erblasser befindet, kaum mehr um ausschweifende, komplizierte und schwer verständliche Verfügungen handeln, sondern zumeist nur um die knappe, wenig komplexe Äußerung eines letzten Hauptanliegens, dem der Erblasser noch kurz vor seinem Tode Geltung verschaffen will.

Zusammenfassend läßt sich somit feststellen, daß die Gründe, die zur grundsätzlichen Abschaffung der Zeugenhinzuziehung beim Notartestament geführt haben, aufgrund des besonderen Charakters des Bürgermeistertestamentes auf dieses nicht übertragbar sind.

Als Argument für die Beibehaltung des Zeugenerfordernisses fällt vielmehr zusätzlich ins Gewicht, daß die, bei Zulassung einer im Vergleich zum Notar weniger kompetenten Beurkundungsperson in Kauf zu nehmenden, notwendigen Defizite in gewisser Weise durch die Anwesenheit von Zeugen kompensiert werden können. Als Hilfs- und Kontrollpersonen stellen sie in der mit Aufregung und Eile verbundenen Situation der Nottestamentserrichtung eine sinnvolle und notwendige Unterstützung des Bürgermeisters dar. Darüber hinaus kommt ihnen eine wichtige Beweisfunktion zu. Zwar hat als Maßstab der Formvorschriften beim Bürgermeistertestament die Frage zu dienen, ob diese erforderlich und ausreichend sind, um im Regelfall die Authentizität der Testamentsniederschrift sicherzustellen[59], in Einzelfällen werden aber dennoch Zweifel auftauchen, die möglicherweise durch Vernehmung der Zeugen und des Bürgermeisters beseitigt werden können. Im Gegensatz zum Notartestament ist daher im Rahmen des Bürgermeistertestamentes grundsätzlich an dem Erfordernis der Zeugenhinzuziehung festzuhalten.

III. Die Zeugen

1. Zeugentauglichkeit

Um eine gewisse Neutralität der Zeugen zu gewährleisten, sieht das Gesetz bezüglich der Zeugenauswahl gewisse Restriktionen vor. Gem. § 2249 Abs. 1 S. 3 BGB können solche Personen nicht als Zeugen hinzugezogen werden, die in der letztwilligen Verfügung selbst bedacht werden. Überdies sind gem. §§ 7, 27 BeurkG Verfügungen auch insoweit unwirksam, als eine Person bedacht wird, die einem mitwirkenden Zeugen nahesteht, wie deren Ehegatten, Verwandte (vgl. im einzelnen § 7 Nr. 2 und 3 BeurkG).

§ 2249 Abs. 1 S. 4 BGB verweist außerdem auf § 26 Abs. 1 Nr. 3 und 4 und Abs. 2 BeurkG. Danach sind solche Personen als Zeugen ausgeschlossen, die mit der Urkundsperson, dem Bürgermeister, verheiratet oder verwandt sind oder in einem Dienstverhältnis zu diesem stehen.

§ 26 Abs. 2 BeurkG stellt schließlich hinsichtlich der Tauglichkeit der Zeugen gewisse Mindestanforderungen auf. Diese dürfen nicht minderjährig, geistes-

---

[59] Vgl. 2. Teil, 3. Abschn. C. I.

krank oder geistesschwach sein und müssen ausreichend hören, sprechen, sehen und schreiben können sowie der deutschen Sprache mächtig sein.

2. Zeugenanzahl

Obwohl die für das Notartestament bestehenden Argumente für die Zeugenabschaffung auf das Bürgermeistertestament nicht übertragbar sind und daher eine generelle Streichung des Zeugenerfordernisses nicht befürwortet werden kann, bleibt doch zu erwägen, ob nicht zumindest die Zeugenanzahl verringert werden könnnte.

Eine Reduzierung der Zeugenanzahl käme dabei grundsätzlich dem Bestreben entgegen, die Formanforderungen für das Bürgermeistertestament so weit als möglich zu erleichtern und nur an unbedingt notwendigen Voraussetzungen festzuhalten.

Für die Hinzuziehung nur eines Zeugen spräche dabei, daß zur Ausführung der wesentlichen Zeugenfunktionen der Überwachung und Hilfestellung die Anwesenheit einer Person grundsätzlich ausreichend erschiene, zumal die Zeugenausschließungsvorschriften des Beurkundungsgesetzes sicherstellen, daß Personen mit naturgemäß starkem potentiellen Eigeninteresse als Zeugen nicht in Betracht kommen.

Überdies hat der Bürgermeister als Amtsperson eine Vertrauensstellung inne[60], die eine verstärkte Überwachung zur Vorbeugung etwaigen Mißbrauchs bzw. eine Kontrolle der Zeugen untereinander nicht zwingend erscheinen läßt.

Auch im Hinblick auf einen eventuellen, später erforderlichen Zeugenbeweis, müßte die Zuziehung eines Zeugen als ausreichend erachtet werden, da dann unter Einschluß des Bürgermeisters doch immerhin zwei Personen existierten, deren Aussagen für den Beweis der ordnungsgemäßen Testamentserrichtung verwertet werden könnten.[61]

Das Erfordernis der Zuziehung zweier Zeugen gestaltet sich aus heutiger Sicht dagegen vielmehr als bloßes Relikt des Feierlichkeitsgedankens, welcher in früheren Zeiten die Formvorschriften beherrschte. Zweckmäßigkeitsgründe

[60] Die für die Urkundsperson geltenden Ausschließungsgründe nach dem BeurkG garantieren zudem seine Neutralität.

[61] Dieses wird aufgrund der anzustrebenden Formausgestaltung als möglichst sichere Testierform nur in Ausnahmefällen nötig sein, vgl. 2. Teil, 3. Abschn. C. I.

scheinen für ein Festhalten an dem Erfordernis der Zuziehung von zwei Zeugen daher nicht in hinreichendem Maße vorzuliegen.

Dies läßt sich auch anhand der gesetzlichen Bestimmungen zum Notartestament belegen, die bei Schreibunfähigkeit des Erblassers zwar am Zeugenzwang festhalten, hier jedoch die Hinzuziehung nur eines Schreibzeugen genügen lassen, § 25 BeurkG. Der Gesetzgeber hat hier also selbst in jenem besonderen Ausnahmefall, in dem er auf Zeugenanwesenheit nicht verzichten mag, die ursprünglich für alle Notartestamente erforderliche Zeugenanzahl von zwei auf eine Person reduziert.

Da somit keine Gründe dafür ersichtlich sind, für das Bürgermeistertestament an der erhöhten Zeugenzahl festzuhalten, sollte diese im Rahmen einer künftigen Gesetzesreform auf eine Person reduziert werden.

2. Abschnitt

Die Errichtungsvorschriften

A. Mündliche Erklärung

I. Darstellung der Gesetzeslage und deren Auslegung

Die Verweisung des § 2249 Abs. 1 S. 4 BGB auf § 2232 BGB hat die Regelung zum Gegenstand, in welcher Form die Willenserklärung des Erblassers beim Notartestament zu erfolgen hat, nämlich entweder durch mündliche Erklärung gegenüber dem Notar oder aber durch Übergabe einer Schrift mit der Erklärung, daß diese den letzten Willen enthalte.

Letztere Möglichkeit findet bei der nachfolgenden Untersuchung allerdings keine Berücksichtigung, da die Übergabe einer Schrift bei der Nottestamentserrichtung in der Praxis aus naheliegenden Gründen keinerlei Rolle spielt.

Die im Rahmen des Notartestaments relevante Frage, was genau unter der Voraussetzung einer „mündliche Erklärung" zu verstehen ist, ist auch für das Nottestament von großer Bedeutung, da es besonders für den kurz vor dem Tode stehenden, geschwächten Erblasser unter Umständen durchaus nicht leicht ist, seinen letzten Willen klar zu artikulieren.

Neben dem Regelfall der Mündlichkeit der Willensabgabe hält der Gesetzgeber auch Vorschriften für den Fall bereit, daß der Erblasser eine mündliche Erklärung nicht bzw. nicht mehr abgeben kann. Hier bleibt ihm nur noch die alleinige Möglichkeit, sein Testament gem. § 2233 Abs. 3 BGB durch Übergabe einer Schrift zu errichten. Ist der Erblasser auch dazu nicht mehr in der Lage, so ist ihm eine Testamentserrichtung vollständig verwehrt, § 2233 Abs. 3 BGB, § 31 BeurkG.

Die Rechtsprechung hat sich angesichts dieser engen gesetzlichen Vorgaben um eine großzügige, praxisorientierte Auslegung des Begriffes der „mündlichen Erklärung" in § 2232 BGB bemüht, wie im folgenden näher darzulegen ist.

1. Zum Umfang der erforderlichen mündlichen Erklärung

Bereits das Reichsgericht hatte in seiner (auf das Notartestament bezüglichen) Rechtsprechung zur Frage der Mündlichkeit der Erklärung dem Umstand Rechnung getragen, daß der eigentlichen Testamentserrichtung meist eine Vorverhandlung vorausgeht, in welcher der Notar den Erblasser nach seinem letzten Willen befragt und nach diesen Angaben einen Entwurf fertigt bzw. einen von Dritten erstellten Entwurf verwendet.[62] Bei der eigentlichen Testamentserrichtung wird dem Erblasser dieser *Entwurf dann vorgelesen und gefragt, ob dieser seinem letzten Willen entspreche*. Die *Bejahung dieser Frage* durch den Erblasser ließ das Reichsgericht[63] und auch die heute h.M.[64] *für das Erfordernis der mündlichen Erklärung ausreichen.*[65]

Die mündliche Erklärung muß zudem nicht in zusammenhängender Rede erfolgen. Die h.M. läßt es hier genügen, wenn diese in Form von Frage und Antwort zwischen der Urkundsperson und dem Erblasser erfolgt.[66] Es sei erforderlich, sich mit dieser Art der Errichtung zu begnügen, da, so die Begründung, letztwillige Verfügungen häufig erst im Krankenbett getroffen würden, und zwar zu einem Zeitpunkt, in dem der Kranke regelmäßig schon so hinfällig sei,

---

[62] KG DNotZ 1960, 485, 487.

[63] RGZ 85, 121, 124 mit weiteren Nachw.; RGZ 161, 378, 382.

[64] MK-*Burkart*, § 2232 Rn. 4; *Erman-Schmidt*, § 2232 Rn. 3; *Soergel-Harder*, § 2232 Rn. 3; *Johannsen*, WM 1971, 402, 403; BGHZ 2, 172, 175; BGHZ 37, 79, 84; BayObLG Rpfleger 1987, 359; OLG Hamm DNotZ 1989, 584.

[65] Zum Problem, ob „Ja" ausreichend, wenn die Testamentsniederschrift nicht vorgelesen, sondern vom Erblasser selbst gelesen, ablehnend OLG Hamm DNotZ 1989, 584; a.A. *Burkart*, Anm. zu OLG Hamm a.a.O., S. 587.

[66] RGZ 161, 378, 382.

daß er seinen letzten Willen selbst nicht mehr zusammenhängend mündlich erklären könne.[67]

Damit sei, so der Bundesgerichtshof[68], zwar die Grenze dessen erreicht, was im Interesse einer zuverlässigen Erfassung des Erblasserwillens noch vertretbar erscheine. Diese weite Auslegung entspreche aber angesichts der körperlichen Hinfälligkeit vieler Testierwilliger einem unabweisbaren Bedürfnis.

Die Rechtsprechung hält es in diesem Zusammenhang für bedenklich, über das Erfordernis des Jasagens hinauszugehen. Verlange man nämlich eine wörtliche Erklärung gemäß dem vom Notar entworfenen, oft stark von der Ausdrucksweise des Erblassers abweichenden Testamentsentwurf, so führe dies leicht zu einem bloßen gedankenlosen Nachsprechen und würde im Ergebnis das mündliche Testieren selbst einwandfrei testierfähiger, aber stark geschwächter Erblasser praktisch unmöglich machen.[69]

2. Zur Art und Weise der erforderlichen mündlichen Erklärung

Bei der Frage, wann überhaupt noch von einer mündlichen Äußerung ausgegangen werden könne, fordert die h.M. ein durch lautliche Wortbildung immerhin noch verständliches „Ja".[70] Unartikuliertes Lallen sei kein Sprechen mehr. Unschädlich sei jedoch, wenn der Erblasser das Sprechen zu einzelnen Punkten durch Zeichen und Gebärden unterstützen oder ersetzen müsse.[71] Wesenlich sei, daß der Erblasser eine Erklärung durch verständliches Sprechen und nicht bloße Gebärden, Zeichen und Kopfnicken abgebe.[72]

Der BGH[73] bezieht sich zur Begründung dieser Auffassung auf den Gesetzeswortlaut des § 11 TestG (= § 2232 BGB). Dieser fordere ausdrücklich eine mündliche Erklärung und damit eindeutig eine Mitteilung aus dem Munde des Erblassers. Dem Gesetzeswortlaut würde Gewalt angetan, wollte man anneh-

---

67 *Johannsen*, WM 1971, 402, 403.

68 BGHZ 37, 79, 84 f.; so auch BayObLG 68, 273.

69 OGHBrZ Köln NJW 1949, 544, 545.

70 MK-*Burkart*, § 2232 Rn. 4 mit weiteren Nachw.; *Soergel-Harder*, § 2232 Rn. 3; OGHBrZ Köln NJW 1949, 544.

71 BayObLGZ 68, 268, 272; MK-*Burkart* § 2232 Rn. 4; *Soergel-Harder*, § 2232 Rn. 3.

72 BGHZ 2, 172; BayObLGZ 68, 268, 272; *Erman-Schmidt*, § 2232 Rn. 3.

73 BGHZ 2, 172; vgl. auch RGZ 171, 378, 382.

men, der Erblasser, der seine Zustimmung durch Kopfnicken, Gebärden oder sonstige Zeichen erteile, habe damit seinen letzten Willen „mündlich“ erklärt.

Der BGH weist in seiner Entscheidung auch auf den abgelehnten Vorschlag des Erbrechtsausschusses zur Testamentsrechtsreform 1938 hin, der vorsah, man solle sich mit der „Mitteilung“ des letzten Willens begnügen. Nach Ansicht des Erbrechtsausschusses, so der BGH, sei es zwar tatsächlich eine untergeordnete Frage gewesen, in welcher Form sich beim offen errichteten Testament die Verständigung zwischen dem Beurkundenden und dem Erblasser vollziehe; der Ausschuß habe also kein entscheidendes Gewicht darauf gelegt, daß die Verständigung gerade mündlich erfolge.[74] Der Gesetzgeber hingegen, so stellt das Gericht dazu fest, habe diese Sichtweise aus Sorge um eine eindeutige Übermittlung des letzten Willens an den Beurkundenden abgelehnt und sei dem Vorschlag daher nicht gefolgt.[75]

Bereits in den Motiven[76] wird die Möglichkeit, die Erklärung des letzten Willens durch Zeichen vorzunehmen, abgelehnt, da sich der Wille des Erblassers auf einer solchen Grundlage nicht mit der erforderlichen Zuverlässigkeit ermitteln lasse.

Bloße Zeichen seien als Ausdrucksmittel dem gesprochenen Wort nämlich durchaus nicht gleichwertig. So könne beispielsweise ein Kopfnicken ebenso auch ein Zeichen der Ermüdung sein, ohne daß hiermit gleichzeitig eine Zustimmung zu der vorgelesenen Niederschrift zum Ausdruck gebracht worden sein müsse.[77]

Die vom Reichsgericht[78] hiergegen erhobenen Bedenken vermochten sich nicht durchzusetzen. Das Reichsgericht stellte die Frage, „... ob nicht das Erfordernis der mündlichen Erklärung als Form der Testamentserrichtung vom Gesetzgeber möglicherweise *nur als Gegensatz zur Testamentserrichtung durch Übergabe einer Schrift*[79] gemeint sei, und deshalb eine „mündliche“ Erklärung in diesem Sinn unter Umständen auch dann angenommen werden müsse, wenn der Erblasser seine Zustimmung zu dem ihm vorgelesenen Entwurf nicht mit einem vernehmlichen „Ja“, sondern aus irgendeinem Grunde nur durch Kopf-

---

[74] *Lange*, 1. Denkschrift, S. 36, 64, 65, 69, 70.

[75] BGHZ 2, 172, 174; ebenso *Lange*, ZAkDR 1938, 579.

[76] Mot. V. S. 251, 276.

[77] RGZ 85, 121, 125; BGHZ 2, 172, 175; MK-*Burkart*, § 2232 Rn. 8.

[78] RGZ 161, 378, 382.

[79] Hervorhebung durch die Verfasserin.

nicken oder durch sonstige Gebärden in einer für die mitwirkenden Personen klaren unmißverständlichen Weise zu erkennen gegeben habe..."

3. Anforderungen an die mündliche Erklärung bei Entwürfen mit mehreren Verfügungen

Enthält ein Entwurf mehrere Verfügungen, so stellt sich die Frage, ob eine gesonderte Bejahung jeder Verfügung durch den Erblasser erforderlich ist, um im Sinne einer weiten Auslegung von einer mündlichen Erklärung ausgehen zu können.

Das Reichsgericht[80] hat hierzu in einer frühen Entscheidung vertreten, daß sich die Befragung auf die Einzelheiten erstrecken müsse und nicht auf eine bloße summarische Bestätigung der Gesamtheit aller schon niedergeschriebenen Einzelverfügungen hinauslaufen dürfe.

Firsching[81] hält noch heute an dieser Auffassung fest, und zwar mit der Begründung, daß sich die Befragung durch den Notar auf die Einzelheiten zu erstrecken habe, weil ja der Erblasser selbst verschiedene Einzelverfügungen gleichfalls nur in gesonderter Form zum Ausdruck bringen könne.

Nachdem das Reichsgericht[82] in einer späteren Entscheidung seine Auffassung geändert hatte, wird es von der h.M.[83] in Literatur und Rechtsprechung heute insgesamt für ausreichend gehalten, daß eine Bestätigung durch den Erblasser am Schluß der gesamten Verlesung erfolgt. Eine solche Antwort beziehe sich nämlich auf alle vorgelesenen Einzelverfügungen. Sei der Erblasser mit einzelnen Bestimmungen in der ihm vorgelesenen Erklärung nicht einverstanden oder habe er Zweifel hinsichtlich der Bedeutung oder der Tragweite der einzelnen Wendungen, so könne er die Verlesung jederzeit unterbrechen oder zum Schluß seine Zustimmung verweigern. Sei er hierzu außerstande, weil ihm die hinreichende Einsichts-, Urteils- oder Willenskraft bereits fehle, so sei das allein eine Frage der Testierfähigkeit des Erblassers.[84]

---

[80] RGZ 85, 121, 125.

[81] *Staudinger-Firsching*, § 2232 Rn. 13; *ders.*, DNotZ 1955, 288.

[82] RGZ 161, 378, 383.

[83] KG DNotZ 1960, 485, 488; RGZ 161, 378, 383; Dit / Rei / Be-Rei § 2232 Rn. 14; *Erman-Schmidt*, § 2232 Rn. 3; a.A. MK-*Burkart*, § 2232 Rn. 5.

[84] KG DNotZ 1960, 485, 488.

II. Überprüfung des Erfordernisses der Mündlichkeit der Erklärung

1. Bedeutung für die Authentizitätssicherstellung

Die bestehende gesetzliche Regelung der Art und Weise der Kundgabe der Erblassererklärung ist insofern durchaus für die Authentizitäts*sicherstellung* von Bedeutung, als die grundlegende Voraussetzung für die Annahme einer authentischen Erklärungswiedergabe darin besteht, daß zuvor tatsächlich eine eindeutige und klare Willensäußerung erfolgt ist.

Ob allerdings für die Authentizitätssicherstellung das Festhalten an der Mündlichkeit in eben jenem Sinn, den die Rechtsprechung dieser Voraussetzung beilegt, *unverzichtbar* ist, was in der Praxis dazu führen müßte, daß sich regelmäßig dann Zweifel an der Authentizität ergeben, wenn der Erblasser sich durch Zeichensprache geäußert hat, bleibt zu überprüfen.

Es ist dabei der h.M. darin beizupflichten, daß die wörtliche Willensäußerung grundsätzlich zu größerer Eindeutigkeit führt als eine bloße Zeichensprache, wenngleich letztere in Einzelfällen auch für eine unmißverständliche Willenskundgabe durchaus ausreichen mag.

Äußert sich der Erblasser nur durch Zeichensprache, so besteht zum einen die Gefahr, daß diese von den Mitwirkenden nicht richtig gedeutet wird. Die Mitwirkenden werden den Testierenden oftmals nicht kennen und mit seiner individuellen Ausdrucksweise, d.h. Mimik, Gestik, nicht vertraut sein. Zum anderen kommt eine weitere Unsicherheit dadurch hinzu, daß sich ein kurz vor dem Tode stehender Erblasser möglicherweise einer allgemein üblichen Zeichensprache nicht mehr bedienen kann und auch die Bedeutung der von ihm gebrauchten Zeichen falsch einschätzen mag.

Dabei ist allerdings zu berücksichtigen, daß die Rechtsprechung selbst die Anforderungen an den Umfang der mündlichen Erblasseräußerung auf ein derartiges Minimum reduziert hat, daß auf entsprechende Vorhaltungen nur noch ein zustimmendes „Ja“ zu erfolgen hat. Bei einer derartigen Reduzierung jedoch, drängt sich in der Tat die Frage auf, ob nicht ein solches „Ja“ durch Zeichensprache in ebenso sicherer Weise erfolgen kann wie durch akustische Artikulation. Für eine bloße Bejahung bzw. Verneinung ist der Gebrauch von Zeichensprache weitaus weniger risikoreich als dies für die Kundgabe detaillierter Vermögensanordnungen mittels Zeichensprache gelten mag.

Allerdings wies der BGH[85] diesbezüglich zu Recht darauf hin, daß ein Kopfnicken nicht notwendig Zustimmung ausdrücken müsse, sondern auch bloß ein Zeichen der Ermüdung sein könne, also selbst in diesem Fall die Eindeutigkeit der Äußerung mittels Zeichensprache nicht gewährleistet sei.

Dies ist im Ergebnis wohl kaum zu bestreiten, so daß letztlich festzuhalten bleibt, daß eine Niederschrift, die nur einen durch Zeichensprache geäußerten Willen wiedergibt, notwendigerweise gewisse Zweifel an der Authentizität hervorrufen muß.

Jede authentische Erklärungswiedergabe ist hier dadurch wesentlich erschwert, daß eine wiederzugebende wörtliche Erklärung ja tatsächlich nicht vorhanden ist, sondern die Zeichensprache des Erblassers vielmehr erst durch die Urkundsperson in eine wörtliche Erklärung „übersetzt“ werde muß. Dieses Ergebnis erscheint auch bei einer vergleichenden Betrachtung der Situation bei Geschäften unter Lebenden sachgerecht. In diesem Bereich kommt einer Erklärung durch Zeichensprache grundsätzlich rechtsgeschäftliche Bedeutung zu, eine bestimmte Äußerungsform ist in der Regel nicht vorgeschrieben.

Ein Mißverständnis, das auch hier durch den Gebrauch von Zeichensprache entstehen kann, geht dabei zu Lasten desjenigen, der die Erklärung abgegeben hat. Denn der Schutz des Rechtsverkehrs erfordert es, daß die Willenserklärung in der Weise wirksam wird, wie sie ein Dritter verstehen mußte[86], wobei dem Mißverstandenen allerdings die Möglichkeit der Korrektur durch eine Anfechtung bleibt.

Diese Konstruktion läßt sich aus zwei wesentlichen Gründen jedoch nicht auf die Verfügung von Todes wegen übertragen.

Zum einen steht bei der letztwilligen Verfügung nicht der gerechte Interessensausgleich zwischen verschiedenen Parteien im Vordergrund; Ziel ist vielmehr einzig und allein die Verwirklichung des Erblasserwillens. Zum anderen fehlt dem Erblasser die Korrekturmöglichkeit der Anfechtung, da er bei Wirksamwerden der Willenserklärung nicht mehr am Leben ist.

Zum Schutz des Erblasserwillens und zur Sicherstellung der Beweisbarkeit ist daher an dem Erfordernis der Mündlichkeit der Erklärung festzuhalten.

---

[85] BGHZ 2, 172, 175.

[86] *Medicus*, BGB AT, Rn. 323 f.

2. Gesetzliche Vorgaben für die Situation der Sprechunfähigkeit

Gegen das Genügenlassen einer Zeichensprache anstelle der mündlichen Äußerung spricht überdies auch ein gesetzestechnischer Grund.

Als Mindesterfordernis an die Mitwirkung des Erblassers hat der Gesetzgeber vorgesehen, daß sich dieser mündlich äußert, wobei in Ergänzung dazu auch das Problem der Sprechunfähigkeit geregelt wurde. Das Problem der Sprechunfähigkeit ist durchaus kein typisches Problem der Errichtung von Nottestamenten, sondern tritt ebenso auch bei der notariellen Testamentserrichtung in Erscheinung.

Der Gesetzgeber hat das Problem der Sprechunfähigkeit, das also nicht notwendigerweise mit Nottestamentslagen zusammenhängt, erkannt und hierzu bestimmt, *daß der Sprechunfähige nur schriftlich testieren kann*. Ist er auch hierzu nicht mehr in der Lage, so kann er gar nicht mehr testieren, § 2233 Abs. 3 BGB, § 31 BeurkG.

Vor diesem Hintergrund würde eine diesbezügliche Formerleichterung für Nottestamente dazu führen, daß ein Erblasser, der infolge seiner Schreib- und Sprechunfähigkeit nach dem Gesetz an sich nicht mehr testieren kann, die mit Bedacht errichtete gesetzliche Hürde dadurch umgehen könnte, daß er seinen nahen Todeszeitpunkt abwartet und dann ein Nottestament errichtet. Zwar mag ein solches Vorgehen wenig praxisrelevant erscheinen, doch wird hierin eine Widersprüchlichkeit offenbar, die der Zwecksetzung von Formerleichterungen im Recht der Nottestamente durchaus nicht entspricht.

Das Problem der Sprechunfähigkeit ist nämlich gerade keine Besonderheit einer Extremsituation, sondern tritt auch bei ordentlicher Testamentserrichtung auf, so daß eine Abweichung für außerordentliche Testamentsformen nicht angebracht wäre.

Ist es also unumgänglich, an dem Erfordernis der mündlichen Erklärung festzuhalten, so ist dieses Ergebnis doch umso erträglicher, als nach der weiten Auslegung der h.M. an die Sprechfähigkeit des Erblassers keine hohen Anforderungen gestellt werden.

Die Rechtsprechung hat die Auslegung der Mündlichkeit zu Recht bereits an den Fähigkeiten eines kurz vor dem Tode stehenden, geschwächten Erblassers ausgerichtet.[87] Das Ausreichenlassen der bloßen Zustimmung zu einem vor-

---

[87] So auch BGHZ 37, 78, 84 f.

gefertigten Entwurf, die letztlich nurmehr geforderte Äußerung eines bloßen „Ja“, die überdies noch mit Gesten unterstützt werden kann, sowie die nur einmalig verlangte Zustimmung zu einem Enwurf mit mehreren Verfügungen wird den meisten Extremsituationen vollauf gerecht werden können.

Die Voraussetzungen der mündlichen Erklärung in eben jener Form, wie sie die h.M. verlangt, sind daher für das Bürgermeistertestament beizubehalten.

B. Niederschrift

I. Darstellung der Gesetzeslage und deren Auslegung

1. Enwicklung der an die Niederschrift gestellten Anforderungen

In der ursprünglichen Gesetzesfassung des BGB wurden an die Niederschrift des Bürgermeistertestaments noch folgende zwingende Anforderungen gestellt, die sich aus dem damaligen § 2249 BGB a.F. und dem Verweis in § 2249 BGB a.F. auf §§ 2240-2242 BGB a.F. ergaben[88]:

- Ort und Tag der Verhandlung, § 2241 Abs. 1 Nr. 1 BGB a.F.;
- Bezeichnung des Erblassers und der bei der Verhandlung mitwirkenden Personen, § 2241 Abs. 1 Nr. 2 BGB a.F.;
- die nach § 2238 a.F. erforderlichen Erklärungen des Erblassers und im im Falle der Übergabe der Schrift, die Feststellung der Übergabe;
- Unterschrift des Erblassers, § 2242 Abs. 1 BGB a.F. und der mitwirkenden Personen, § 2242 Abs. 3 BGB a.F.;
- Feststellung, daß das Protokoll vorgelesen, von dem Erblasser genehmigt und unterschrieben wurde, § 2242 Abs. 1 BGB a.F.;
- Feststellung der Besorgnis, daß die Errichtung eines Testaments vor einem Richter oder Notar nicht mehr möglich sein werde, § 2249 Abs. 2 BGB a.F.;
- im Falle der Schreibunfähigkeit des Erblassers ein entsprechender Feststellungsvermerk, § 2242 Abs. 2 BGB a.F.

[88] *Kröner*, Die bei der Errichtung eines Gemeindetestaments zwingenden Vorschriften, S. 1 ff. liefert eine ausführliche Besprechung der Formerfordernisse des BGB a.F.

Die Testamentsrechtsreform 1938 brachte hier entscheidende Veränderungen. Maßgebliche Formerleichterungen wurden im Rahmen des § 23 Abs. 6 TestG (heute § 2249 Abs. 6 BGB).[89] eingeführt und dabei auch die zuvor zwingende Feststellung der „Besorgnis" in der Niederschrift als Sollvorschrift ausgestaltet (heute § 2249 Abs. 2 BGB). Überdies kamen dem Bürgermeistertestament auch jene Erleichterungen zugute, die der Gesetzgeber nun für das Notartestament vorgesehen hatte. Zu nennen ist hier die Abschaffung der zwingenden Feststellung über das Vorlesen und Genehmigen sowie der zwingenden Ortsangabe.

Als zwingende Protokollvorschriften für ein Bürgermeistertestament blieben demnach vorgesehen:

- die Bezeichnung des Bürgermeisters und des Erblassers, § 2249 Abs. 1 S. 4 BGB, § 9 Abs. 1 Nr. 1 BeurkG;
- die Erklärungen des Erblassers, sowie eventuell die Feststellung, daß er eine Testamentsniederschrift übergeben hat, § 2249 Abs. 1 S. 4 BGB, §§ 9 Abs. 1 Nr. 2, 30 BeurkG;
- die Unterschriften des Erblassers und des Bürgermeisters, § 2249 Abs. 1 S. 4 BGB, § 13 Abs. 1, 3 BeurkG, sowie die Unterschriften der beiden zugezogenen Zeugen, § 2249 Abs. 1 S. 5 BGB;
- im Falle der Schreibunfähigkeit des Erblassers der Ersatzvermerk nach § 2249 Abs. 1 S. 6 BGB.

Das Bürgermeistertestament ist dabei gegenüber dem Notartestament insofern begünstigt, als nicht jeder Formverstoß nach § 125 BGB zur Nichtigkeit des Testaments führt, sondern nach § 2249 Abs. 6 BGB Formfehler, die bei „Abfassung der Niederschrift" unterlaufen, heilbar sind.[90]

Alle sonstigen Errichtungsvorschriften sind bloße Sollvorschriften, deren Nichtbeachtung nicht zur Unwirksamkeit der Beurkundung führt und daher hier nicht untersucht werden sollen.

---

[89] Statt „Gültigkeit" in § 23 Abs. 6 TestG heißt es in § 2249 Abs. 6 BGB „Wirksamkeit".

[90] Siehe hierzu bereits oben 1. Teil, 1. Abschn. B. II. und unten Nr. 3.

2. Die Beweiskraft nach § 415 ZPO

Da § 2249 Abs. 1 S. 4 BGB auf die für das öffentliche Testament geltenden Vorschriften des Beurkundungsgesetzes verweist und überdies § 1 Abs. 2 BeurkG eine umfassende Geltungserstreckung enthält[91], kommt der Niederschrift des Bürgermeisters die gem. § 415 ZPO erhöhte Beweiskraft zu.[92]

Diese erhöhte Beweiskraft des § 415 ZPO ist dabei allerdings ausschließlich der ordnungsgemäß errichteten Testamentsurkunde beizumessen.[93]

Der Gesetzgeber hat in § 415 ZPO i.V. mit §§ 8 ff. BeurkG vorgeschrieben, in welcher Weise ein ordnungsgemäßes Beurkundungsverfahren zu erfolgen hat, damit die darüber erstellte Urkunde im Prozeß als gem. § 415 ZPO beweiskräftig angesehen werden kann und dies auch voraussehbar ist.[94]

Hierzu heißt es in den Motiven[95]: „Urkunden werden regelmäßig in der Absicht errichtet, Rechtsverhältnisse sicherzustellen. Dieser Zweck kann mit Zuverlässigkeit nur erreicht werden, wenn bei der Errichtung der Urkunde bekannt ist, welche Eigenschaften der Richter von derselben fordern werde, um sie als beweiskräftig anzusehen, wenn ferner die Sicherheit besteht, daß der Richter die bestimmten Erfordernissen entsprechende Urkunde auch wirklich als beweiskräftig betrachten werde."

Die vom Gesetz gestellten Anforderungen sind dabei nicht variabel, sondern gelten für jede Beurkundung gleichermaßen. Auch die Beurkundung des Bürgermeistertestaments ist damit den sich hieraus ergebenden Erfordernissen unterworfen.

Dies zeigt sich auch bei Betrachtung der Auswirkungen des § 2249 Abs. 6 BGB, welcher die Heilbarkeit von Formfehlern betrifft.

Leidet die Urkunde an einem i.S. von § 2249 Abs. 6 BGB heilbaren Formfehler, so hängt ihre Wirksamkeit letztlich vom Gelingen einer anderweitigen Beweiserbringung im Hinblick auf das Vorliegen der ordnungsgemäßen Beurkundungsverhandlung sowie der Zuverlässigkeit der Erklärungswiedergabe ab. Die Beweislast dafür, daß ein unter Verstoß gegen die Formvorschriften errich-

---

[91] Dit / Rei / Be-Be § 2249 Rn. 3.

[92] Zur Bedeutung der erhöhten Beweiskraft vgl. 2. Teil, 3. Abschn. A. II. 2. b).

[93] *Palandt-Edenhofer*, § 2249 Rn. 1.

[94] MK-*Schreiber*, ZPO, § 415 Rn. 1.

[95] Motive bei *Hahn*, S. 275.

tetes Nottestament eine zuverlässige Wiedergabe der Erklärung des Erblassers enthält, trifft dabei denjenigen, der sich auf die Wirksamkeit des Testaments beruft.[96]

Ist das Bürgermeistertestament also formfehlerhaft, was nach § 2249 Abs. 6 BGB nicht seine Unwirksamkeit zur Folge haben muß, so ist jedenfalls die erhöhte Beweiskraft des § 415 ZPO nicht mehr gegeben, da die Urkunde aus sich heraus als nicht mehr beweiskräftig angesehen wird.[97]

Die erhöhte Beweiskraft des § 415 ZPO kommt somit nur der fehlerfreien Testamentsniederschrift zu.

3. Anwendbarkeit und Problematik des § 2249 Abs. 6 BGB

Die Regelung des § 2249 Abs. 6 BGB hat insbesondere im Hinblick auf die an die Niederschrift zu stellenden Anforderungen zu Unklarheiten geführt.

Nach heute h.M. ist gem. § 2249 Abs. 6 BGB zwischen Errichtungsvorschriften und Vorschriften über das Abfassen der Niederschrift zu differenzieren.[98] Nur Verstöße gegen letztere fallen unter § 2249 Abs. 6 BGB, sind also heilbar. Die hiermit getroffene Einteilung hat zahlreiche Streitigkeiten hervorgerufen, da bei einigen Merkmalen eine eindeutige Zuordnung nicht möglich ist.[99]

a) Begriffsnotwendige Bestandteile der Niederschrift

Die aus der Bestimmung des § 2249 Abs. 6 BGB folgenden Formerleichterungen werfen dabei zunächst die Frage auf, an welchen Mindestanforderungen einer Niederschrift zwingend festgehalten werden muß, damit begrifflich überhaupt noch von einer Niederschrift gesprochen werden kann.[100]

---

[96] BGH LM ZPO Nr. 1 zu § 416; RGRK-*Kregel*, § 2250 Rn. 18.

[97] MK-*Schreiber*, ZPO, § 415 Rn. 20.

[98] *Erman-Schmidt*, § 2249 Rn. 5; MK-*Burkart*, § 2249 Rn. 32; *Palandt-Edenhofer*, § 2249 Rn. 11, 12; *Lange / Kuchinke*, Erbrecht, S. 326; *Soergel-Harder*, § 2249 Rn. 14; vgl. auch *Vogels*, DJ 1938, 1269, 1271.

[99] Die Darstellung des diesbezüglichen Streitstandes soll im einzelnen an späterer Stelle erfolgen.

[100] Dit / Rei / Be-Be § 2249 Rn. 16; RGRK-*Kregel*, § 2249 Rn. 18; *Staudinger-Firsching*, § 2249 Rn. 32; *Lange / Kuchinke*, Erbrecht, S. 326; KG JFG 21, 38, 40; einschränkend BGHZ 37, 79, 89.

Einig ist man sich jedenfalls darüber, daß das gänzliche Fehlen einer Niederschrift nicht der Heilbarkeitsbestimmung des § 2249 Abs. 6 BGB unterfallen kann.[101]

Im übrigen differenziert die h.M. nach begriffsnotwendigen und sonstigen Niederschriftsbestandteilen. Diese Einteilung geht auf eine Entscheidung des Kammergerichts vom 4.1.1940 zurück.[102]

In der Entscheidung des Kammergerichts heißt es: „Es muß unterschieden werden zwischen solchen Bestandteilen, *die für eine Niederschrift begriffsnotwendig sind* und solchen, die vom Gesetz, sei es zwingend, sei es durch bloße Sollvorschrift, *lediglich zur Erhöhung der Zuverlässigkeit der Wiedergabe des letzten Willens des Erblassers* gefordert werden. Nur das Fehlen der begriffsnotwendigen Bestandteile läßt eine Niederschrift überhaupt nicht zur Entstehung kommen ...

In der letzten Beziehung könnte als wesentlich für den Begriff der Niederschrift höchstens angesehen werden, daß die Urkunde im ganzen einschließlich der Unterschriften, hinreichend erkennen läßt, wer als Erblasser die niedergeschriebene Erklärung abgegeben und wer als Urkundsperson bei der Testamentserrichtung mitgewirkt hat.

Das schlechthin Wesentliche der Niederschrift ist, wie schon der sprachliche Ausdruck besagt, die schriftliche Wiedergabe der Erklärung des Erblassers über seinen letzten Willen.“[103]

Die vom Kammergericht entwickelte Einteilung in begriffsnotwendige Bestandteile und solche, die lediglich die Zuverlässigkeit der korrekten Wiedergabe erhöhen, ist von Firsching und weiteren Vertretern in der Literatur und Rechtsprechung aufgegriffen worden.[104]

Hiernach gelten als begriffsnotwendige Bestandteile folgende Niederschriftselemente:

– die Wiedergabe der nach § 2232 BGB geforderten Erklärungen des Erblassers; im Falle der Übergabe einer Schrift, die Feststellung der Übergabe;

---

[101] KG JFG 21, 38; KG NJW 1947 / 48, 188; OLG Gera NJW 1948, 159; OLG Gera NJW 1949, 80; *Firsching*, DNotZ 1955, 283, 297; *Staudinger-Firsching*, § 2249 Rn. 32.

[102] KG JFG 21, 38.

[103] Hervorhebungen durch die Verfasserin.

[104] *Staudinger-Firsching*, § 2249 Rn. 34; *Firsching*, DNotZ 1955, 283, 297; *von Lübtow*, Erbrecht, Band 1, S. 223; KG OLGZ 66, 462, 466.

- die Bezeichnung des Erblassers und der mitwirkenden Personen, wobei es genügt, daß „die Urkunde im ganzen, einschließlich der Unterschriften hinreichend erkennen läßt, wer als Erblasser die niedergeschriebenen Erklärungen abgegeben und wer als Urkundsperson bei der Testamentserrichtung mitgewirkt hat.“[105];
- die Unterschrift der Urkundsperson.

b) Das Problem der äußerlich lediglich als Beglaubigung der Erblasserunterschrift erscheinenden Testamentsurkunde

Im Zusammenhang mit dem Merkmal der „Wiedergabe der Erblassererklärung“, welches von Firsching als begriffsnotwendiger Bestandteil der Niederschrift betrachtet wird, kam es zu einer Diskussion darüber, ob es für das Vorliegen einer Niederschrift wesentlich ist, daß das Protokoll nach außen den Beurkundungsvorgang wiederspiegelt und sich somit erkennbar gerade als Wiedergabe der Erblassererklärung darstellt. Diese Problematik ist auch Gegenstand von höchstrichterlichen Entscheidungen geworden.

aa) Beschluß des Kammergerichts vom 24.7.1947

So hatte das Kammergericht über die Gültigkeit des folgenden auf Schreibmaschine geschriebenen Testaments zu entscheiden[106]: „Letzter Wille. Hiermit bestimme ich, daß meine Nichte Fräulein Hertha Th., Berlin-W., P.-Straße 9, meine alleinige Erbin ist und mein Grundstück, Haus und allen weiteren Nachlaß erben soll. Berlin-Buch, den 1.3.1946.“

Rechts unter diesem Text befand sich die durch den Erblasser mit Tinte geschriebene Unterschrift „August H., Z.-Straße 65“. Unter dem Text links fand sich zudem folgender ebenfalls mit Tinte geschriebener Vermerk: „*Die eigenhändige Unterschrift wird hiermit bestätigt*. Buch, den 1.3.46. Stellvertretender Bezirksdirektor.“ Hierunter schließlich befanden sich ein Dienststempel der Stadt Berlin, Bezirksamt Pankow, sowie drei Unterschriften, von denen die beiden ersten mit Kopierstift und die dritte mit Tinte geschrieben wurden.

---

[105] Zitat aus KG JFG 21, 38.

[106] KG SJW 1948, 200; Hervorhebungen durch den Verfasser.

Nach der äußeren Gestalt der Urkunde konnte es demnach als zweifelhaft gelten, ob es sich bei ihr tatsächlich um die Niederschrift und Beurkundung eines Nottestaments handelte oder aber vielmehr *um eine bloße Beglaubigung der Erblasserunterschrift.*

Für den Begriff der Niederschrift genüge es, so entschied hier das Kammergericht, daß sich die rechtserheblichen Umstände und Erklärungen aus der Urkunde ergäben, und daß diese in der Urkunde irgendwie schriftlich niedergelegt seien; erfolgen müsse dies in Gegenwart der mitwirkenden Personen, was schließlich durch deren Unterschriften zu bezeugen sei.[107]

Das Kammergericht folgte damit nicht der Argumentation der unteren Instanzen, die das Vorliegen einer Niederschrift in diesem Fall verneint und angenommen hatten, daß die Erklärung der drei Urkundspersonen nichts weiter enthalte als die bloße Beglaubigung einer Unterschrift.

Ein lückenloser Bericht über das Geschehene sei, so jedoch das Kammergericht, nicht erforderlich. Ob das Schriftstück eine Niederschrift darstelle, könne nämlich nötigenfalls durch eine Befragung der unterzeichneten Personen herausgefunden werden. Wenn sich aber hierbei herausstelle, daß tatsächlich ein einheitlicher Vorgang vorgelegen habe, bei dem der Wille des Erblassers erörtert und alsdann in Gegenwart der Beteiligten niedergeschrieben und vom Erblasser unterschrieben sowie durch die übrigen Anwesenden bestätigt worden sei, dann sei das Schriftstück auch sicher als „Niederschrift" aufzufassen.[108]

bb) Stimmen aus Rechtsprechung und Literatur zum Kammergerichtsbeschluß vom 24.7.1947

Das Oberlandesgericht Gera hat demgegenüber in einem parallel gelagerten Fall angenommen, daß eine Niederschrift hier nicht vorliegen könne, da an der strengen Einhaltung der förmlichen Aufnahme einer solchen Niederschrift sowie ihrer bereits nach der äußeren Form gegebene Erkennbarkeit in jedem Fall festgehalten werden müsse.[109]

---

[107] So auch RGRK-*Kregel*, § 2249 Rn. 18; *Soergel-Harder*, § 2249 Rn. 12.

[108] Zustimmend *Weigelin*, SJW 1948, 200, 201; *Vogels / Seybold*, TestG § 23 Rn. 12.

[109] OLG Gera SJW 1948, 201.

Auch in der neueren Literatur wird neben zustimmenden Äußerungen[110] ebenso die Ansicht vertreten, es fehle in einer solchen Konstellation an dem schlechthin Wesentlichen, nämlich der schriftlichen *Wiedergabe der letztwilligen Erklärungen des Erblassers*. Die Urkunde ließe nicht erkennen, daß ihr Inhalt den letzten Willen wiedergäbe, und zwar in gerade der Weise, wie er von der mitunterzeichnenden Urkundsperson verstanden worden sei. Sie besage daher letztlich nur, daß die Unterschrift des Erblassers vor dem Bürgermeister abgegeben worden sei.

cc) Urteil des BGH vom 4.4.1962

Der BGH[111] hat sich seinerseits dagegen ebenfalls für eine weite Auslegung des § 23 Abs. 6 TestG (= § 2249 Abs. 6 BGB) ausgesprochen und damit die Rechtsauffassung des Kammergerichts bestätigt. Auch in dem hierbei zu entscheidenden Fall wurde dabei eine Urkunde, die sich äußerlich als bloße Beglaubigung darstellte, als gültiges Bürgermeistertestament bewertet. Die Testamentsniederschrift enthalte, so der BGH, zwar einen wesentlichen Mangel, indem sie keine Aussagen über den Beurkundungsvorgang treffe, doch gehöre dieser zu den gem. § 23 Abs. 6 TestG unschädlichen Inhaltsmängeln.[112]

Deutlich wandte sich der BGH dabei gegen die von der Gegenansicht vertretene, rein formale Betrachtungsweise: „Daß es sich hierbei um begriffsnotwendige Protokollbestandteile handele, wie Staudinger-Firsching meinen, ist wenig einleuchtend, aber nicht entscheidend; denn auch wenn sie es sein sollten, trifft jedenfalls der gesetzgeberische Sinn der Unschädlichkeitsvorschrift gerade und insbesondere auf sie zu; demgegenüber müßten die a.a.O. erhobenen rechtsbegrifflich-konstruktiven Bedenken zurücktreten...“.

Es könne allenfalls bei Vorliegen besonders schwerer Mängel, etwa, daß es überhaupt an einer Urkunde oder an der schriftlichen Fixierung des Erblasserwillens fehle, nicht mehr von einer Niederschrift gesprochen werden.[113]

---

[110] Dit / Rei / Be / Be § 2249 Rn. 16; RGRK-*Kregel*, § 2249 Rn. 18; *Staudinger-Firsching*, § 2249 Rn. 34.

[111] BGHZ 37, 79, 88.

[112] Zustimmend: *Mattern*, (Anm.) LM Nr. 1 zu § 2249; KG OLGZ 66, 462, 465; *Johannsen*, WM 1971, 402, 407; *Haegele*, Rpfleger 1963, 184; Dit / Rei / Be-Be § 2249 Rn. 24; RGRK-*Kregel*, § 2249 Rn. 18; *Soergel-Harder*, § 2249 Rn. 14.

[113] BGHZ 37, 79, 89.

Jedoch liege, so der BGH weiter, bei einer derartigen Fallkonstruktion ausnahmsweise keine öffentliche Urkunde mehr vor, sondern lediglich eine Privaturkunde, denn eine öffentliche Urkunde setze eine Niederschrift *„über die Errichtung"* voraus.

Das Wesen der Beurkundung bestehe nämlich, so der BGH[114], darin, daß die zu beurkundende Willenserklärung vom Erklärenden mündlich abgegeben und von der Urkundsperson verantwortlich geprüft werde; hierin liege das sachlich maßgebende Unterscheidungsmerkmal der *Beurkundungsform* gegenüber der *Beglaubigungsform*[115], bei der sich die Tätigkeit der Urkundsperson auf die Bezeugung der Richtigkeit (Echtheit) beschränke. Es sei deshalb ein grundlegendes Gebot für die Ordnungsmäßigkeit (wenn auch nicht für die Existenz) einer Niederschrift, daß sie ergebe, ob sie die in ihr niedergelegte Willenserklärung als vor der Urkundsperson unter Anwesenden abgegeben beurkunden oder nur die Richtigkeit der Unterschrift desjenigen bezeugen wolle, der die Willenserklärung abgegeben habe.

Zusammenfassend läßt sich daher feststellen, daß nach heute gefestigter Anschauung eine Testamentsurkunde, die nach ihrer äußeren Gestalt lediglich als Beglaubigung der Erblasserunterschrift erscheint, zwar in jedem Fall die erhöhte Beweiskraft einer öffentlichen Urkunde entbehrt. Ist jedoch mittels allgemeiner Beweismittel feststellbar, daß es sich bei ihr inhaltlich tatsächlich um die Niederschrift einer Nottestmentserrichtung handelt, so schadet dieser formelle Mangel der Wirksamkeit der getroffenen letztwilligen Verfügung jedoch nicht.

4. Sinn und Zweck der Niederschrift

Das Abfassen von Niederschriften bei der Beurkundung rechtserheblicher Erklärungen dient im allgemeinen dazu, das gesprochene Wort in klarer Fassung niederzulegen und für die Zukunft zu bewahren.[116] Die Niederschrift ist damit eine Schrift, die den Zweck hat, einen rechtserheblichen Vorgang zu beurkunden.[117]

---

[114] BGHZ 37, 79, 86.

[115] Hervorhebungen durch die Verfasserin.

[116] RGZ 92, 27, 33.

[117] *Weigelin*, SJW 1948, 200, 202.

Der Inhalt einer Niederschrift wird in den *Erklärungs*inhalt sowie den *Feststellungs*inhalt unterschieden.[118]

Der Erklärungsinhalt besteht in der Wiedergabe der von den Beteiligten abgegebenen Erklärungen und stellt den eigentlichen Kern der Niederschrift dar.[119]

Zum Feststellungsinhalt gehört die Wiedergabe der Umstände, unter denen die beurkundete Erklärung abgegeben wird.[120] Auf diese Weise kann nach geprüft werden, ob alle gesetzlichen Verhandlungsvorschriften eingehalten sind.[121]

Das Verhältnis der beiden Beurkundungsteile zueinander wird von Schlegelberger so beschrieben, daß die Aufnahme der Erklärung Nachschaffung, die Feststellung jedoch Neuschaffung sei.[122]

II. Überprüfung der Niederschriftserfordernisse

Sowohl der Gesetzgeber als auch die juristische Literatur und Rechtsprechung verfolgen erkennbar die Tendenz, die an eine Niederschrift zu stellenden Anforderungen möglichst gering zu halten. Durch die Neuerungen des TestG hat sich der Gesetzgeber von einigen zwingenden Formerfordernissen getrennt und die Niederschriftsvoraussetzungen dabei massiv reduziert.

Die dargestellte Diskussion jener Probleme, die die Formerleichterung des § 2249 Abs. 6 BGB mit sich bringt, zeigt im Ergebnis, daß auch Rechtssprechung und Literatur durch eine großzügige Gesetzesanwendung erreichen wollen, daß hinsichtlich der Nottestamente die zwingenden Anforderungen an den Inhalt der Niederschrift auf ein absolutes Minimum beschränkt werden.

So muß die Niederschrift nach heute h.M. nur noch die Erblassererklärung enthalten und insgesamt die Person des Testierenden sowie des Beurkundenden erkennen lassen.[123]

---

[118] *Jansen*, BeurkG, § 9 Rn. 2.

[119] *Jansen*, a.a.O.

[120] *Jansen*, a.a.O.

[121] *Kipp / Coing*, Erbrecht, S. 192.

[122] *Schlegelberger*, FGG 1957, § 176 Rn. 1.

[123] Das Problem der Unterschriften soll an späterer Stelle gesondert erörtert werden, vgl. 3. Teil, 2. Abschn. D, E, F.

Dieses Ergebnis entspricht eben jenen Voraussetzungen, die sich auch bei Anlegung des Maßstabs der Authentizitäts*sicherstellung* als unverzichtbar erweisen.

Die schriftliche Fixierung des Erblasserwillens stellt in der Tat die eigentliche Essenz dessen dar, was zur authentischen Übermittlung der letzten Willensäußerung notwendig ist.[124] Daneben muß anhand der Niederschrift die Person des Erblassers sowie der Urkundsperson ersichtlich sein, da erst der hierdurch hergestellte Zusammenhang den die Erklärung einbindenden Rahmen bildet, der erforderlich ist, um die niedergeschriebene Erblassererklärung als eine durch den Bürgermeister vorgenommene Aufnahme der Erblasserverfügung erkennbar zu machen.

Die dargestellte Problematik, ob von einer Niederschrift auch dann ausgegangen werden kann, wenn sie sich äußerlich lediglich als Beglaubigung der Erblasserunterschrift darstellt, ist mit der h.M. im Sinne einer weiten Auslgung zu lösen.

Die Übermittlung der Erblassererklärung als eigentliche Essenz der Niederschrift sowie der zu fordernden *Authentizitätsicherstellung*, bleibt sowohl bei der Beurkundungs- als auch bei bloßer Beglaubigungsform gewährleistet, so daß eine solche Unterscheidung insoweit ohne Bedeutung ist. Auch wenn der Gesetzgeber, wie der BGH anschaulich ausgeführt hat, für die erhöhte Beweiskraft des § 415 ZPO in der Tat eine Wahrung der Beurkundungsform voraussetzt, so wäre es doch im Rahmen der zu bestimmenden „Mindestform"[125] des Bürgermeistertestaments eine gewiß überzogene Formanforderung, auch die bloße Wirksamkeit der Erblasserverfügung dann zu verneinen, wenn sich die Niederschrift äußerlich als Beglaubigung darstellt.

Überdies kann die Unterscheidung zwischen Beurkundungs- und Beglaubigungsform sowohl bei der hier agierenden Urkundsperson als auch bei den die Beurkundung Bezeugenden kaum in einem Maße als bekannt vorausgesetzt werden, das geeignet wäre, einen derartigen krassen Rechtsfolgenunterschied an diese Differenzierung zu knüpfen. Beide Formen weisen große Ähnlichkeiten

---

[124] KG JFG 21, 38, 41.

[125] Siehe zum Gedanken der Mindest- sowie Optimalform oben, 2. Teil, 3. Abschn. C. I.

auf, so daß die Wahl der „richtigen“ Form oft von Zufälligkeiten abhängen mag, wie auch die obigen Beispielsfälle zeigen.[126]

C. Vorlesen und Genehmigen der Niederschrift

I. Darstellung der Gesetzeslage und deren Auslegung

Nach der geltenden Gesetzeslage ist das Vorlesen und Genehmigen der Niederschrift zwingendes Formerfordernis des Bürgermeistertestaments, § 2249 Abs. 1 S. 4 BGB, § 13 Abs. 1 BeurkG.

1. Anwendbarkeit und Problematik des § 2249 Abs. 6 BGB

Durch die Einführung des § 23 Abs. 6 TestG (heute § 2249 Abs. 6 BGB) ergab sich zugleich auch die Frage, ob die Nichtbeachtung der Erfordernisse des Vorlesens und Genehmigens gleichfalls unter diese Vorschrift fällt und damit einen Formfehler darstellt, der das Abfassen der Niederschrift betrifft und daher heilbar ist.

a) Ältere Rechtsprechung

Das Reichsgericht[127] hat hierzu in seiner Entscheidung vom 23.6.1944[128] die Ansicht vertreten, daß das Vorlesen und Genehmigen zwar nicht dem Bereich des Abfassens der Niederschrift zugehöre. Es sei jedoch gleichwohl davon auszugehen, daß das Gesetz mit der Verweisung des § 24 Abs. 3 TestG auf § 23 Abs. 6 TestG grundsätzlich alle solche Formfehler habe erfassen wollen, die mit der Beurkundung des Errichtungsaktes zusammenhingen. Damit seien

---

[126] Die ebenfalls zu untersuchende Frage, ob an der Niederschriftsanfertigung zu Lebzeiten festzuhalten ist, stellt sich dann erst, wenn sich in der weiteren Überprüfung der Formvorschriften herausstellen sollte, daß nach dem hier angelegten Maßstab auf all jene Vorschriften verzichtet werden könnte, für die die Präsenz des Erblassers und eine Niederschriftsanfertigung zu Lebzeiten eine zwingende Voraussetzung ist.

[127] RG DR 1944, 841 f.; a.A. KG JFG 21, 38, 43; OLG Freiburg HEZ 2, 338; *Lange*, ZAkDR 1938, 577, 580.

[128] Diese Entscheidung betraf allerdings das Notlagentestament gem. § 24 Abs. 2 TestG, enthält aber wohl eine allgemeingültige Aussage.

auch die Elemente der Verlesung und der Genehmigung der Niederschrift einbezogen, die diesem Bereich im weiteren Sinne und als Folge der gesetzlichen Ausgestaltung amtlicher Protokollierungen zugehörten.

b) Heute herrschende Meinung

Der BGH selbst hat diese Frage in einer Entscheidung vom 4.4.1962[129] zwar zunächst offengelassen, jedoch diesbezüglich zu Bedenken gegeben, ob diese Vorgänge nicht bereits allein wegen eines inneren Zusammenhangs mit der Niederschrift unter die Heilungsbestimmung des Abs. 6 fallen müßten, auch wenn sie an sich begrifflich nicht zum Abfassen der Niederschrift gehörten.

Die weitaus vorherrschenden Stimmen in Literatur und Rechtsprechung[130] sehen dagegen in den Vorgängen des Vorlesens und Genehmigens Errichtungsnicht jedoch Protokollierungsvorschriften. Nach dieser Auffassung zählen daher diesbezügliche Mängel nicht zu den gem. § 2249 Abs. 6 BGB heilbaren Formfehlern.

Im Anschluß hieran betont nun auch der BGH in einer neueren Entscheidung[131], daß in dem Vorlesen und Genehmigen ein wesentlicher Bestandteil der Testamentserrichtung zu sehen sei, nicht jedoch eine Formvorschrift, die lediglich das Abfassen der Niederschrift betreffe.

Die Genehmigung vollziehe sich zwar in der Tat im Zusammenhang mit der Verlesung der Niederschrift, doch sei sie tatsächlich ein Vorgang außerhalb des technischen Aktes der Niederschrift und zähle daher nicht zu den Formvorschriften über die bloße Niederschriftsabfassung.[132]

Ein weiterer Grund, an den Erfordernissen des Vorlesens und Genehmigens zwingend festzuhalten, wird teilweise auch darin gesehen, daß hierdurch garantiert werden kann, daß die Niederschrift tatsächlich während der Verhandlung

---

[129] BGHZ 37, 79, 89.

[130] BGH WM 1972, 224, 225; BGH NJW 1991, 3210, 3211; OLG Freiburg HEZ 2, 338; BayObLGZ 65, 341, 345 f.; BayObLG DNotZ 1974, 49, 51 f.; OLG Köln JMBl.NRW 1974, 221; OLG Frankfurt MDR 1979, 673; *Ebenroth*, Erbrecht, Rn. 206; *Lange / Kuchinke*, Erbrecht, S. 327; *von Lübtow*, Erbrecht, Band 1, S. 223; *Schlüter*, Erbrecht, S. 114; *Erman-Schmidt*, § 2249 Rn. 7; MK-*Burkart*, § 2249 Rn. 28; *Soergel-Harder*, § 2249 Rn. 10; *Staudinger-Firsching*, § 2249 Rn. 29.

[131] BGHZ 54, 89, 99.

[132] BayObLG NJW 1966, 56, 57; Dit / Rei / Be-Be § 2249 Rn. 18.

erstellt wird.[133] Wenn sich nämlich die Mitwirkung des Erblassers ausschließlich auf seine mündliche Erklärung beschränke, so könne die Niederschrift auch noch in seiner Abwesenheit, und zwar innerhalb der Dreimonatsfrist bis hin zu seinem Tode hergestellt werden, was im Ergebnis der Einführung eines mündlichen Testaments gleichkäme. Es entspräche jedoch keinesfalls dem Wortlaut und Sinn des Gesetzes, eine solche Niederschrift noch nach dem Ableben zu gestatten oder bei der Anfertigung zu Lebzeiten von einer Vorlesung und Genehmigung der aufgenommenen Urkunde abzusehen.[134]

2. Sinn und Zweck des Vorlesens und Genehmigens

Der Sinn des Vorlesens und Genehmigens der Testamentsniederschrift liegt darin begründet, die Sicherung der Übereinstimmung der Niederschrift mit dem erklärten Willen des Erblassers zu gewährleisten.[135]

Die im Hinblick auf die Gewährleistung von Rechtssicherheit erforderliche Feststellung, daß der erklärte letzte Wille des Erblassers mit dem schriftlich Niedergelegten identisch sei, könne, so die gängige Begründung, nur dann getroffen werden, wenn die Niederschrift dem Erblasser vorgelesen werde.[136]

Es bestehe keine Gewähr dafür, daß ein rechtsunkundiger oder geistig unbeholfener Erblasser sich des Inhalts und der Bedeutung seiner mündlichen Erklärung auch tatsächlich bewußt geworden sei. Erst durch das Vorlesen und Genehmigen werde der mündlich erklärte Wille als ein wirklich gewollter und wirklich erklärter Wille außer Zweifel gesetzt.[137]

Dabei geben diese Vorgänge sowohl der Urkundsperson als auch dem Beteiligten und den Mitwirkenden[138] die Gelegenheit zu prüfen, ob die Erklärung zutreffend aufgenommen wurde und es daher bei der konkreten Niederschriftsfassung bleiben kann.[139]

---

[133] KG DNotZ 1943, 177; *Staudinger-Firsching*, § 2249 Rn. 33.

[134] KG DJ 1940, 1015, 1016.

[135] KG DNotZ 1943, 177, 179.

[136] OLG Frankfurt MDR 1979, 673.

[137] BGHZ 54, 89, 99; RGZ 92, 27, 32.

[138] *Mugdan*, V. Prot. S. 702; RGZ 85, 121, 127; RGZ 108, 397, 403.

[139] *Saage*, DNotZ 1959, 340, 345; *Schlegelberger*, FGG Band 2, § 177 Rn. 5; BGHZ 54, 89, 99; BGH NJW 1991, 3210, 3211.

Die Genehmigung des Erblassers gehöre damit zu dessen wesentlichen Erklärungen; erst sie sei es, die dem vorgelesenen Schriftstück Authentizität verleihe.[140]

Gegen die hierin zum Ausdruck kommende Betrachtungsweise werden allerdings teilweise Bedenken geäußert. Gerade bei der Errichtung von Nottestamenten sei nämlich zu erwarten, daß ein dem Tode naher Erblasser nach Möglichkeit zwar noch seinen letzten Willen äußere, jedoch der Niederschrift sowie deren Verlesung regelmäßig weniger Aufmerksamkeit schenken könne, und sich daher auf die Redlichkeit der Zeugen verlassen werde.[141]

3. Nach heutiger Anschauung an das Vorlesen gestellte Anforderungen

a) Zum geforderten Umfang des Vorlesens

Die Verlesung hat sich auf die gesamte Niederschrift zu erstrecken, ist also nicht etwa nur auf die Erklärungen der Beteiligten oder die zwingend zu wahrenden Formerfordernisse zu beschränken.[142]

b) Kein lautes Diktat der Niederschrift

Das Verlesen der Niederschrift kann nach h.M. nicht durch lautes Diktat ersetzt werden.[143] Es sei nämlich gerade der Sinn dieses Formerfordernisses, demjenigen, dessen Erklärungen in der Niederschrift aufgenommen werden, noch vor der Genehmigung die Überprüfung zu ermöglichen, ob die Niederschrift seine Erklärungen auch zutreffend wiedergebe. Werde lediglich laut

[140] BGH NJW 1991 3210, 3211; BayObLG NJW 1966, 56, 57.

[141] *Lange / Kuchinke*, Erbrecht, S. 332.

[142] *Huhn / v. Schuckmann*, BeurkG § 13 Rn. 5; *Keidel / Kuntze / Winkler*, BeurkG Teil B, § 13 Rn. 10; RGZ 50, 215; 108, 397; BayObLGZ 73, 213; a.A. *Firsching*, DNotZ 1955, 287, 289; *Soergel-Harder*, § 13 BeurkG Rn. 2: zur Gültigkeit genüge die Verlesung des durch Mußvorschriften gebotenen Protokollinhalts.

[143] BayObLGZ 79, 232; OLG Hamm DNotZ 1989, 584; *Keidel / Kuntze / Winkler*, BeurkG Teil B, § 13 Rn. 6; *Palandt-Edenhofer*, § 2249 Rn. 9; *Soergel-Harder*, § 2249 Rn. 10; so auch schon *Planck-Strecker*, Erbrecht, § 2232, S. 736, vgl. Ausnahmebestimmung zur Vorlage zur Durchsicht bei *Tauben*, § 23 BeurkG.

diktiert, so fehle dem Erblasser jede Möglichkeit der Kontrolle, ob die Niederschrift wirklich dem Diktat entspreche.[144] Gerade dies aber sei entscheidend, zumal sich bei der Aufnahme des Diktats durch den Protokollführenden erfahrungsgemäß oftmals Fehler einstellten, die nur durch Vorlesen der Niederschrift ausgeschlossen oder doch zumindest erheblich begrenzt werden könnten.[145]

Gem. § 13 Abs. 1 S. 4 BeurkG könnten die Beteiligten zwar verlangen, daß ihnen die Niederschrift zur Durchsicht vorgelegt werde. Diese Vorlage erfolge jedoch neben der Verlesung und könne diese nicht ersetzen.[146]

c) Kein Selbstlesen der Niederschrift statt Vorlesen

Durch das Verlesen soll insbesondere auch die Beurkundungsperson in die Lage versetzt werden, festzustellen, ob das, was der Erblasser als seinen Willen geäußert hat, von ihm in zutreffender Weise festgehalten wurde.

Wenn der Erblasser die Niederschrift dagegen lediglich selbst lese, so könne die Beurkundungsperson, so die Argumentation der h.M., nicht in gleicher Weise zuverlässig prüfen, ob ihre Wahrnehmungen mit denen der sonstigen Beteiligten übereinstimmten.[147] Daher könne die Verlesung auch durchaus nicht durch andere zur Mitteilung des Protokollinhalts geeigneter Mittel ersetzt werden.[148]

Der Erblasser selbst erhalte auf diese Weise eine weitere Kontrolle, ob die beurkundeten Willenserklärungen wirklich seinen Vorstellungen entsprechen, was beim bloßen Durchlesen wegen der Konzentration auf andere Dinge nicht immer gewährleistet sei.[149]

---

[144] BayObLGZ 79, 232, 236.

[145] BayObLGZ 79, 232, 236.

[146] *Keidel / Kuntze / Winkler*, BeurkG Teil B, § 13 Rn. 22.

[147] OLG Frankfurt Rpfleger 1979, 206; KG JFG 21, 298; BGHZ 54, 89, 97; Dit / Rei / Be-Be § 2249 Rn. 17, § 2250 Rn. 18; *Palandt-Edenhofer*, § 2249 Rn. 7, § 2250 Rn. 4; RGRK-*Kregel*, § 2249 Rn. 20, § 2250 Rn. 13.

[148] *Schlegelberger*, FGG Band 2, § 177 Rn. 5; *Keidel / Kuntze / Winkler*, BeurkG Teil B, § 13 Rn. 6.

[149] *Mecke / Lerch*, BeurkG, § 13 Rn. 3.

d) Art und Weise des Vorlesens bei mehreren letztwilligen Verfügungen

Überwiegend wird vertreten, daß der von einem Dritten abgefaßte Testamentsentwurf dem Erblasser in einem Zuge vom Anfang bis Ende vorgelesen werden könne, und zwar auch dann, wenn der Entwurf nicht nur eine, sondern mehrere letztwillige Verfügungen enthalte.

Der Erblasser habe nämlich die Möglichkeit, die Verlesung jederzeit zu unterbrechen, wenn er mit einzelnen Bestimmungen in der ihm vorgelesenen Erklärung nicht einverstanden sei. Auch könne er am Schluß seine Zustimmung insgesamt verweigern. Sei er dazu nicht mehr in der Lage, weil ihm die hinreichende Einsichts-, Urteils- oder Willenskraft bereits fehle, so sei dies allein eine Frage der Testierfähigkeit des Erblassers.[150]

4. Nach heutiger Anschauung an das Genehmigen gestellte Anforderungen

a) Form der Genehmigung

Rechtsprechung und Literatur sind weitgehend einig darüber, daß die Genehmigung nicht notwendig mündlich zu erfolgen habe. Sie könne vielmehr auch in jeder anderen unmißverständlichen Weise zum Ausdruck gebracht werden, wie etwa durch Zeichen, Gebärden oder Kopfnicken[151], immer vorausgesetzt, daß diese Zeichen über den Genehmigungswillen keinen Zweifel lassen.[152]

Eine Genehmigung kann dementsprechend auch in der widerspruchslosen Unterzeichnung der Niederschrift liegen.[153] Nach einer Entscheidung des BayObLG[154] soll allerdings das bloße Zuhören mit dem Ausdruck der Befriedigung als eine Genehmigung nicht anzuerkennen zu sein. Bei einem Sterbenden könne ein derartiger Ausdruck nämlich ebenso nichtssagend wie vieldeutig sein,

---

[150] Grundlegend dazu KG DNotZ 1960 485, 488.

[151] *Soergel-Harder*, § 13 BeurkG Rn. 4; BayObLG NJW 1991, 928, 929.

[152] *Mecke / Lerch*, BeurkG, § 13 Rn. 14; *Jansen*, BeurkG, § 13 Rn. 13; *Keidel / Kuntze / Winkler*, BeurkG Teil B, § 13 Rn. 24; MK-*Burkart*, § 2249 Rn. 28; BayObLG NJW 1966, 56, 58.

[153] Vgl. zum Sinn und Zweck der Erblaserunterschrift 3. Teil, 2. Abschn. D. I. 2; BayObLG NJW 1991, 928, 929; Dit / Rei / Be-Rei § 13 BeurkG Rn. 21 mit weiteren Nachweisen.

[154] BayObLG NJW 1966, 56, 58; zustimmend *Staudinger-Firsching*, § 2249 Rn. 29.

so daß hier eine Deutung letztlich allein von den subjektiven Eindrücken des Wahrnehmenden abhänge.

b) Zusammenfallen der Genehmigung mit der mündlichen Erklärung

Die Genehmigung eines von der Urkundsperson vorbereiteten Schriftsatzes und die hiervon erfaßte mündliche Erklärung des letzten Willens können nach h.M. in einem Verhandlungsvorgang zusammengefaßt werden.[155]

Das Gesetz erfordere nicht, daß der Erblasser seinen letzten Willen zweimal erkläre. Notwendig sei vielmehr nur, daß er außer der mündlichen Erklärung seiner letztwilligen Verfügung auch die Richtigkeit der Niederschrift nach deren Verlesung anerkenne. Dies aber könne auch bei Vorliegen eines fertigen Entwurfs in einer Äußerung zugleich mit der mündlichen Erklärung des letzten Willens geschehen.[156]

Ein solches Ergebnis sei auch deshalb nicht zu beanstanden, weil die gesprochene Billigung des vorgelesenen Testamentsentwurfs durch den Erblasser auch den Erfordernissen der mündlichen Erklärung des letzten Willen selbst genüge.[157]

Erkläre der Erblasser in einer selbst die Form der mündlichen Erklärung erfüllenden Weise sein uneingeschränktes Einverständnis mit dem Inhalt der Niederschriftsfassung, so wäre es ein übertriebenes Beharren auf dem Wortlaut des Gesetzes, wollte man verlangen, daß der Entwurf nunmehr noch ein zweites Mal vorgelesen und hierzu abermals die Genehmigung des Erblassers eingeholt werden müsse.[158]

---

[155] BGHZ 2, 172; BGHZ 37, 79, 84 mit Anm. *Mattern*; KG JFG 21, 38, 43; *Johannsen*, WM 1971, 402, 403; *Haegele*, Rpfleger 1963, 191; *Vogels / Seybold*, TestG § 12 Rn. 1; *Soergel-Harder*, § 2249 Rn. 10; *Staudinger-Firsching*, § 2249 Rn. 29; a.A. *Planck-Strecker*, § 2238, S. 727.

[156] RGZ 161, 378, 380 unter Aufgabe seiner bisherigen Rechtsprechung.

[157] *Firsching*, DNotZ 1955, 283, 288.

[158] RGZ 161, 378, 380.

II. Überprüfung der Erfordernisse des Vorlesens und Genehmigens

Das Vorlesen und Genehmigen ist ein Vorgang der Rückkopplung zwischen Urkundsperson und Erblasser. Er ermöglicht es der Urkundsperson, dem Erblasser und den weiteren Mitwirkenden zu prüfen, ob das Niedergelegte den Erblasserwillen zutreffend wiedergibt.

Der Gesetzgeber hat diese Kontrolle für alle Beurkundungsverfahren nach dem Beurkundungsgesetz vorgesehen, um die Aufdeckung und rechtzeitige Korrektur solcher Übermittlungsfehler zu ermöglichen, die sich bei der Aufnahme von Erklärungen Dritter ergeben können. Das Vorlesen und Genehmigen dient somit unmittelbar der *Authentizitätskontrolle noch während des Beurkundungsvorganges.*

Ob an dem Vorgang des Vorlesens und Genehmigens zwingend festzuhalten ist, richtet sich wiederum danach, ob dieses Kontrollverfahren in einer Weise wesentlich ist, die es befürchten läßt, daß dessen Wegfall im Regelfall zu Zweifeln an der Authentizität der niedergelegten Erblassererklärung führt und deren Beweisbarkeit allein durch die Formerfüllung nicht mehr als *sichergestellt* erscheint.[159]

Hierbei ist einerseits zu berücksichtigen, daß der Erblasser unter den außergewöhnlichen Umständen der Testamentserrichtung, seiner Hinfälligkeit und Schwäche, kaum mehr in der Lage sein wird, eine sorgfältige und effektive Kontrolle auszuüben. In dieser Situation wird er sich oftmals auf die korrekte Beurkundung durch den Bürgermeister, unterstützt durch die anwesenden Zeugen, verlassen und die Verlesung nicht mehr mit der für eine Kontrolle erforderlichen Aufmerksamkeit verfolgen. Vor diesem Hintergrund darf man die Bedeutung der Mitwirkung des Erblassers hier nicht zu hoch bewerten. Andererseits jedoch muß ein Gericht, das im nachhinein über die Authentizität der Erblassererklärung zu befinden hat, zu der Überzeugung gelangen können, daß Übermittlungsfehler nahezu ausgeschlossen sind. Dafür aber ist es erforderlich, daß der Gang des Beurkundungsverfahrens erkennen läßt, daß sich die Urkundsperson auf geeignete Weise Gewißheit darüber verschafft hat, daß sie die Erblassererklärung auch richtig wiedergegeben hat. Gibt man dabei die Formanforderungen des Vorlesens und Genehmigens preis, so wäre die diesbezügliche Nachprüfbarkeit beträchtlich erschwert und das Gericht genötigt, diese wesentli-

---

[159] Näheres dazu 2. Teil, 3. Abschn. C. I.

che Fehlerquelle nun durch anderweitige, hier minder aussagekräftige Beweiserhebung auszuschließen.[160]

Im Bereich des Bürgermeistertestaments soll aber gerade an jenen Formen festgehalten werden, die für die Sicherstellung der Beweisbarkeit und der Authentizität unerläßlich sind.

Auf die Voraussetzung des Vorlesens und Genehmigens der Niederschrift kann daher nicht verzichtet werden.

Auch dieses Ergebnis wird allerdings dadurch erträglich, daß die großzügige Auslegung des Formerfordernisses des Vorlesens und Genehmigens durch die Rechtsprechung, den Bedürfnissen der Notsituation des kurz vor dem Tode stehenden Testierenden weitgehend entgegenkommt.

Zwar hält man im Hinblick auf das Erfordernis des Vorlesens eine anderweitige Kenntnisnahme durch den Erblasser, wie etwa durch Selbstlesen oder durch lautes Diktat, nicht für ausreichend, doch reduziert man dafür andererseits jene Anforderungen, die an die Genehmigungshandlung des Erblassers gestellt werden, auf ein Minimum.

So mögen die doch recht strengen Anforderungen des Vorlesens zwar eine gewisse Fehlerquelle bilden (so z.B. wenn der Bürgermeister aus Unkenntnis oder Eile die ordnungsgemäße Verlesung unterläßt). Doch ist zu bedenken, daß zur *Sicherstellung* der Authentizität das Vorlesen deutlich mehr Gewähr für eine ordnungsgemäße Authentizitätskontrolle bietet als jede anderweitige Kenntnisnahme durch den Erblasser, so daß für das Bürgermeistertestament an der engen Auslegung der Verlesensvoraussetzung festzuhalten ist. Bei den Anforderungen an die Genehmigungshandlung wollte die Rechtsprechung offensichtlich jede Überforderung des Erblassers nach Möglichkeit vermeiden.

Da der Gesetzgeber hier im Gegensatz zum Erfordernis der mündlichen Willensäußerung keine Vorgaben bezüglich der Kundgabeform macht, wird in diesem Bereich selbst eine Äußerung durch Zeichensprache als ausreichend erachtet. Dies ist auch insofern sachgerecht, als der Genehmigung durch Zeichensprache bereits eine mündliche Erklärung des Erblasserwillens vorausgeht[161] und es sich daher um die zweite Äußerung des Erblassers handelt.

---

[160] Ein Zurückgreifen auf allgemeine Beweismittel sollte beim Bürgermeistertestament nach dem hier zugrundegelegten Überprüfungsmaßstab aber nur im Ausnahmefall nötig sein.

[161] Fällt sie mit der mündlichen Erklärung zusammen, reicht die Verwendung von Zeichensprache nicht aus, vgl. oben 3. Teil, 2. Abschn. C. I. 3. d).

Schließlich schafft die h.M. für den Fall der Verwendung eines fertigen Entwurfs eine sinnvolle praxisorientierte Erleichterung, indem sie zuläßt, daß die mündliche Errichtungserklärung mit der Genehmigung zugleich erfolgen kann.

D. Erblasserunterschrift

I. Darstellung der Gesetzeslage und deren Auslegung

Die Erblasserunterschrift ist ein Erfordernis, das für jede Art der Testamentserrichtung vorgeschrieben ist.

Für den Fall, daß der Erblasser nicht mehr schreibfähig ist, sieht § 2249 Abs. 1 S. 6 BGB vor, die Erblasserunterschrift dadurch zu ersetzen, daß der Bürgermeister einen Vermerk über die Schreibunfähigkeit des Erblassers in die Niederschrift aufnimmt.

1. Anwendbarkeit und Problematik des § 2249 Abs. 6 BGB

Ob die Erblasserunterschrift zwingend erforderlich ist oder ihr Fehlen nach § 2249 Abs. 6 BGB unschädlich sein kann, ist umstritten.

a) Herrschende Meinung in Literatur und Rechtsprechung

Die h.M. in Literatur und Rechtsprechung ist der Auffassung, die Unterschriftsleistung sei ein wesentlicher Bestandteil des Errichtungsaktes und nicht lediglich ein Erfordernis der Abfassung der textlichen Niederschrift. Eine Heilung dieses Formfehlers sei daher nicht möglich[162], was zwingend aus dem Wortlaut des Gesetzes folge.[163]

---

[162] BGH NJW 1991, 3210, 3211; BGH WM 1972, 224; BGHZ 54, 89, 94; BayObLG NJW 1991, 928, 929; KG NJW 1960, 1208, 1209; KG NJW 1957, 953; KG DJ 1940, 1015, 1016; offengelassen in KG JFG 21, 38; *Erman-Schmidt*, § 2249 Rn. 7; Dit / Rei / Be-Be § 2249 Rn. 19; *Soergel-Harder*, § 2249 Rn. 15; *Ebenroth*, Erbrecht, Rn. 206; *Schlüter*, Erbrecht, S. 114; *Kipp / Coing*, Erbrecht, S. 224; *Firsching*, DNotZ 1955, 283, 297.

[163] *Lange*, ZAkDR 1938, 577, 580.

b) Die Gegenauffassung

Dagegen ist von Lübtow[164] der Ansicht, die Unterschrift des die Erklärung abgebenden Erblassers sei dem Abfassen der Niederschrift gem. § 2249 Abs. 6 BGB zuzuordnen. Hierbei stützt er sich auf eine Entscheidung des Reichsgerichts aus dem Jahre 1944[165], die sich mit dem Notlagentestament gem. § 24 Abs. 2 TestG (= § 2250 Abs. 2 BGB) befaßte und diesbezüglich für eine am Sinn und Zweck der Formerleichterung orientierte weite Auslegung des Abs. 6 plädierte.

Auch ansonsten finden sich vereinzelte Stimmen, die die Unterschrift des Erblassers zu den sonstigen Formerfordernissen einer Niederschrift zählen, deren Fehlen nach Abs. 6 unschädlich sein kann.[166] Eine gewisse Stütze findet diese Mindermeinung in einer Entscheidung des BGH vom 21.1.1954[167]. Entgegen der überwiegend in der Literatur vertretenen Auffassung ging der BGH hier offenbar davon aus, daß das Fehlen der Unterschrift der Erblasserin nicht zu den unheilbaren Formfehlern rechne. Das Gericht wies hier – der Fall betraf ein Dreizeugentestament – allerdings lediglich darauf hin, daß für die Beweiskraft der Testamentsurkunde infolge des Fehlens der Erblasserunterschrift § 416 ZPO nicht herangezogen werden könne, diese vielmehr der freien Würdigung des Gerichts unterliege.

2. Bedeutung der Erblasserunterschrift

a) Zur inhaltlichen Bedeutung der Erblasserunterschrift

Zur inhaltichen Bedeutung der Erblasserunterschrift findet sich in den Protokollen zum Entwurf des BGB folgende Anmerkung[168]: „Für das Erfordernis der Unterschrift wurde geltend gemacht, daß nach den Erfahrungen der Praxis vor diesem letzten und von ihm für entscheidend angesehenen Akte sich nicht selten der Erblasser selbst zu einer Sammlung seiner Gedanken erhebe.“

---

[164] *Von Lübtow*, Erbrecht, Band 1, S. 224; so wohl auch KG JFG 21, 38.

[165] RG DR 1944, 841.

[166] *Lange / Kuchinke*, Erbrecht, S. 326; *Staudinger-Firsching*, § 2249 Rn. 30.

[167] BGH LM Nr. 1 zu § 416 ZPO.

[168] *Mugdan*, V. Prot. S. 702.

Die Erblasserunterschrift bildet vor allem ein wichtiges Beweismittel zur Feststellung der Personenidentität des Erblassers.[169] Entfiele das Erfordernis der Unterschriftsleistung, so stünde zu befürchten, daß sich Schwindler für die Person des Erblassers ausgäben.[170] Die Erblasserunterschrift stellt überdies die endgültige Bestätigung der Genehmigung dar.[171]

Sie ist es, die die Selbständigkeit des letzten Willens und die Echtheit seiner Erklärung verbürgt.[172] Die Erblasserunterschrift erfülle zudem eine sinnvolle Funktion, wenn sie den Testator in die Lage versetze, durch die eigene Kontrolle des auf dem Papier festgelegten Gedankeninhalts ein weiteres Mal zu seiner Willenserklärung und der Genehmigung des Protokolls Stellung zu nehmen.[173]

In einer jüngeren Entscheidung hob der BGH[174] die Bedeutung der Erblasserunterschrift hervor und legte dar, daß die Erblasserunterschrift zu jenen Erfordernissen gehöre, ohne die ein wirksames Nottestament selbst dann nicht angenommen werden könne, wenn der Tatrichter davon überzeugt sei, daß der Erblasser die fragliche Erklärung tatsächlich abgegeben habe. In dem vom BGH zu entscheidenden Fall hatte der Erblasser ein Schriftstück nach dem Verlesen genehmigt, seine Unterschrift jedoch später unter ein gleichlautendes anderes gesetzt. Damit gehe, so der BGH, die durch Vorlesen und Genehmigung erreichte Gewähr durch den Erblasser wieder verloren. Das Erfordernis der Erblasserunterschrift müsse sich gerade auf die vorgelesene und genehmigte Niederschrift beziehen.

b) Zur rechtlichen Bedeutung der Erblasserunterschrift

aa) Vermutung des § 13 Abs. 1 S. 3 BeurkG

Bei Vorliegen einer eigenhändigen Unterschrift wird gem. § 13 Abs. 1 S. 3 BeurkG die Verlesung und Genehmigung der protokollierten Niederschrift vermutet. Als amtliche Begründung für diese bereits in das TestG aufgenommene

---

[169] So die amtl. Begründung zum TestG DJ 1938, 1254; BGHZ 28, 188, 190; KG DR 1939, 384.

[170] *Vogels / Seybold*, TestG, § 16 Rn. 16.

[171] *Planck-Strecker*, § 2242, S. 737.

[172] BGH NJW 1981, 1900, 1901.

[173] RGZ 86, 385, 386.

[174] BGH NJW 1991, 3210, 3211 (zum Dreizeugentestament) mit Verweis auf BGH NJW 1972, 202.

gesetzliche Vermutung wurde seinerzeit darauf verwiesen, daß die Urkunde auch bei Fehlen eines die Verlesung und Genehmigung feststellenden Vermerks[175] in sich beweiskräftig sein solle.[176]

Die hierzu geschaffene gesetzliche Vermutung, so wird in diesem Zusammenhang argumentiert, spreche für die erhebliche Bedeutung, die das Gesetz den Erfordernissen des Verlesens und Genehmigens sowie dem einwandfreien Nachweis hierüber beimesse.[177]

bb) Beweiskraft des § 416 ZPO

Der Erblasser, der die Niederschrift unterschreibt, löst damit zugleich die Beweiskraft des § 416 ZPO aus, sofern er hierdurch als Aussteller der Urkunde erscheint.[178] Diese formelle Beweiskraft erstreckt sich darauf, und zwar ohne Rücksicht auf die diesbezügliche Überzeugung des Gerichts, daß der Aussteller die in der Urkunde enthaltene Erklärung tatsächlich abgegeben habe, nicht aber auf die inhaltliche Richtigkeit und ebensowenig auf die Begleitumstände der Willensäußerung (Ort, Zeit).[179]

Nach Auffassung des BGH[180] hat die Erblasserunterschrift dabei auch dann die Beweiskraft des § 416 ZPO, wenn an sich die Errichtung eines öffentlichen Testaments gewollt war, sich die Urkunde jedoch infolge eines Formmangels als bloße Beglaubigung darstellt.[181] Der BGH wendet demnach § 416 ZPO auf solche Urkunden an, die ausdrücklich und gerade als öffentliche gewollt waren, diese Eigenschaft jedoch wegen Formmangels entbehren.[182]

---

[175] Der Vermerk, daß die Niederschrift vorgelesen, vom Erblasser genehmigt und unterschrieben wurde, war bis zur Testamentsrechtsreform Mußvorschrift, vgl. oben 3. Teil, 2. Abschn. B. I. 1.

[176] Amtl. Begr. zum TestG, DJ 1938, 1254, 1256.

[177] BGHZ 54, 89, 101.

[178] BGHZ 37, 79, 90.

[179] *Thomas / Putzo*, ZPO, § 416 Rn. 2.

[180] BGHZ 37, 79, 90.

[181] Vgl. zu dieser Problematik 3. Teil, 2. Abschn. B. 3. b).

[182] BGHZ 37, 79, 90 mit weiteren Nachweisen; zur Entscheidung des BGH bleibt zu ergänzen, daß in dem Fall eine Erklärung der Erblasserin in Ich-Form zugrunde lag, so daß hier als Aussteller der Urkunde aus dem Kreis ihrer Unterzeichner nur die Erblasserin selbst in Betracht kam.

3. Umfang zulässiger Hilfestellung zur Unterschriftsleistung

Dem gebrechlichen Erblasser kann bei der Unterschriftsleistung Hilfe erbracht werden. Um hierbei noch dem Erfordernis der eigenhändigen Unterschrift zu genügen, muß der Erblasser seinen Willen, die Unterschrift zu leisten, jedoch in einer Weise betätigen, die für die Ausführung des Schreibvorgangs bestimmend ist, d.h. ohne seine Betätigung eine Unterschrift nicht entstehen würde.[183] Hat die Hand dagegen völlig unter der Herrschaft und Leitung des Schreibhelfers gestanden, so ist eine eigenhändige Unterschrift nicht geleistet worden.[184]

Die zu leistende Unterschrift braucht dabei nicht lesbar zu sein. Andererseits hat sie jedoch ein solches Maß an Ähnlichkeit mit einer Schreibschrift aufzuweisen, daß ein Dritter, der den Namen des Unterschreibenden kennt, diesen noch aus dem Schriftbild herauszulesen vermag. Dies ist dann nicht mehr der Fall, wenn der Erblasser unter die Niederschrift nur eine gekritzelte Linie gesetzt hat, die charakteristische Merkmale gänzlich entbehrt und deren Entstehung aus seinem Namenszug nicht einmal mehr andeutungsweise herzuleiten ist.[185]

4. Ersatzvermerk des § 2249 Abs. 1 S. 6 BGB

a) Veränderungen der an den Ersatzvermerk gestellten Anforderungen

Die Regelung des Ersatzvermerks hat seit der Inkraftsetzung des BGB manche Wandlungen durchlaufen.

Die die Zulassung eines Ersatzvermerks ursprünglich regelnde Vorschrift des § 2242 Abs. 2 BGB a.F. lautete zunächst folgendermaßen: „Erklärt der Erblasser, daß er nicht schreiben könne, so wird seine Unterschrift durch die Feststellung dieser Erklärung im Protokoll ersetzt."

Seit der Testamentsrechtsreform des Jahres 1938 kam es dann nicht mehr auf die Erklärung des Erblassers, sondern auf die Überzeugung der Urkundsperson von der Schreibunfähigkeit des Erblassers an. In § 16 Abs. 3 TestG hieß es

[183] *Johannsen*, WM 1971, 402, 404; BGH NJW 1981, 1900, 1901.

[184] BGHZ 27, 274 ff.; BGHZ 47, 68 ff.

[185] *Johannsen*, WM 1971, 402, 404.

nun: „Kann der Erblasser nach der Überzeugung des Richters oder des Notars nicht schreiben, so wird die Unterschrift des Erblassers durch die Feststellung dieser Überzeugung in der Niederschrift ersetzt."

Das Erfordernis der Feststellung der Überzeugung der Urkundsperson sollte dabei nicht zuletzt die Bedeutung der Erblasserunterschrift hervorheben[186], die als wichtiges Beweismittel zur Feststellung der Personenidentität des Erblassers angesehen wurde.[187]

Der beurkundende Richter oder der Notar sollten im Hinblick hierauf dann in eine besonders sorgfältige Prüfung eintreten, wenn es um die Frage ginge, ob der Erblasser zu der Unterschriftserbringung fähig sei oder nicht.

Es sei diese Prüfung, die der Gesetzgeber erzwingen wolle, indem er einen entsprechenden Niederschriftsvermerk fordere.[188] Der Ersatzvermerk habe demnach einen wesentlichen erzieherischen Zweck.[189]

Die diesbezüglich heute geltende Bestimmung des § 2249 Abs. 1 S. 6 BGB lautet nunmehr wie folgt: „Vermag der Erblasser nach seinen Angaben oder nach der Überzeugung des Bürgermeisters seinen Namen nicht zu schreiben, so wird die Unterschrift des Erblassers durch die Feststellung dieser Angabe oder Überzeugung in der Niederschrift ersetzt."

Die heute geltende Gesetzesfassung läßt damit einen weniger strikten Zugang zu der Problematik erkennen, in dem sie beide Möglichkeiten, nämlich sowohl die Erblassererklärung als auch die diesbezügliche Feststellung durch die Beurkundungsperson zuläßt.

Der BGH[190] verfolgte diesen Ansatz in seiner Rechtsprechung konsequent und entschied, es sei unerheblich, ob der Erblasser nach der Überzeugung des Gerichts wirklich schreibunfähig gewesen sei. Maßgebend sei allein, ob entweder der Erblasser geäußert habe, nicht mehr schreibfähig zu sein, oder ob die Urkundsperson davon überzeugt gewesen sei. Liege einer dieser beiden Fälle vor, so komme es nicht darauf an, ob der Erblasser tatsächlich noch hätte schreiben können.

---

[186] MK-*Burkart*, § 2249 Rn. 29.

[187] BGHZ 28, 188, 190; *Vogels / Seybold*, TestG, § 16 Rn. 12.

[188] BGHZ 28, 188, 190; *Coing*, NJW 1949, 755.

[189] *Coing*, NJW 1949, 755.

[190] BGH NJW 1991, 3210, 3212.

b) Fehlen des Ersatzvermerks

Nach h. M. ist das Fehlen des Feststellungsvermerks über die Schreibunfähigkeit des Erblassers ein Formmangel, der nur den ordnungsgemäßen Inhalt der Niederschrift betrifft. Das Fehlen dieser Feststellung in der Niederschrift kann daher nach § 2249 Abs. 6 BGB unschädlich sein.[191]

Voraussetzung hierfür ist jedoch, daß die Schreibunfähigkeit des Erblassers zum Zeitpunkt der Testamentserrichtung zur Überzeugung des Gerichts feststeht.

c) Gleichstellung des Fehlens des Ersatzvermerks und des Fehlens der Erblasserunterschrift

Auch Firsching[192] legt diese Position der h.M. zugrunde und folgert hieraus, daß bei Annahme der Unschädlichkeit des Fehlens des Ersatzvermerks, dann auch das Fehlen der Erblasserunterschrift selbst zu den heilbaren Formfehlern rechnen müsse. Von der Annahme des einen zur Annahme des anderen sei es nur ein kleiner Schritt, so daß eine Gleichstellung dieser beiden Fälle angebracht sei.

Werde am Erfordernis des Vorlesens und Genehmigens festgehalten, so werde bereits hierdurch vermieden, daß die Niederschrift erst später angefertigt wird.[193] Es sei jedenfalls nicht gerechtfertigt, einen grundsätzlichen Unterschied zwischen fehlendem Ersatzvermerk und fehlender Erblasserunterschrift zu treffen.

II. Überprüfung des Erfordernisses der Erblasserunterschrift

1. Bedeutung für die Authentizitätssicherstellung

Die Erblasserunterschrift ist das äußere Zeichen der Genehmigung durch den Erblasser. Der Akt der Genehmigung, der selbst keinen unmittelbaren Nieder-

---

[191] OLG Gera NJW 1949, 80; OLG Stuttgart NJW 1949, 755; KG DR 1939, 384; MK-*Burkart*, § 2249 Rn. 29; *Palandt-Edenhofer*, § 2249 Rn. 11.

[192] *Staudinger-Firsching*, § 2249 Rn. 33.

[193] *Firsching*, DNotZ 1955, 283, 298.

schlag in der Testamentsniederschrift findet, wird durch die Unterschriftsleistung ausdrücklich manifestiert.

Dagegen ist mit der Unterschriftsleistung durch den Erblasser nicht notwendigerweise auch eine inhaltliche Überprüfung der Niederschrift verbunden. Es kann nicht ohne weiteres davon ausgegangen werden, daß der Erblasser die ihm zur Unterzeichnung vorgelegte Niederschrift auch wirklich genau durchliest und kontrolliert. Ob ein im Sterben liegender Erblasser hierzu noch die Kraft und Konzentration aufzubringen vermag, muß im Regelfall als durchaus zweifelhaft gelten.

Auch wird der Erblasser im Bürgermeister regelmäßig eine Beurkundungsperson erblicken, der er ohne Argwohn vertrauen kann. So muß realistischerweise davon ausgegangen werden, daß der Erblasser seine Unterschrift zumeist ohne eigene Durchsicht der Niederschrift und damit zuallererst als Ausdruck seiner Genehmigung des ihm zuvor Verlesenen erteilt.

Hieraus ist zu folgern, daß der Wert der Erblasserunterschrift im Hinblick auf die Sicherstellung der Authentizität weniger im eigentlichen Akt der Unterschriftsleistung liegt, als vielmehr in der durch sie ausgelösten gesetzlichen Vermutungswirkung (§ 13 Abs. 1 S. 3 BeurkG) hinsichtlich des Vorlesens und Genehmigens der Testamentsniederschrift.

2. Vergleichende Betrachtung der Bedeutung der Erblasserunterschrift bei ordentlichen Testamentsformen

Geht man der Frage nach, ob notwendigerweise stets dann Zweifel an der Authentizität auftauchen, wenn die Erblasserunterschrift fehlt, so ist zu berücksichtigen, daß die Unterschriftsleistung bei alltäglichen Rechtsgeschäften ebenso wie auch bei den ordentlichen Testamentsformen eine herausragende Rolle spielt. Ganz allgemein läßt sich daher feststellen, daß wichtige Schriftstücke unterzeichnet zu werden pflegen und die Unterschriftsleistung hierbei als Zeichen dafür gilt, daß sich der Urheber einer Niederschrift zu deren Inhalt bekennt.[194]

---

194 Zur Funktion der eigenhändigen Unterschrift im Rechtsverkehr, vgl. *Burger*, Probleme der gesetzlichen Schriftform, S. 52 ff.

a) *Eigenhändiges Testament*

Auch beim eigenhändigen Testament hat man trotz der weitreichenden Formerleichterungen, zu denen die Testamentsrechtsreform des Jahres 1938 führte, an dem zwingenden Erfordernis der eigenhändigen Erblasserunterschrift festgehalten.

Die Erblasserunterschrift soll hier im wesentlichen der Identifizierung des Urhebers[195] dienen, und zudem die Abgrenzung eines bloßen Testamentsentwurfs von einer ernstlich beabsichtigten abgeschlossenen Verfügung ermöglichen.[196]

Beim eigenhändigen Testament bietet die Erblasserunterschrift neben der Eigenhändigkeit der Niederschrift die einzige Möglichkeit, eine nach außen sichtbare Beziehung zwischen der Person des Erblassers und seiner letztwilligen Verfügung herzustellen. Erst hieraus läßt sich ein Bekenntnis des Erblassers zu seinen schriftlich niedergelegten Erklärungen ableiten.

Im Gegensatz hierzu stellt sich beim Bürgermeistertestament, wie bereits oben dargelegt[197], das Problem der Abgrenzung der Testamentsurkunde von Vorentwürfen aufgrund seines besonderen Charakters als Nottestament nicht. Die Erblasserunterschrift ist daher hier durchaus nicht deshalb erforderlich, um als Zeugnis der Ernstlichkeit der Verfügung zu dienen.

Die somit im Rahmen des Bürgermeistertestaments erheblich geringere Bedeutung der Erblasserunterschrift folgt überdies auch wesentlich daraus, daß hier zur Feststellung der Urheberschaft des Erblassers auf Zeugen zurückgegriffen werden kann (Urkundsperson, Mitwirkende), die über die Testamentserrichtung vernommen werden können.

b) *Notartestament*

Im Bereich des Notartestaments kommt der Erblasserunterschrift gleichfalls eine herausgehobene Bedeutung zu, da sie neben der Unterzeichnung durch den Notar als zwingendes Formerfordernis ausgestaltet ist. Allerdings hält der

---

[195] *Erman-Schmidt*, § 2247 Rn. 7; RGRK-*Kregel*, § 2247 Rn. 13; *Sorgel-Harder*, § 2247 Rn. 22.

[196] *Erman-Schmidt*, § 2247 Rn. 13; MK-*Burkart*, § 2247 Rn. 24; *Soergel-Harder*, § 2247 Rn. 29; KG ZAkDR 1941, 280.

[197] Vgl. 2. Teil, 3. Abschn. B. II. 2. b).

Gesetzgeber die Unterschriftsleistung im Sonderfall der Schreibunfähigkeit des Erblassers für ersetzbar, wobei er dann jedoch die Hinzuziehung eines Schreibzeugen bestimmt, § 25 Abs. 1 BeurkG.

Bedenkt man, daß dem Notartestament in diesem besonderen Fall auch ohne eine Erblasserunterschrift die erhöhte Beweiskraft des § 415 ZPO zukommt und damit die Vermutung der Authentizität begründet, so wird deutlich, daß die Unterschriftsleistung des Erblassers im Beurkundungsverfahren durchaus nicht eine derart große Bedeutung für den Beweis der Authentizität hat, daß sie unter keinen Umständen als verzichtbar erscheint – dies ganz im Gegensatz zur Situation beim eigenhändigen Testament.

c) Das Bürgermeistertestament im geltenden Recht

Auch nach der für das Bürgermeistertestament geltenden Gesetzeslage ist die Unterschrift des Erblassers im Falle seiner Schreibunfähigkeit entbehrlich.

Der für diesen Fall gem. § 2249 Abs. 1 S. 6 BGB erforderliche Ersatzvermerk, der den Umstand der Schreibunfähigkeit des Erblassers protokolliert, läßt auch hier Rückschlüsse auf den Stellenwert der Erblasserunterschrift für die Authentizitätssicherstellung zu.

Die Zulassung eines derartigen Ersatzvermerks bedeutet nämlich nichts anderes, als daß sich der Gesetzgeber anstelle der Erblasserunterschrift mit dem bloßen Feststellungsvermerk über die Schreibunfähigkeit zufrieden gibt. Er läßt es damit also ausreichen, daß statt der Unterschriftsleistung eine protokollierten Begründung ihres Fehlens aus der Niederschrift hervorgeht. Daneben ist eine sonstige Beweiserbringung für die zuverlässige Wiedergabe der Erblassererklärung, wie dies nach der Regelung des § 2249 Abs. 6 BGB für sonstige heilbare Formfehler verlangt wird, nicht erforderlich.

Fehlt auch der Ersatzvermerk, obwohl dessen Voraussetzungen an sich gegeben wären, fällt dieser Mangel nach h.M. unter § 2249 Abs. 6 BGB mit der Folge, daß nunmehr allerdings Beweis für die Schreibunfähigkeit des Erblassers sowie die Zuverlässigkeit der Erklärungswiedergabe erbracht werden muß.

Hieraus nun läßt sich folgern, daß die fehlende Erblasserunterschrift nach der Gesetzeskonzeption erst dann zwingend Zweifel an der Authentizität aufkommen läßt, wenn kein Grund für deren Fehlen ersichtlich ist. Können die Mitwirkenden bei der richterlichen Vernehmung eine plausible Erklärung liefern, etwa daß der Erblasser schreibunfähig gewesen oder nach dem Vorlesen und

Genehmigen, aber vor Unterschriftsleistung verstorben sei, und kommt der Richter zu der Überzeugung, daß das Unterlassen der Unterschrift kein Vorbehalt der endgültigen Genehmigung durch den Erblasser war, so wird er sich hiermit begnügen und keine Veranlassung haben, die Authentizität der Erblassererklärung in Zweifel zu ziehen.

Die somit durch das Fehlen der Erblasserunterschrift ausgelösten Authentizitätszweifel sind nach den Wertungen des Gesetzes daher allenfalls bedingte, mittelbare, keinesfalls durchschlagende und dürfen daher – entgegen der h.M. – nicht ausreichen, um an dem Unterschriftserfordernis zwingend festzuhalten.

Auch dasjenige Fehlen der Unterschriftsleistung, das nicht auf eine Schreibunfähigkeit des Erblassers zurückzuführen ist, muß daher richtigerweise in den Bereich der nach § 2249 Abs. 6 BGB heilbaren Formmängel einbezogen werden.

E. Unterschrift des Bürgermeisters

I. Darstellung der Gesetzeslage und deren Auslegung

Der Bürgermeister ersetzt nach § 2249 Abs. 1 S. 4 BGB den Notar als Urkundsperson und hat die Niederschrift auch gem. § 2249 Abs. 1 S. 4 BGB i.V. mit § 13 Abs. 3 BeurkG zu unterschreiben.

1. Anwendbarkeit und Problematik des § 2249 Abs. 6 BGB

Nach ganz herrschender Meinung[198] zählt die Bürgermeisterunterschrift zu den Errichtungsvoraussetzungen, nicht aber zu den Protokollvorschriften.

Demnach liegt ein unheilbarer Formverstoß dann vor, wenn die Niederschrift nicht vom Bürgermeister unterschrieben wurde, da es sich hierbei nicht um einen Fehler bei Abfassung der Niederschrift i.S. von § 2249 Abs. 6 BGB handelt.

---

[198] *Kipp / Coing*, Erbrecht, S. 203; *Lange / Kuchinke*, Erbrecht, S. 326; *Schlüter*, Erbrecht, S. 114; *Palandt-Edenhofer*, § 2249 Rn. 12; *Soergel-Harder*, § 2249 Rn. 15; MK-*Burkart*, § 2249 Rn. 33; *Erman-Schmidt*, § 2249 Rn. 7; a.A. *von Lübtow*, Erbrecht, Band 1, S. 224 mit Hinweis auf RG DR 1944, 841.

Die Unterschrift des Bürgermeisters als Urkundsperson sei, so die h.M., zudem begriffsnotwendiger Bestandteil der Urkunde.[199] Ohne sie sei eine Niederschrift überhaupt noch nicht entstanden, und es könne lediglich von einem Niederschriftsentwurf die Rede sein.[200]

Solange die Niederschrift nicht unterzeichnet sei, stelle sie nichts weiter als eine Notiz dar, da aus ihr nicht entnommen werden könne, wer die Gewähr für ihren Inhalt übernehmen wolle.[201]

2. Sinn und Zweck der Bürgermeisterunterschrift

a) Zur inhaltlichen Bedeutung

Da der Bürgermeister die Position des Notars einnimmt, hat seine Unterschrift dieselbe Bedeutung wie die eines Notars.

Dieser bekräftigt mit seiner Unterschrift den in der Niederschrift bezeugten Hergang der Beurkundung und Verhandlung.[202] Von diesem Zeugnis wird umfaßt, daß die in der Niederschrift bezeichneten Personen vor ihm erschienen sind, sie die in der Niederschrift enthaltenen Erklärungen abgegeben haben, diese vorgelesen, von ihnen genehmigt und eigenhändig unterschrieben worden sind.[203]

Die Unterschrift des Notars bringt überdies zum Ausdruck, daß die Verhandlung abgeschlossen[204] und die Urkunde vollendet ist.[205] Ohne die nach § 13 Abs. 3 BeurkG vorgeschriebene Unterschriftsleistung des Notars ist der Errichtungsakt noch nicht beendet, das Protokoll noch nicht abgeschlossen und daher begrifflich noch keine Niederschrift entstanden.[206]

---

[199] Vgl. oben 3. Teil, 2. Abschn. B. I. 3. a).

[200] LG Aachen DNotZ 1976, 428, 430; *Staudinger-Firsching*, § 2249 Rn. 33; *von Lübtow*, Erbrecht, Band 1, S. 224.

[201] OLG Hamm JMBl. NRW 1962, 212.

[202] *Mecke / Lerch*, BeurkG, § 13 Nr. 5; *Vogels / Seybold*, TestG § 12 Rn. 1.

[203] *Huhn / v. Schuckmann*, BeurkG, § 13 Rn. 28; *Keidel / Kuntze / Winkler*, BeurkG Teil B, § 12 Nr. 7 b; BayObLGZ 76, 275, 278 m. w. Nachw.; RGZ 68, 297, 300.

[204] *Huhn / v. Schuckmann*, a.a.O., Rn. 29.

[205] *Jansen*, BeurkG, § 13 Rn. 35.

[206] LG Aachen DNotZ 1976, 428, 430.

Diese inhaltliche Bedeutung ist in gleicher Weise auf das Bürgermeistertestament übertragbar.

b) Zur rechtlichen Bedeutung

Die Unterschrift des Bürgermeisters verleiht der Niederschrift den Charakter einer öffentlichen Urkunde[207] mit der hieraus folgenden Beweiskraft des § 415 ZPO. Die formelle Beweiskraft des § 415 ZPO erstreckt sich auf die Richtigkeit der Beurkundung, d.h. derart, daß die niedergelegte Erklärung nach Inhalt und Begleitumständen tatsächlich abgegeben wurde, und zwar dies ohne Rücksicht auf die Überzeugung des Gerichts.[208]

Die Beweiskraft des § 415 ZPO ist dabei nur dann erschüttert, wenn sich durch eine Aufklärung der Einzelvorgänge des Verhandlungsablaufs die Gewißheit der unrichtigen Beurkundung ergibt.[209] Ob die Erklärung inhaltlich richtig ist[210], unterliegt dagegen der freien Beweiswürdigung des Gerichts.[211]

Die Anwendbarkeit des § 415 ZPO setzt allerdings eine Niederschrift voraus, die auch äußerlich als Beurkundung der durch den Erblasser abgegebenen letztwilligen Erklärung erscheint. Liegt dagegen nach dem äußeren Erscheinungsbild lediglich die Beglaubigung der Unterschrift des Erblassers vor, fehlt es an einer öffentlichen Beurkundung.[212]

3. Nachholen der Unterschrift durch die Urkundsperson

Das nach h.M. zwingende Erfordernis der Bürgermeisterunterschrift führt zu der Fragestellung, ob eine unterbliebene Unterschrift unter Umständen noch nach der Errichtungsverhandlung nachgeholt werden kann.

---

[207] Die erhöhte Beweiskraft setzt allerdings eine ordnungsgemäße Niederschrift voraus, vgl. 3. Teil 2. Abschn. B. I. 2.

[208] Bezüglich der Notarunterschrift vgl. *Jansen*, a.a.O., Rn. 35; *Keidel / Kuntze / Winkler*, a.a.O., Rn. 7b; Dit / Rei / Be-Be § 13 BeurkG Rn. 45; BayObLGZ 76, 275, 278.

[209] RGZ 85, 121, 125.

[210] Was für das Testament bedeutet, ob sie den tatsächlich geäußerten Willen korrekt wiedergibt.

[211] *Thomas / Putzo*, ZPO, § 415 Rn. 2.

[212] BGHZ 37, 79, 90; vgl. zu dieser Problematik ausführlicher 3. Teil, 2. Abschn. B. 3. b).

Die hiermit benannte Problematik ist dabei durchaus nicht typischerweise auf Nottestmente beschränkt, sondern wird ebenso bei der Beurkundung ordentlicher Testamente sowie sonstigen Beurkundungen relevant.

a) Allgemeine Beurkundungen nach dem BeurkG

Im Hinblick auf solche allgemeinen Beurkundungsvorgänge, die Geschäfte unter Lebende betreffen, ist die h.M.[213] der Auffassung, daß der Tod des Erklärenden der Vollendung der Niederschrift durch nachträgliche Unterzeichnung der Urkundsperson nicht entgegenstehe. Der ausdrückliche Wortlaut des § 13 BeurkG verlange nämlich nicht, daß die Beteiligten und sonstigen Mitwirkenden der Beurkundung bei der Unterschriftsleistung durch den Notar anwesend sein müßten.

b) Verfügungen von Todes wegen

Anders wird dagegen überwiegend das Nachholen der Unterschriftsleistung durch die Beurkundungsperson bei Verfügungen von Todes wegen beurteilt. Hier sei ein Nachholen der Unterschrift nur möglich, solange der Erblasser noch lebe.[214]

Der h.M. liegt dabei die formal-juristische Überlegung zugrunde, daß zum Zeitpunkt des Erbfalls eine fertig abgeschlossene Niederschrift vorliegen müsse, da sich ein Testament nur zu Lebzeiten des Erblassers errichten lasse. Vor der Unterschriftsleistung durch die Urkundsperson läge aber noch keine Niederschrift, sondern erst der bloße Entwurf einer solchen vor. Es gehöre zur Vollendung der Niederschrift, daß die Urkundsperson den protokollierten Vorgang urkundlich bezeuge.

Unter einer Niederschrift i.S. von § 2249 Abs. 6 BGB sei nicht die in der fortschreitenden Entwicklung begriffene Urkunde zu verstehen, sondern viel-

---

[213] *Mecke / Lerch*, BeurkG, § 13 Rn. 27; *Keidel / Kuntze / Winkler*, BeurkG Teil B, § 13 Rn. 53; *Schlegelberger*, FGG Band II, § 177 Rn. 15; Dit / Rei / Be-Be § 13 BeurkG Rn. 48; *Erman-Schmidt*, § 13 BeurkG Rn. 6; LG Aachen, DNotZ 1976, 428.

[214] *Erman-Schmidt*, § 13 BeurkG Rn. 6; MK-*Burkart*, § 2249 Rn. 33; *Staudinger-Firsching*, § 2249 Rn. 33, § 13 BeurkG Rn. 46; *von Lübtow*, Erbrecht, Band 1, S. 224; *Mecke / Lerch*, BeurkG, § 13 Rn. 30.

mehr allein das fertige Schriftstück, auch wenn dieses im Einzelfall Formmängel aufweise.[215]

aa) Einschränkung der herrschenden Meinung

In zunehmendem Maße findet sich unter den Vertretern der h.M. allerdings die diese Anschauung ergänzende Einschränkung, daß die Urkundsperson die Niederschrift *jedenfalls dann noch wirksam unterschreiben und damit die Beurkundung zum Abschluß bringen könne, wenn der Erblasser während der Beurkundungsverhandlung versterbe.*[216]

Der Erblasser habe in diesem besonderen Fall nämlich seinerseits bereits alles zur Verlautbarung seines letzten Willens Erforderliche getan, so daß die Urkundsperson nicht berechtigt sein könne, die Vollendung des Rechtsaktes durch eine Verweigerung seiner Unterschrift und damit auf der Grundlage einer eigenen Willensentschließung zu unterbinden.

Teilweise wird in diesem Zusammhang sogar angenommen, der Notar habe hier sogar die Amtspflicht, die Beurkundung durch seine Unterschrift zum Abschluß zu bringen.[217]

Um eine wirkliche „Nachholung" der Unterschrift handele es sich dabei nicht, da hiervon im eigentlichen Sinne nur dann gesprochen werden könne, wenn eine ordnungswidrig unterlassene Unterschrift noch nach Beendigung des Beurkundungsvorgangs und damit nachträglich auf der Niederschrift angebracht werden soll.[218]

bb) Mindermeinung

Die Vertreter einer Mindermeinung sind bezüglich der Frage der Nachholbarkeit der Unterschriftsleistung durch die Urkundsperson der Auffassung, daß die Unterschrift des Bürgermeisters jedenfalls dann stets auch nach dem Ableben

---

[215] *Von Lübtow*, Erbrecht, Band 1, S. 224.

[216] BayObLG NJW 1966, 56; *Firsching*, DNotZ 1955, 290, Fn. 52 a; *Keidel / Kuntze / Winkler*, BeurkG Teil B, § 13 Anm. 131; *Jansen*, BeurkG, § 13 Rn. 39.

[217] *Jansen*, BeurkG, § 13 Rn. 53; *Keidel / Kuntze / Winkler*, BeurkG Teil B, § 13 Anm. 131.

[218] *Jansen*, BeurkG, § 13 Rn. 39.

des Erblassers vollzogen werden könnten, wenn der Erblasser zuvor seine Genehmigung erklärt und die eigene Unterschrift geleistet habe.[219]

Ein Nachholen der Unterschrift nach Ableben des Erblassers zuzulassen, entspreche dem Bestreben des Gesetzgebers, die Wirksamkeit des niedergelegten letzten Willens nach Möglichkeit nicht an Formvorschriften scheitern zu lassen.[220]

Auch die Beurkundungsvorschriften selbst, so die Mindermeinung, würden überdies nicht verlangen, daß die Unterschriften der Mitwirkenden noch vor dem Tod des Erblassers zu erfolgen haben. Hierfür sei im übrigen auch kein Grund einzusehen, denn der Sinn der Unterschriften sei doch lediglich die Bekräftigung der Richtigkeit der Protokollniederschrift über den Erblasserwillen. Dafür könne es aber nur darauf ankommen, daß die Mitwirkenden bei der mündlichen Erklärung des letzten Willens auch tatsächlich anwesend waren und ihr Zugegensein sowie die zutreffende Aufnahme des letzten Willens durch ihre notfalls auch nach dem Erblassertod erfolgende Unterschriftsleistung bestätigen.[221]

II. Überprüfung des Erfordernisses der Bürgermeisterunterschrift

1. Bedeutung für die Sicherstellung der Authentizität

Die Leistung der Bürgermeisterunterschrift erfolgt nach der Aufnahme der Erblassererklärung. Sie dient als formaler Abschluß der Niederschrift, beinhaltet darüber hinaus jedoch meist keine zusätzliche Kontrolle der korrekten Aufnahme der Erblassererklärung. Ein Beitrag zur erhöhten Sicherstellung der Authentizität, wie er beispielsweise durch das Formerfordernis des Vorlesens und Genehmigens geleistet wird, ist in der Unterschriftsleistung der Urkundsperson daher nicht zu sehen.

Die Bürgermeisterunterschrift ist jedoch für die Sicherstellung der Beweisbarkeit des Erblasserwillens aus einem anderen Grunde unerläßlich.

Es entspricht nämlich dem Wesen der Beurkundung, daß sich der Niederschriftsinhalt letztlich als Erklärung des Beurkundenden darstellt, der mit seiner

[219] *Haegele*, Die Beurkundung, 9. Abschnitt, S. 15; Dit / Rei / Be-Be § 2249 Rn. 26.

[220] *Lange*, ZAKfDR 1938, 577, 579.

[221] LG Berlin DJ 1935, 1772, 1774 noch bezügl. des § 2242 Abs. 3 BGB a.F. heute § 13 BeurkG.

Unterschriftsleistung bezeugt, daß die in der Niederschrift enthaltene Erklärung vor ihm abgegeben wurde. So hängt auch die bezüglich der Erklärungsauthentizität durch ein Gericht zu gewinnende Überzeugung auf das engste mit der Person zusammen, die die Niederschrift als verantwortlicher Beurkundender unterzeichnet hat. Die Glaubwürdigkeit seiner Person ist letztlich Grundlage der Authentizitätsbeurteilung.

Dieser Zusammenhang entspricht der gesetzlichen Wertung des § 415 ZPO, der die erhöhte Beweiskraft an die Niederschriftsaufnahme durch eine mit öffentlichen Vertrauen ausgestattete Amtsperson knüpft.

Fehlt demnach die Bürgermeisterunterschrift, so erwachsen in Ermangelung dieser sich aus der Niederschrift ergebenden Verknüpfung unmittelbare Zweifel an der Authentizität der Erblassererklärung. Ohne die Unterschriftsleistung des Bürgermeisters nämlich besagt die niedergeschriebene Erblassererklärung nichts über die Umstände der Beurkundung, aus denen allein das Gericht die Schlußfolgerung zu ziehen vermag, daß die Erblassererklärung zuverlässig aufgenommen und wiedergegeben wurde.

2. Zur Frage der Unterschriftsleistung durch den Bürgermeister noch nach dem Erblassertod

Stellt man die letztlich konstruktiv begründeten Bedenken der h.M. zunächst zurück[222], so beschränkt sich die hier zu beantwortende Frage allein darauf, ob es für die Sicherstellung der Authentizität erforderlich ist, daß die Bürgermeisterunterschrift noch vor dem Erblassertod erfolgt.

In diesem Zusammenhang läßt sich zunächst kaum leugnen, daß die Bürgermeisterunterschrift, um die Funktion einer Authentizitätssicherstellung erfüllen zu können, in enger Verknüpfung mit der Beurkundungsverhandlung zu erfolgen hat. Nur auf einer solchen Grundlage ist der Schluß berechtigt, daß sich der Bürgermeister in seiner Person für den ordnungsgemäßen Beurkundungsverlauf verbürgen will.

Erfolgt die Unterschriftsleistung dagegen erst zu einem viel späteren Zeitpunkt, so ist zu besorgen, daß sich der Bürgermeister als Folge seiner vielen

---

[222] Auf diese Problematik wird noch ausführlich im 4. Teil, 2. Abschn. F. II. 1 eingegangen, dort bezüglich der parallel liegenden Frage, ob eine fertige Niederschrift zu Lebzeiten aus grundlegenden Erwägungen der Gesetzessystematik erforderlich ist.

alltäglichen Geschäfte kaum mehr an den Hergang der Testamentsaufnahme wird erinnern können und seine nachträgliche Unterschriftsleistung daher zum bloßen Formalismus ohne inhaltlichen Wert abzusinken droht.

Auf der anderen Seite ist jedoch zu berücksichtigen, daß der Tod des Erklärenden noch während des Beurkundungsvorgangs eine für die Errichtung von Nottestamenten typische Risikolage darstellt, und sich hiermit lediglich jene akute Gefahr realisiert, die das Leben des Erblassers bedroht und welche den Bürgermeister überhaupt erst zur Testamentsaufnahme berechtigt.

Es erscheint daher wenig plausibel, gerade eine typische Gefahrenlage des Nottestaments mit dem Risiko der Formnichtigkeit zu verknüpfen. Da es überdies für die Sicherstellung der Authentizität keinen Unterschied macht, ob der Bürgermeister seine Unterschrift vor oder nach dem Todeseintritt leistet, wird hier der eingeschränkten h.M. gefolgt, die dahingeht, daß der Bürgermeister die Niederschrift auch noch nach dem Eintritt des Erblassertodes während der Beurkundungsverhandlung wirksam zum Abschluß bringen kann, wenn die Niederschrift zuvor bereits von diesem genehmigt wurde. Es wäre auch kaum sachgerecht, die Frage, ob der Bürgermeister die Niederschrift durch seine Unterschrift wirksam abzuschließen vermag, letztlich von dem zufälligen Zeitpunkt des Todeseintritts abhängig zu machen.

Diese vermittelnde Ansicht ermöglicht es zugleich, eine für die Nottestamentserrichtung typische Fehlerquelle zu beseitigen, die letztlich aus dem Zustand des Erblassers folgt, der es nicht zuläßt, abzusehen, ob dieser die Beurkundungsverhandlung noch vollständig miterleben wird.

F. Die Zeugenunterschriften

I. Darstellung der Gesetzeslage und deren Auslegung

§ 2249 Abs. 1 S. 4 BGB verlangt ausdrücklich die Unterzeichnung der Niederschrift durch die zugezogenen Zeugen.

1. Anwendbarkeit und Problematik des § 2249 Abs. 6 BGB

Nach überwiegender Ansicht stellt ein Fehlen der Zeugenunterschriften lediglich einen Formverstoß bei der Abfassung der Niederschrift dar und ist deshalb zu den heilbaren Formfehlern zu rechnen.[223] Das Fehlen der Unterschriften der Zeugen entzieht der Urkunde damit nicht die Eigenschaft einer Niederschrift.[224]

Die Zeugenunterschriften wurden dabei zum Teil bereits vor der Einführung der Formerleichterung des § 2249 Abs. 6 BGB für entbehrlich gehalten. So führte das LG Berlin seinerzeit aus[225], daß die Bestimmung des damaligen § 2242 Abs. 3 BGB a.F. durchaus nicht besage, daß die Unterschriften der Mitwirkenden noch vor dem Tode des Erblassers zu erfolgen hätten.

2. Bedeutung der Zeugenunterschriften

In den Protokollen zum Entwurf des BGB[226] wird die Bedeutung der Zeugenunterschriften vorwiegend in deren Funktion als Mitwirkungsansporn für die Zeugen selbst gesehen: „Man nahm an, daß die Leistung der Unterschrift bei den nicht verhandelnden mitwirkenden Personen ein gewisses Gefühl der Verantwortlichkeit und damit eine Schärfung der Aufmerksamkeit erzeuge, daß dieselbe aber durch eine absolute Vorschrift geboten werden müsse, wenn man der Macht der Gleichgültigkeit und Bequemlichkeit wirksam begegnen wolle."

Mit der Unterschrift bestätigen die Zeugen ihre Anwesenheit bei der Beurkundungsverhandlung sowie auch die korrekte Aufnahme der Erblassererklärung.[227]

II. Überprüfung des Erfordernisses der Zeugenunterschriften

Da die Zeugen nicht selbst als Beurkundungspersonen fungieren, sind auch ihre Unterschriften grundlegend anders zu beurteilen als die Bürgermeisterunter-

---

[223] *Lange / Kuchinke*, Erbrecht, S. 327; *Kipp / Coing*, Erbrecht, S. 203; *Schlüter*, Erbrecht, S. 114; *Vogels / Seybold*, TestG, § 23 Rn. 6, 12; Dit / Rei / Be-Be § 2249 Rn. 26; *Palandt-Edenhofer*, § 2249 Rn. 11; RGRK-*Kregel*, § 2249 Rn. 18; *Soergel-Harder*, § 2249 Rn. 15; *Staudinger-Firsching*, § 2249 Rn. 30; KG DNotZ 1942, 103; RG DRW 1944, 841; *Vogels*, StAZ 1938, 428.

[224] *Von Lübtow*, Erbrecht, Band 1, S. 224; *Staudinger-Firsching*, § 2249 Rn. 33.

[225] LG Berlin DJ 1935, 1772, 1774.

[226] *Mugdan*, V. Prot. S. 703.

[227] LG Berlin DJ 1935, 1772.

schrift. Die Funktion der Zeugenunterschriften besteht lediglich darin, Beweis für die Anwesenheit der Zeugen bei der Beurkundungsverhandlung zu liefern.

Für die Sicherstellung der Authentizität sind sie demzufolge nur von indirekter Bedeutung, und zwar insofern, als die Bestätigung ihrer Anwesenheit als Überwachungspersonen zu der Schlußfolgerung berechtigt, daß die Gefahr von Fehlern bei der Aufnahme der Erblassererklärung jedenfalls verringert ist.[228]

Diese nur indirekte Relevanz für die Authentizitätssicherstellung macht deutlich, daß ein Fehlen der Zeugenunterschriften nicht automatisch zu Zweifeln an der Authentizität der Niederschrift führen muß. Die durch das Fehlen der Unterschriften vielmehr begründeten Zweifel daran, ob die Zeugen, wie vom Gesetz gefordert, bei der Beurkundungsverhandlung auch tatsächlich anwesend waren, können durchaus auch auf andere Weise, etwa durch Befragung des Bürgermeisters beseitigt werden.

Als Ergebnis ist daher festzuhalten, daß die Zeugenunterschriften nicht als zwingendes Formerfordernis beim Bürgermeistertestament ausgestaltet sein dürfen.

G. Zwischenergebnis

Bei der Überprüfung der für das Bürgermeistertestament geltenden Rechtslage anhand des Maßstabs der Authentizitätssicherstellung gelangt man zu dem Ergebnis, daß im wesentlichen an den gesetzlichen Anforderungen des § 2249 BGB und ihrer in Literatur und Rechtsprechung vertretenen Auslegung festzuhalten ist.

Als nicht zwingend und daher als heilbare Formerfordernisse anzusehen sind dabei die Erblasserunterschrift sowie die Unterschriften der Zeugen. Hierbei ist allerdings anzumerken, *daß eine künftige Gesetzesfassung die Hinzuziehung nur eines Zeugen ausreichen lassen sollte.*

An dem Erfordernis der Bürgermeisterunterschrift ist mit der h.M. demgegenüber zwingend festzuhalten. Jedoch sollte im Rahmen einer Gesetzesreformierung *ausdrücklich klargestellt werden, daß der Bürgermeister seine Unterschrift*

---

[228] LG Berlin DJ 1935, 1772, 1774.

auch dann noch zu leisten und den Beurkundungsvorgang damit zum Abschluß zu bringen hat, wenn der Erblasser die Niederschrift seiner letztwilligen Verfügung bereits genehmigt hat, jedoch noch vor Abschluß der Beurkundungsverhandlung verstirbt.

4. Teil

Das Dreizeugentestament: Darstellung und Überprüfung der Formvorschriften des Dreizeugentestaments

1. Abschnitt

Zulässigkeit und Mitwirkende

A. Zulässigkeitsvoraussetzungen

I. Darstellung der gesetzlichen Lage und deren Auslegung

Die Errichtung eines Dreizeugentestaments ist zulässig in den Formen des Absperrungstestaments, § 2250 Abs. 1 BGB, des Notlagentestaments, § 2250 Abs. 2 BGB sowie des Seetestaments, § 2251 BGB.

1. Das Absperrungstestament

§ 2250 Abs. 1 BGB regelt die Zulässigkeit des sogenannten Absperrungstestaments. In der Gesetzesbestimmung heißt es hierzu wie folgt: „Wer sich an einem Ort aufhält, der infolge außerordentlicher Umstände dergestalt abgesperrt ist, daß die Errichtung eines Testaments vor dem Notar nicht möglich oder erheblich erschwert ist, kann das Testament in der durch § 2249 bestimmten Form oder durch mündliche Erklärung vor drei Zeugen errichten."

Die früher üblicherweise verwendeten Bezeichnungen als Quarantänetestament[1], Pesttestament[2], oder auch Seuchentestament[3] weisen noch auf die histo-

[1] Meyer, Erbrecht, S. 148.

[2] Vgl. hierzu *Klau*, Über außerordentliche Testamentsformen, S. 43.

[3] *Marcus*, Das Dt. Testament, S. 142.

storischen Wurzeln im römischen Recht hin, das diese Testamentsart für Pestzeiten bereithielt. Sie sind mittlerweile jedoch überholt.[4]

In der ursprünglichen Gesetzesfassung des BGB war diese Herkunft des Absperrungstestaments noch deutlicher zu erkennen. Als Beispiel für die Absperrungssituation führte der Gesetzgeber in Anlehnung an die historischen Wurzeln dieser Testamentsform den Ausbruch einer Krankheit an: „Wer sich an einem Ort aufhält, der in Folge des Ausbruchs einer Krankheit oder in Folge sonstiger außerordentlicher Umstände derart abgesperrt ist..." (§ 2250 Abs. 1 BGB a.F.).

Dementsprechend wurde zunächst auch angenommen, daß sich der Anwendungsbereich dieser Vorschrift in erster Linie auf Fälle ansteckender Krankheiten erstrecke.[5]

Im Rahmen der Testamentsrechtsreform des Jahres 1938 ließ man das Beispiel des Ausbruchs einer Krankheit jedoch fallen, da die Seuchenbekämpfung nicht mehr durch Absperrung einzelner Orte erfolgte, sondern ausschließlich die von ansteckenden Krankheiten befallenen Personen isoliert wurden.[6]

Nach heutiger Anschauung ist ein Ort dann i.S. von § 2250 Abs. 1 BGB abgesperrt, wenn durch lokale Umstände der Verkehr nach allen Seiten aufgehoben ist, und deshalb kein öffentliches Testament vor dem Notar errichtet werden kann.[7] Das Absperrungstestament betrifft nur objektive Umstände lokaler Natur, nicht dagegen solche, die subjektiv in der Natur des Erblassers begründet sind.[8] Als Beispiele werden meist Hochwasser, Erdbeben, Aufruhr[9], Verschüttung, Absperrung durch Lawinen, militärische Absperrung oder sonstige Absperrungen aufgrund öffentlich-rechtlicher Anordnungen genannt.[10]

Der Begriff „Ort" wird heute weit ausgelegt. Unter Aufenthaltsort ist danach derjenige räumliche Bereich zu verstehen, in dem sich der Erblasser befinde,

---

[4] RGRK-*Kregel*, § 2250 Rn. 1.

[5] *Planck-Strecker*, § 2250 Nr. 2, S. 664.

[6] *Vogels / Seybold*, TestG, § 24 Rn. 2; *Vogels*, DJ 1938, 1271; RGRK-*Kregel*, § 2250 Rn. 3; *Staudinger-Firsching*, § 2250 Rn. 8; *von Lübtow*, Erbrecht, Band 1, S. 226.

[7] Dit / Rei / Be-Be § 2250 Rn. 3.

[8] KG MDR 1969, 146; KG Rpfleger 1948, 391; MK-*Burkart*, § 2250 Rn. 4; *Palandt-Edenhofer*, § 2250 Rn. 1 a; *Soergel-Harder*, § 2250 Rn. 4.

[9] *Klau*, a.a.O., S. 43 vgl. ältere Beispiele.

[10] *Palandt-Edenhofer*, § 2250 Rn. 2; *Staudinger-Firsching*, § 2250 Rn. 8; *Schlüter*, Erbrecht, S. 115.

wobei unbeachtlich sei, ob es sich um einen „Ort“ im Sinne von Ortschaften oder auch nur um Ortsteile oder selbst um ein einzelnes Haus handele.[11]

Unter „Ort“ wird damit nicht nur eine Niederlassung (Gemeinde), sondern im weitesten Sinne auch jeder sonstige Punkt der Erdoberfläche zu Lande oder zu Wasser, z. B. eine Wohnung, ein Schiff, ein Stück freies Feld verstanden.[12] Ebenso soll auch das Hochgebirge oder eine vergleichbar schwer zugängliche Gegend erfaßt werden.[13] Einer weiten Auslegung zufolge ist selbst ein langer, beschwerlicher Weg hierunter zu fassen.[14]

Liegt eine Absperrung objektiv vor, so kommt es auf die diesbezügliche Einschätzung durch die Zeugen bzw. den Bürgermeister nicht mehr an. Ist eine Absperrung dagegen objektiv nicht gegeben, so reicht es auch aus, wenn die Urkundspersonen von deren Vorliegen gleichwohl überzeugt sind.[15]

Im Gegensatz zum Bürgermeistertestament ist nicht das Vorliegen einer nahen Todesgefahr erforderlich, sondern lediglich die Voraussetzung der Absperrung, die eine bestehende Gefahr für Leib und Leben nicht notwendig beinhalten muß.[16]

2. Das Notlagentestament

§ 2250 Abs. 2 BGB regelt die Zulässigkeit des sogenannten Notlagentestaments und bestimmt hierzu: „Wer sich in so naher Todesgefahr befindet, daß voraussichtlich auch die Errichtung eines Testaments nach § 2249 nicht mehr möglich ist, kann das Testament durch mündliche Erklärung vor drei Zeugen errichten.“

---

[11] *Von Lübtow*, Erbrecht, Band 1, S. 225; *Palandt-Edenhofer*, § 2250 Rn. 2; *Soergel-Harder*, § 2250 Rn. 2; so auch schon *Klau*, a.a.O., S. 46; *Planck-Strecker*, § 2250 Nr. 2, S. 664.

[12] RGRK-*Kregel*, § 2250 Rn. 2.

[13] MK-*Burkart*, § 2250 Rn. 5.

[14] MK-*Burkart*, § 2250 Rn. 4.

[15] *Staudinger-Firsching*, § 2250 Rn. 9; *Soergel-Harder*, § 2250 Rn. 3; MK-*Burkart*, § 2250 Rn. 4; BGHZ 3, 372, 376; anders die frühere herrschende Meinung Mot.V. S. 283; *Klau*, Über außerordentliche Testamentsformen, S. 43.

[16] MK-*Burkart*, § 2250 Rn. 6.

Als Beispiel hierfür benannte noch das Testamentsgesetz 1938, durch welches diese Testamentsform auch erstmalig eingeführt wurde, einen „Unfall im Gebirge“[17], der sich allerdings in der heutigen Gesetzesfassung nicht mehr findet.[18]

Nach h.M. ist unbeachtlich, aus welchen Gründen (und an welchem Ort) es zu der Todesgefahr kommt. Sie braucht überdies nicht plötzlich einzutreten, sondern kann ebenso auch Folge einer bereits länger andauernden Krankheit sein.[19]

Obwohl das Gesetz in § 2250 Abs. 2 BGB von dem Vorhandensein einer nahen Todesgefahr ausgeht, ist nach der h.M. diesbezüglich die bloße subjektive Besorgnis der drei Zeugen ausreichend.[20] Wie auch beim Bürgermeistertestament läßt man es hier genügen, daß die Todesgefahr entweder objektiv vorliegt (wobei dann unbeachtlich ist, ob die Zeugen diese als vorliegend betrachten) oder aber zwar objektiv nicht gegeben ist, nach Meinung aller drei Zeugen aber besteht.[21]

Die h.M. stellt an die Beurteilung der Gefahrenlage durch die Zeugen keine besonderen Anforderungen. Da diese in der Regel über keine medizinischen Fachkenntnisse verfügten, müsse es genügen, wenn sie mit der Möglichkeit rechneten, daß es für eine Testamentserrichtung vor dem Notar oder Bürgermeister zu spät sein könnte.[22] Diese Besorgnis müsse dabei in Ansehung der objektiven Sachlage nach pflichtgemäßen Ermessen als gerechtfertigt gelten können.[23]

---

[17] Dieses Beispiel deutet noch auf die Hintergründe der Einführung der neuen Testamentsform hin, vgl. oben 1. Teil, 2. Abschn. D.

[18] Das BüREG vom 5.3.1953 fügte den durch § 24 TestG abgeänderten Wortlaut mit gleichem Inhalt am alten Platz des BGB wieder ein, lediglich das Beispiel in Abs. 2: „Unfall im Gebirge“ wurde weggelassen.

[19] Dit / Rei / Be-Be § 2250 Rn. 8; *Soergel-Harder*, § 2250 Rn. 4; *Vogels / Seybold*, TestG, § 24 Rn. 4; *von Lübtow*, Erbrecht, Band 1, S. 226.

[20] Hierzu mit eingehender Begründung BGHZ 3, 372, 376.

[21] BGHZ 3, 372, 374; RG DNotZ 1943, 274; *Brox*, Erbrecht, Rn. 34; *Kipp / Coing*, Erbrecht, S. 205; *Lange / Kuchinke*, Erbrecht, S. 329; *von Lübtow*, Erbrecht, Band 1, S. 227; Dit / Rei / Be-Be § 2250 Rn. 10; *Soergel-Harder*, § 2250 Rn. 4; RGRK-*Kregel*, § 2250 Rn. 7; *Staudinger-Firsching*, § 2250 Rn. 11; *Vogels / Seybold*, TestG, § 24 Rn. 4.

[22] *Vogels / Seybold*, TestG, § 24 Rn. 7; BGHZ 3, 372, 276.

[23] BGHZ 3, 372, 376.

Der nahen Todesgefahr stellt die h.M. die Befürchtung des Eintritts einer bis zum Tod fortdauernden Testierunfähigkeit gleich.[24]

3. Das Seetestament

Das Seetestament findet sich in § 2251 BGB folgendermaßen geregelt: „Wer sich während einer Seereise an Bord eines deutschen Schiffes außerhalb eines inländischen Hafens befindet, kann ein Testament durch mündliche Erklärung vor drei Zeugen nach § 2250 Abs. 3 errichten."

Beim Seetestament wird bereits in der Seereise selbst eine abstrakte Lebensgefahr gesehen, die die Errichtung eines Nottestaments rechtfertigt.[25]

Hier ist es nicht Voraussetzung, daß ein Notstand, eine Todesgefahr des Erblassers oder eine Seenot tatsächlich vorliegt.[26] Das Seetestament wird daher teilweise nicht dem Begriff des „Nottestaments" zugeordnet[27], während andere der Ansicht sind, es handele sich gleichwohl um ein solches, da die an sich zuständige Urkundsperson nicht zur Stelle sei.[28]

Die „Seereise" ist ein weit zu fassender Begriff, dem auch die Küstenfahrt oder Fischereifahrten unterfallen, die sich auf mehrere Tage und Wochen erstrecken, nicht dagegen kurze Sport- und Vergnügungsfahrten.[29]

Das Schiff, auf dem der Erblasser sich befindet, muß einem deutschen Staatsangehörigen oder einer ihr gleichgestellten Person gehören[30] und damit auch dann als schwimmender Gebietsteil der Bundesrepublik Deutschland gelten, wenn es sich in einem ausländischen Hafen befindet.[31] Die Art des Schiffes

---

[24] Dit / Rei / Be-Be § 2250 Rn. 9; *Palandt-Edenhofer*, § 2250 Rn. 2; RGRK-*Kregel*, § 2250 Rn. 7; *Soergel-Harder*, § 2250 Rn. 4; *Schlüter*, Erbrecht, S. 115; BGHZ 3, 372, 375.

[25] *Lange / Kuchinke*, Erbrecht, S. 330.

[26] *Leopold*, Erbrecht, S. 62.

[27] *Palandt-Edenhofer*, § 2251 Rn. 1; RGRK-*Kregel*, § 2251 Rn. 1.

[28] Dit / Rei / Be-Be § 2251 Rn. 1; *Erman-Schmidt*, § 2251 Rn. 1.

[29] Dit / Rei / Be-Be § 2251 Rn. 3; *Erman-Schmidt*, § 2251 Rn. 1; MK-*Burkart*, § 2251 Rn. 3; *Soergel-Harder*, § 2251 Rn. 2.

[30] *Von Lübtow*, Erbrecht, Band 1, S. 230; *Erman-Schmidt*, § 2251 Rn. 1; RGRK-*Kregel*, § 2251 Rn. 5.

[31] MK-*Burkart*, § 2251 Rn. 2.

ist ohne Bedeutung (Motor- und Segelboot, Binnenschiff, Küstenfahrzeug, Floß).[32]

Die Seereise beginnt, sobald sich das Schiff vom Hafen absetzt, und endet, wenn der Erblasser im ausländischen Hafen an Land geht. Die Errichtung ist im inländischen Hafen nicht möglich, wohl aber im ausländischen.[33]

Das Seetestament erlangte nach seiner Aufnahme in das BGB vor allem Bedeutung für den Bereich der Deutschen Handelsmarine.[34] Für die Besatzungen der Kriegsmarine stand dagegen die privilegierte Option des Militärtestaments zur Verfügung.[35]

Die Testamentserrichtung wurde auch im Bereich des Seetestaments drei Zeugen übertragen, nicht aber dem Kapitän oder Schiffsführer, um zu gewährleisten, daß sich diese ungestört ihren seemännischen Pflichten widmen können.[36]

II. Überprüfung der Zulässigkeitsbestimmungen

Die dargestellten, überwiegend auf lange Rechtstraditionen zurückgehenden Testamentsformen, sind nur in dem Umfang beizubehalten, in dem auch in heutiger Zeit unter gewandelten rechtlichen und tatsächlichen Umständen ein entsprechender Regelungsbedarf fortbesteht.

1. Notlagentestament

In der Rechtspraxis wird der überwiegende Teil der Nottestamente als Notlagentestamente errichtet, was durch die Fülle der hierzu ergangenen Entscheidungen belegt wird.

Durch die Einführung des Notlagentestaments im Rahmen der Testamentsrechtsreform des Jahres 1938 konnte der Anwendungsbereich des Dreizeugen-

---

[32] *Von Lübtow*, Erbrecht, Band 1, S. 230; MK-*Burkart*, § 2251 Rn. 2; RGRK-*Kregel*, § 2251 Rn. 3.

[33] *Palandt-Edenhofer*, § 2251 Rn. 2; RGRK-*Kregel*, § 2251 Rn. 2; *von Lübtow*, Erbrecht, Band 1, S. 230.

[34] *Marcus*, Das Dt. Testament, S. 144.

[35] *Kretzschmar*, Erbrecht, § 19 II, S. 100.

[36] *Lange / Kuchinke*, Erbrecht, S. 230.

testaments insbesondere auf Grund der generalklauselartigen Ausgestaltung dieser neuen Testamentsform entscheidend erweitert werden. Dabei hat sich das Notlagentestament als Auffangtatbestand gerade für sämtliche solche Notlagen erwiesen, die mit unmittelbarer Lebensgefahr für den Erblasser verbunden sind.

Das Notlagentestament bildet hier die notwendige Ergänzung zum Bürgermeistertestament, da auch die Erreichbarkeit eines Bürgermeisters als Folge eines bereits kritischen Zustands des Erblassers oder sonstiger widriger Umstände häufig nicht gewährleistet ist.

a) Vorrangigkeit des Bürgermeistertestaments

Die Ausgestaltung des Notlagentestaments sieht vor, daß die Errichtung des Dreizeugentestaments nur dann statthaft ist, wenn ein Bürgermeistertestament nicht mehr gelingen kann.

Anders als im Rahmen der ordentlichen Testamentsformen hat der in einer Notlage befindliche Erblasser somit hier nicht die Wahl zwischen der Errichtung eines öffentlichen Nottestaments einerseits und der eines privaten Nottestaments andererseits. Die Zulässigkeit der privaten Nottestamentsform des Dreizeugentestaments ist vielmehr dadurch bedingt, daß die Situation das Aufsuchen oder Herbeiholen eines Notars oder Bürgermeisters nicht mehr erlaubt, die Errichtung eines öffentlichen Testaments also in jedweder Ausgestaltung ausgeschlossen ist.

Diese den Vorschriften über die Nottestamente zugrundeliegende Gesetzessystematik spiegelt deren frühere Ausrichtung allein auf die öffentliche Testamentserrichtung wieder, die sich insbesondere an der fehlenden gesetzlichen Verknüpfung zu dem Institut der eigenhändigen Testamentserrichtung zeigt.[37]

In heutiger Zeit hat sich im Rahmen der ordentlichen Testamentsformen die Gleichrangigkeit der öffentlichen und privaten Testamentsform vollständig durchgesetzt.

So ist nunmehr auch kein Grund dafür erkennbar, die dieser Gleichrangigkeit zugrundeliegende Wertung nicht auch auf die außerordentlichen Testamentsformen zu übertragen. Dieser Gedankengang läßt es daher als angebracht er-

---

[37] Vgl. 3. Teil, 1. Abschn. A. II. 3 zu dem Problem der fehlenden Beziehung vom Bürgermeistertestament zum eigenhändigen Testament.

scheinen, das bestehende Rangverhältnis zwischen Bürgermeistertestament und Dreizeugentestament abzuschaffen und es vielmehr auch dann dem Erblasser zu überlassen, eine freie Wahl zwischen öffentlicher und privater Nottestamentserrichtung zu treffen, wenn er zu ordentlicher Testamentserrichtung nicht mehr in der Lage ist.

b) Das Verhältnis des Notlagentestaments zur eigenhändigen Testamentserrichtung

Die gesetzliche Zulässigkeitsbestimmung des § 2250 Abs. 2 BGB weist keinerlei Bezugnahme auf die Bestimmungen über das eigenhändige Testament auf, woraus zu schließen ist, daß die Errichtung eines Dreizeugentestaments auch bereits dann möglich ist, wenn der Erblasser an sich noch in der Lage wäre, ein eigenhändiges und damit ordentliches Testament zu errichten.[38]

Diese mangelnde Verknüpfung wirft aus heutiger Sicht insofern dogmatische Bedenken auf, als doch das eigenhändige Testament als ordentliche Testamentsform an sich dem Dreizeugentestament als außerordentliche Testamentsform, die nur als Notbehelf zu den ordentlichen Testamentsformen ihre Berechtigung hat, vorgehen müßte.

Ist beim Bürgermeistertestament die fehlende Beziehung zum eigenhändigen Testament noch aus einer gesetzgeberischen Bevorzugung des öffentlichen Testierens erklärbar, so ist beim Dreizeugentestament eine Begründung für die fehlende Nachrangigkeit nicht ersichtlich.

Abgesehen von der sich unmittelbar aus der Systematik des Gesetzes herleitbaren Nachrangigkeit des Dreizeugentestaments als außerordentliches Testament gegenüber der ordentlichen eigenhändigen Testamentsform, bietet das eigenhändige Testament überdies auch eine gegenüber der Testamentsaufnahme durch Laien sicherere und damit vorzugswürdige Testiermöglichkeit.

Der eigenhändigen,unmittelbaren Abfassung der Testamentsurkunde durch den Erblasser ist nämlich sicherlich mehr Aussagekraft und Zuverlässigkeit zuzubilligen als einer laienhaften Beurkundung durch beliebige Zeugen.

Die Einschaltung Dritter bei der Erstellung der Testamentsurkunde stellt einen beträchtlichen Unsicherheitsfaktor dar, der sich in Abhängigkeit ihrer konkreten

[38] *Schlüter*, Erbrecht, S. 113.

Fähigkeit zur richtigen Auffassung und Wiedergabe einer fremden Erklärung sowie ihrer Vertrauenswürdigkeit in unterschiedlicher Weise auswirkt.

Eine im Hinblick hierauf in den Zulässigkeitsbestimmungen zum Zeugentestament vorgesehene Subsidiarität gegenüber der eigenhändigen Testamentserrichtung würde überdies auch den tatsächlichen Verhältnissen in der Rechtspraxis entsprechen, in der üblicherweise erst dann von der Möglichkeit der Nottestamentserrichtung, und zwar vor allem des Dreizeugentestaments, Gebrauch gemacht wird, wenn dem Erblasser eine eigenhändige Testamentserrichtung nicht mehr möglich ist. Tatsächlich stellen diese tatsächlichen Gegebenheiten auch den Hauptgrund für die heute nur noch geringe praktische Bedeutung der Nottestamente dar.

Da das eigenhändige Testament somit sowohl aus der Sicht einer gesetzessystematischen Betrachtung als auch unter Zugrundelegung der Rechtspraxis gegenüber dem Dreizeugentestament als vorrangig erscheint, wäre es wünschenswert, wenn dieses Verhältnis auch in den gesetzlichen Zulässigkeitsvoraussetzung selbst zum Ausdruck gebracht würde.[39]

Die Zulässigkeitsvoraussetzungen des Notlagentestaments bedürfen folglich zweierlei Korrektur: Einerseits sollte *die Abhängigkeit vom Bürgermeistertestament entfallen*, sowie zum anderen *die Vorrangigkeit des eigenhändigen Testaments berücksichtigt werden*.

2. Absperrungstestament

Das Absperrungstestament war bei seiner Aufnahme in das BGB als Gegenstück zum Bürgermeistertestament des § 2249 BGB a.F. gedacht. Es sollte der Erfassung objektiver lokaler Notstände dienen, während das Bürgermeistertestament auf die persönliche Notlage des Erblassers zugeschnitten war.[40]

Nach dieser Ausgestaltung sollte das Bürgermeistertestament die konkrete, das Absperrungstestament die allenfalls abstrakte Lebensgefahr des Erblassers erfassen.

---

[39] Anders stellt sich das Verhältnis von Bürgermeistertestament zum eigenhändigen Testament dar, weil ersteres dem Erblasser die, u.U. vorzugswürdige Option des öffentlichen Testierens bietet, s.o. 3. Teil, 1. Abschn. A. II. 3.

[40] Mot. V. S. 283.

a) Bedeutungsverlust der lokalen Notstände

Die Regelung von Testiermöglichkeiten in lokalen Notständen entsprach in früheren Zeiten einem praktischen Bedürfnis. Nicht selten kam es noch zu Situationen, in denen Menschen in abstrakte Lebensgefahr gerieten und ihre Vermögensangelegenheiten letztwillig zu regeln wünschten[41], in denen jedoch das rechtzeitige Erreichen einer Urkundsperson zur Testamentserrichtung unmöglich war.

Der hierdurch motivierte Gesetzeszweck wird besonders anhand des ursprünglich im BGB enthaltenen Beispiels der Absperrung aufgrund ansteckender Krankheit deutlich, bei der jeder von der Absperrung Betroffene damit rechnen mußte, früher oder später gleichfalls von der Epidemie befallen zu werden.

In heutiger Zeit sind derartige lokale, mit abstrakter Lebensgefahr verbundene Absperrungen nur noch von geringer Bedeutung. Der Hauptanwendungsfall der Seuchenbekämpfung entfiel, da diese als Folge des medizinischen Fortschritts nicht mehr durch lokale Absperrungen erfolgt. Auch im übrigen jedoch haben lokale, notstandsbedingte Absperrungen heutzutage eine so geringe Bedeutung, daß es schwerfällt, hierfür geeignete Beispiele zu finden. Viele Kommentatoren weisen auf Naturkatastrophen wie Überschwemmungen, Erdbeben etc. hin, die zu lokalen Absperrungen führen können. Doch darf auch hierbei nicht unbeachtet bleiben, daß es aufgrund des technischen Fortschritts und der weit ausgereiften Katastrophenvorsorge und -bekämpfung im Geltungsbereich des BGB gegenwärtig nur selten zu Situationen kommen wird, in denen Menschen vor dem Hintergrund abstrakter Lebensgefahren vernünftigerweise Vorsorge durch eine (Not-)Testamentserrichtung zu treffen wünschen.

Hat sich im Einzelfall eine konkrete Lebensgefahr herausgebildet, fällt diese Situation überdies bereits in den Anwendungsbereich des Notlagentestaments.

Der Umstand, daß sich Absperrungen einerseits kaum ereignen und diese andererseits auch nur in den allerwenigsten Fällen mit abstrakter Lebensgefahr für eine Vielzahl von Menschen verbunden sind, spiegelt sich auch praktisch in der äußerst seltenen Errichtung von Absperrungstestamenten wider.[42] So ist auch

[41] Mot. V. S. 282 , indirekt folgt das aus der hier getroffenen Aussage: „Es fehlt daher an hinreichenden Gründen, diesem Nothtestamente noch Wirksamkeit zuzugestehen, wenn der Verfügende die Lage, welche ihn zu einer solchen letztwilligen Verfügung berechtigte, überlebt hat."

[42] Dagegen kommt dem Notlagentestament durchaus praktische Relevanz zu, was die zahlreichen Rechtsprechungsfälle zeigen.

in der gesamten Rechtsprechung der Obergerichte seit der Testamentsrechtsreform des Jahres 1938, durch welche unter anderem das Notlagentestament einführt wurde, nicht eine einzige Entscheidung zu finden, die die Errichtung eines Absperrungstestaments zum Gegenstand hatte.

Die Zulassung des Bürgermeistertestaments in Absperrungssituationen, wie es § 2250 Abs. 1 BGB vorsieht, erhöht die Praxisferne dieser Vorschrift weiter. In einer derartigen Situation ist die Erreichbarkeit eines Bürgermeisters ohnehin unwahrscheinlich, und nur dann möglich, wenn dieser gleichfalls von der Absperrung betroffen sein sollte. Eine naturkatastrophenbedingte Absperrung wird in aller Regel jedoch nicht vollständige Ortschaften erfassen bzw. sich an Gemeindegrenzen halten, sondern eher einzelne Ortsteile, Straßenzüge und Häuserblöcke, in denen die Anwesenheit eines Bürgermeisters allenfalls in seltenen Einzelfällen rein zufällig gegeben sein könnte.

b) Möglichkeit der eigenhändigen Testamentserrichtung

Der Zulassung des Dreizeugentestaments in Absperrungssituationen steht außerdem entgegen, daß die eigenhändige Testamentserrichtung, ebenso wie beim Notlagentestament, als gegenüber der privaten Nottestamentserrichtung vorrangig zu gelten hat.[43]

Vor diesem Hintergrund verringert sich der Anwendungsbereich des Absperrungstestaments weiter, was den mangelnden Regelungsbedarf diesbezüglicher Situationen zusätzlich verdeutlicht.

Die mit der Absperrung verbundene abstrakte Lebensgefahr beseitigt nämlich in der Regel nicht die Schreibfähigkeit der Betroffenen.

Diese dürften sich, wie oben bereits ausgeführt, erst dann der Nottestamentsform bedienen, wenn die Möglichkeit der eigenhändigen ordentlichen Testamentserrichtung nicht mehr gegeben ist, so daß im Ergebnis kaum Absperrungsfälle vorstellbar sind, in denen es überhaupt zu einer Nottestamentserrichtung kommen könnte.

Die damit einzig denkbare Anwendungsmöglichkeit, daß nämlich ein außerordentlicher Notstand sowohl das Herbeiholen eines Notars verhindert, als auch

---

[43] Vgl. oben 4. Teil, 1. Abschn. A. II. 1. b); es kann diesbezüglich auf die Diskussion beim Notlagentestament verwiesen werden, da es hier ebenso um das Verhältnis eines Dreizeugentestaments zum eigenhändigen Testament geht.

den Erblasser schreibunfähig macht und ihn dabei zwar in eine abstrakte, nicht aber in eine konkrete Lebensgefahr bringt, ist offensichtlich nur theoretischer Art. Eine derartige Konstellation ließe sich zudem ohne weiteres auch durch eine im Einzelfall vorstellbare großzügige Auslegung der nahen Todesgefahr beim Notlagentestament bewältigen. Tritt einmal der besondere Fall ein, daß der abgesperrte Betroffene zugleich schreibunfähig ist, weil er beispielsweise in einer Gletscherspalte klemmt und nur noch durch mündliche Erklärung ein Testament errichten kann, so wird in der Regel auch die Bejahung einer konkreten Lebensgefahr vertretbar und damit die Zulässigkeit des Notlagentestaments gegeben sein.

Das Absperrungstestament erscheint somit in heutiger Zeit nur noch als ein historisches Relikt, das zur vollständigen Bedeutungslosigkeit verurteilt ist und dessen Beibehaltung daher kaum mehr gerechtfertigt erscheint.

3. Seetestament

Das Seetestament betrifft, ebenso wie das Absperrungstestament das Vorliegen einer abstrakten Gefahrenlage, die sich hier aus den besonderen Gegebenheiten einer Seereise ergibt.

Nach der heutigen Gesetzeslage ist allerdings ein spezieller Regelungsbedarf für die Situation einer Seereise gleichfalls kaum zu erkennen. Die Testamentsform des Seetestaments basiert, ebenso wie das des Absperrungstestaments, auf historischen Grundlagen, die noch von der Ausgestaltung des öffentlichen Testaments als einzig möglicher Form ordentlicher Testamentserrichtung ausgehen. Nachdem sich jedoch das eigenhändige Testament vollständig durchzusetzen vermochte, ist auch der Teilnehmer einer Schiffsreise auf eben diese Form zu verweisen, die, wie bereits festgestellt, der Errichtung eines Zeugennottestaments ohnehin vorzugehen hat.

Sollte er aufgrund besonderer Umstände zum eigenhändigen Testieren nicht in der Lage sein, so bestünde selbst dann noch immer die Möglichkeit, ein Zeugentestament als Notlagentestament zu errichten.

Abgesehen davon, daß es aus heutiger Sicht kaum verständlich ist, ausgerechnet für Seereisen eine Sonderregelung bereitzuhalten, nicht aber für vergleichbare, ja sogar intensivere Gefahrenlagen, wie z.B. Flugreisen, hat das Seetestament auch in der Praxis kaum Bedeutung.

Es ist vielmehr ebenfalls ein historisches Überbleibsel, das im Zuge einer Reformierung der außerordentlichen Testamentsformen gleichfalls abgeschafft werden sollte.

B. Mitwirkende

I. Zur Stellung der Zeugen

Die Stellung der drei Zeugen unterscheidet sich insofern von der Zeugenstellung beim Bürgermeistertestament, als sie nach heute h.M. nicht lediglich als bloße Überwachungs-, Schreib- oder Genehmigungszeugen hinzugezogen werden.[44] Sie verkörpern in ihrer Gesamtheit vielmehr die Urkundsperson selbst und treten an deren Stelle.[45] Es sind die Zeugen, die – in bewußtem Zusammenwirken – deren Beurkundungsfunktion übernehmen und dabei alle gleichermaßen für die Beurkundung verantwortlich sind.[46]

In den Motiven[47] findet sich allerdings ein hinter diesen modernen Anschauungen zurückbleibendes, weniger funktionales Verständnis der Zeugenstellung. Dort heißt es in diesem Zusammenhang: „Dennoch ist der Zweck der Zuziehung der Zeugen, ebenso wie bei der Errichtung eines Testaments in ordentlicher Form, zunächst nicht die Sicherung des Beweises, sondern die Erfüllung eines rechtsgeschäftlichen Erfordernisses. Die Zeugen bleiben auch hier Solennitätszeugen."

II. Zeugentauglichkeit

Die Anforderungen an die Tauglichkeit der Zeugen beim Dreizeugentestament sind strenger ausgestaltet als jene, die für die Zeugen beim Bürgermeistertestament gelten.

---

[44] BGH WM 1972, 224, 226; BGHZ 54, 89, 94.

[45] *Kretzschmar*, Erbrecht, § 19 II 28, S. 99.

[46] BGHZ 54, 89, 95; BGH NJW 1979, 202; OLG Frankfurt Rpfleger 1979, 202, 207; BayObLGZ 79, 232, 241; *Harder*, (Anm.) LM Nr. 4 zu § 2250; *Palandt-Edenhofer*, § 2250 Rn. 4; *von Lübtow*, Erbrecht, Band 1, S. 229.

[47] Mot. V. S. 285.

Dieser Umstand wird im Hinblick auf ihre beim Zeugentestament bestehende Funktion als Ersatz der Urkundsperson verständlich.

Der wesentliche Unterschied zu den Regelungen des Bürgermeistertestament besteht darin, daß die Zeugen hier bereits dann von der Mitwirkung ausgeschlossen sind, wenn sie der Ehegatte oder ein Verwandter des Erblassers in gerader Linie sind, § 6 BeurkG.

Ansonsten gelten die gleichen Ausschließungsgründe wie beim Bürgermeistertestament, mit Ausnahme freilich jener Vorschriften, die die Stellung der Zeugen zur Urkundsperson betreffen und nur für die Zeugen des Bürgermeistertestaments relevant sind.[48]

Ein in diesem Zusammenhang erörtertes Sonderproblem ergibt sich aus der Mitwirkung von mehr als drei Zeugen:

Das OLG Frankfurt hat in einem solchen Fall die Auffassung vertreten, daß bei der Mitwirkung von fünf Personen zur Errichtung eines Nottestaments die letztwillige Verfügung *nur wirksam sei, wenn keiner von ihnen gesetzlich von der Zeugenstellung ausgeschlossen* sei.[49]

Dieser Ansicht ist der BGH[50] unter Zustimmung der h.M. in der Literatur[51] entgegengetreten. Die Ausschlußvorschriften, so das Gericht, seien nämlich ohnehin nicht geeignet, eine Einflußnahme auf die Willensbildung des Erblassers durch materiell interessierte Personen nachhaltig zu verhindern. Bei Anwendung der strengen Maßstäbe des OLG Frankfurt würden letztlich auch redliche Personen getroffen, die selbst keinerlei Einfluß auf die Gestaltung des Nottestaments nehmen wollten und nur deshalb (zusätzlich) unterschrieben, weil sie sich in einem unbefangenen Sinne als „Zeugen“ der Errichtung des Testaments ansehen und sich wohlmöglich sogar gehalten glaubten, einer vermeintlichen Zeugenpflicht zu entsprechen.

Ein weiteres in diesem Zusammenhang von der neueren Rechtsprechung erörtertes Problem betrifft die Mitwirkung einer geistesschwachen Person bei der Errichtung eines Dreizeugentestaments. Das OLG Hamm[52] betont zu Recht, daß § 26 Abs. 2 Nr. 3 BeurkG, auf den § 2250 Abs. 3 S. 2 BGB verweist, nur

---

[48] Vgl. zu den Ausschließungsgründen 3. Teil, 1. Abschn. B. III. 1.

[49] OLG Frankfurt Rpfleger 1981, 303, 304.

[50] BGH NJW 1991, 3210, 3211.

[51] Stellvertretend für andere: *Palandt-Edenhofer*, § 2250 Rn. 5.

[52] OLG Hamm OLGZ 92, 29.

als Sollvorschrift ausgestaltet ist. Danach „soll“ als Zeuge nicht mitwirken, wer geisteskrank oder geistesschwach ist. Die Mitwirkung einer solchen Person führt demnach nicht automatisch zur Unwirksamkeit des Dreizeugentestaments. Das OLG Hamm führt zur Mitwirkungshandlung eines derartigen Zeugen aus: „... Es muß danach ausreichen, wenn diese Person zu dem Vorgang der Testamentserrichtung, sei es von dem Erblasser, sei es von einem anderen Zeugen, hinzugezogen wird und als Mitwirkung dasjenige leistet, wozu sie nach ihrem Geisteszustand überhaupt in der Lage ist. Darüber hinaus hat es bei der Voraussetzung zu verbleiben, daß auch dieser Zeuge bei dem gesamten Vorgang der Testamentserrichtung anwesend sein muß.“

III. Zeugenanzahl

Im Hinblick auf die bereits von der ursprünglichen Gesetzesfassung des BGB vorgeschriebenen Anzahl von drei Zeugen stellt sich die Frage, ob hieran auch aus heutiger Sicht festzuhalten ist, oder aber eine Verminderung der Zeugenzahl auf nur zwei oder gar eine Person in Betracht kommt.

Bei der Feststellung der heutzutage angemessen erscheinenden Zeugenzahl sind unterschiedliche und miteinander konkurrierende Aspekte zu berücksichtigen.

Geht man davon aus, daß im Rahmen des Zeugentestaments richtigerweise nur an dem Mindestmaß der absolut notwendigen Errichtungsformanforderungen festzuhalten ist[53], so könnte man erwägen, als Kompensation für die massive Formerleichterung zumindest an der höheren Zeugenanzahl von drei Zeugen festzuhalten.

Je höher die Zeugenanzahl, so ließe sich argumentieren, desto größer ist auch der Wert jener Zeugenaussagen, die in Übereinstimmung mit den anderen Zeugen erfolgen. Ein Richter wird Zweifel daran, daß der Zeuge die Erblasserklärung richtig aufgefaßt und auch die Umstände der Errichtung zutreffend dargestellt hat, eher zurückstellen, wenn dessen Bekundung mit denen zweier weiterer Personen übereinstimmt. Auch die Gefahr, daß die Zeugen gemeinsam bewußt einen falschen Sachverhalt wiedergeben, sinkt mit der Höhe der Zeugenzahl, da der Konsens über ein betrügerisches Zusammenwirken unter drei Personen regelmäßig schwerer herzustellen ist als unter zwei. Sprechen auch diese

[53] Vgl. hierzu 2. Teil, 3. Abschn. C. II.

Aspekte eher für die Beibehaltung dreier Zeugen, so ist doch andererseits zu berücksichtigen, daß die festzulegende Zeugenanzahl den Besonderheiten der Notsituation gerecht zu werden hat.

So gilt es zu bedenken, daß das Hinzuziehen dreier Personen in vielen Notlagen praktisch gar nicht durchführbar sein wird. In einer Vielzahl von Notsituationen werden außer dem in Bedrängnis befindlichen Erblasser weder drei weitere Personen anwesend noch hinreichend schnell erreichbar sein, um für eine Testamentserrichtung zur Verfügung zu stehen. Selbst wenn jedoch die erforderliche Personenzahl versammelt ist, so mag nun das weitere Problem hinzutreten, daß die gesetzlichen Ausschließungsgründe die Mitwirkung einzelner unmöglich machen, und zwar weil diese entweder selbst bedacht werden sollen, oder zum engeren Verwandtenkreis des Erblassers zählen, §§ 6, 7 BeurkG.

Eine solche Situation dürfte dabei durchaus nicht selten eintreten und kann insbesondere im Rahmen von Ausflügen oder Unternehmungen im Familien- oder Freundeskreis akut werden.

Die in diesen Fällen eingreifenden Ausschließungsgründe, die auf der einen Seite das Auffinden geeigneter Zeugen erschweren, führen jedoch andererseits zugleich zu einer Erhöhung der Glaubwürdigkeit der tatsächlich tauglichen Zeugen. Auf diese Weise tragen sie ihrerseits zu einer Verringerung der zur Erreichung einer vertrauenswürdigen Beurkundung erforderlichen Zeugenanzahl bei, indem sie nämlich die Qualität des einzelnen Zeugen steigern.

Wollte man nun eine möglichst umfassende Authentizitätssicherung einerseits durch das Erfordernis einer hohen Zeugenzahl sowie andererseits durch die Anlegung strenger Ausschließungsgründe und mithin doppelt sichern, so erscheint dies für die Nottestamentserrichtung zunächst bereits deshalb als unangebracht, weil sie in Ermangelung der erforderlichen Anzahl geeigneter Zeugen allzu häufig scheitern muß. Dieser gravierende Nachteil wird durch den Vorzug einer doppelten Authentizitätssicherung jedoch kaum aufgewogen, weil diese im Bereich der Nottestamente hinter dem vorrangigen Erfordernis der Schaffung notlagengerechter Testiermöglichkeiten zurückzutreten hat. Überdies erscheint es vollauf ausreichend und vor diesem Hintergrund auch praxisgerechter, die Zahl der erforderlichen Zeugen auf lediglich zwei zu begrenzen.

Bereits die strikten Ausschließungsgründe stellen durch ihre abstrakte Auswahl vertrauenswürdiger Zeugen ein Mindestmaß an Glaubwürdigkeitsgewährleistung sicher. Das daneben gleichfalls abzusichernde Risiko des Mißverstehens der Erblassererklärung wird durch immerhin noch zwei Zeugen bereits wirksam eingedämmt.

Dagegen würde eine weitere Reduzierung auf einen Zeugen die notwendige Kontrolle der Zeugen untereinander gänzlich entfallen lassen. Auch erfordert die Beweisbarkeit der Authentizität, daß zumindest zwei Personen bei der Testamentserrichtung mitgewirkt haben, da es gerade der Umstand übereinstimmender Bekundungen zum Inhalt der Erblassererklärung ist, die für die Meinungsbildung des Gerichts regelmäßig von erheblichem Gewicht sein dürfte.

Daß im Einzelfall und als Folge eines nur noch schwer verstehbaren Erblassers möglicherweise eine eindeutige, übereinstimmende Übermittlung durch zwei Zeugen nicht möglich sein mag, ist ein hinnehmbares Risiko, das auch durch drei Zeugen letztlich nicht auszuschließen ist, und zudem durch die Vorteile der erhöhten Praktikabilität einer Testamentserrichtung mit Hilfe nur zweier Zeugen mehr als ausgeglichen wird.

Schließlich ist zu berücksichtigen, daß die hiernach als ausreichend anzusehende Zahl von zwei Zeugen nur ein Mindesterfordernis darstellt und es ohne weiteres möglich ist, auch weitere taugliche Zeugen heranzuziehen und gleichfalls zur Beweiserbingung zu nutzen.[54]

In diesem Zusammenhang ist es bemerkenswert, daß sich der mit der Testamentsrechtsreform des Jahres 1938 befaßte Erbrechtsausschuß selbst grundsätzlich mit nur zwei Zeugen zufrieden geben wollte. Hierüber berichtet Lange am Rande wie folgt[55]: „Der Erbrechtsausschuß glaubt darum bei dem Erfordernis stehen bleiben zu müssen, daß einer *der 2 Zeugen* den letzten Willen niederschreibt ... ."

Daß sogar nach derzeitiger Gesetzeslage ausnahmsweise „quasi" ein Zweizeugentestament Gültigkeit hat, zeigt der vom OLG Hamm erörterte Sonderfall der Mitwirkung eines geistesschwachen Zeugen beim Dreizeugentestament.[56] Dazu führt das OLG Hamm aus: „Das läuft im Ergebnis darauf hinaus, daß die Verantwortung für die richtige Wiedergabe der Erklärung von den übrigen Zeugen allein getragen wird; es handelt sich dann der Sache nach um ein Zweizeugentestament".

Schließlich bleibt darauf hinzuweisen, daß auch andere deutschsprachige Rechtsordnungen, wie die der Schweiz sowie der ehemaligen DDR, die Hinzu-

---

[54] Vgl. insoweit BGH NJW 1991, 1310, 1312 zur Mitwirkung von überschüssigen Zeugen, bereits erwähnt oben 4. Teil, 1. Abschn. B. II.

[55] *Lange*, 1. Denkschrift, S. 92; Hervorhebungen durch die Verfasserin.

[56] OLG Hamm OLGZ 92, 29, 34, siehe dazu bereits 4. Teil, 1. Abschn. B. II.

ziehung lediglich zweier Zeugen zur Beurkundung der Erblassererklärung für ausreichend erachten.[57]

2. Abschnitt
Die Errichtungsvorschriften

A. Mündliche Erblassererklärung

I. Darstellung der Gesetzeslage und deren Auslegung

Hinsichtlich der Begrifflichkeit der mündlichen Erklärung und dem diesbezüglichen Meinungsstand in Literatur und Rechtsprechung kann hier auf die Ausführungen zum Bürgermeistertestament verwiesen werden, gegenüber denen sich insoweit keinerlei Unterschiede ergeben.[58]

II. Überprüfung des Erfordernisses der Mündlichkeit der Erblassererklärung

Anders als noch im Rahmen des Bürgermeistertestaments, bei dem stets die *Sicherstellung der Authentizität* als Maßstab der kritischen Würdigung der notwendigen Formanforderungen zu dienen hatte, ist beim Dreizeugentestament ein weniger strenger Maßstab anzulegen. Kriterium der Überprüfung ist hier die *Möglichkeit der Ermittlung der Authentizität im Regelfall.*[59]

Wurde bei der Überprüfung des Formerfordernisses der Mündlichkeit der Erblassererklärung noch beim Bürgermeistertestament an dieser Voraussetzung festgehalten, und zwar im Hinblick auf die gebotene Sicherstellung der Authentizität, so ist nun zu untersuchen, ob dies auch dann zu gelten hat, wenn es die Möglichkeit der Authentizitätsermittlung zu gewährleisten gilt.

Zu untersuchen ist daher, ob eine zuverlässige Authentizitätsermittlung ausschließlich auf der Grundlage einer mündlichen Erblassererklärung erfolgen

[57] Vgl. 4. Teil, 3. Abschn. A. I., II.

[58] Vgl. 3. Teil, 2. Abschn. A. I.

[59] Vgl. 2. Teil, 3. Abschn. C. II.

kann oder es hierzu vielmehr ausreicht, wenn der Erblasser sich zur Erklärung seines letzten Willens einer Zeichensprache bedient.

1. Gefahr der unbewußten Falschübermittlung[60]

Das Fehlen einer mündlichen Erklärung erhöht infolge der bereits im Rahmen des Bürgermeistertestaments erörterten Unzuverlässigkeit der Zeichensprache die Gefahr der unbewußten Falschübermittlung.[61]

Dies wäre für das Zeugentestament allerdings dann hinnehmbar, wenn trotz der hierdurch gesteigerten Gefahr von Mißverständnissen die Authentizität der beurkundeten Erblassererklärung in der Regel gleichwohl zuverlässig ermittelt werden könnte.

Werden hierzu die Zeugen zum Hergang der Testamentserrichtung vernommen, d.h. auf allgemeine Beweismittel zurückgegriffen, so können sie allein dazu befragt werden, in welcher Weise sie die Zeichen des Erblassers wahrgenommen haben und wie diese nach ihrer Meinung nach zu interpretieren seien. Diese notwendig eingeschränkte Fragestellung läßt jedoch selbst dann Restzweifel am tatsächlich geäußerten Willen des Erblassers bestehen, wenn die Zeugen eine übereinstimmende Wahrnehmung und Deutung der verwendeten Zeichen bekunden.

---

[60] Die im Rahmen des Dreizeugentestamentes gewählte Untersuchungsfolge hinsichtlich der Gefahren unbewußter bzw. bewußter Falschübermittlungen findet sich bei der Darstellung des Bürgermeistertestamentes nicht. Der Grund hierfür liegt in der bereits erörterten, unterschiedlichen Qualität der Authentizitätsgewährleistung beider Testamentsformen. Diese hat im Rahmen des Bürgermeistertestamentes auf dem hohen Niveau der *Sicherstellung* zu erfolgen, daß die Nachprüfung, ob einzelne Formerfordernisse gänzlich entfallen könnten, ohne hierbei die Gefahren bewußter und unbewußter Falschübermittlungen drastisch zu erhöhen, letztlich nicht genügend aussagekräftig ist. Selbst wenn nämlich der Verzicht auf ein konkretes Formerfordernis dieses Risiko nicht maßgeblich erhöhen würde, so wäre noch keine Erkenntnis darüber gewonnen, ob nicht aufgrund der übergeordneten Anforderung der Authentizitätssicherstellung durch Formen gleichwohl an dem jeweiligen Formerfordernis festgehalten werden müßte. Dies jedoch ist dort anders, wo lediglich die *Gewährleistung der Authentizitätsermittlung* zu besorgen ist und mithin lediglich an den hierzu erforderlichen, minimalen Formerfordernissen festzuhalten ist. Hier nämlich ist im Kern lediglich dafür zu sorgen, daß sich die authentische Erblassererklärung auch dann noch ermitteln läßt, wenn man statt der Formerfordernisse allgemeine Beweismittel zuläßt und diese dadurch ersetzt. Erst wenn die Gefahr der bewußten und unbewußten Falschübermittlung bei Verzicht auf die einzelnen Formvorschriften nicht derart übermäßig erscheint, daß eine Authentizitätsermittlung gefährdet ist, kann auf die Verzichtbarkeit der einzelnen Formerfordernisse geschlossen werden.

[61] Vgl. 3. Teil, 2. Abschn. A. II. 1.

Wie bereits bei der Erörterung des Bürgermeistertestaments dargelegt, bringt gerade die Interpretation der Zeichensprache des todgeweihten, geschwächten Erblassers erhebliche Schwierigkeiten mit sich, da weder davon ausgegangen werden kann, daß dieser selbst gebräuchliche Zeichen zutreffend verwendet, noch davon, daß die Zeugen die möglicherweise mehrdeutigen und unsicheren Gebärden in korrekter Weise verstehen.

Die einzig entscheidende Person, die allein diese Zweifel beseitigen könnte, ist der Erblasser selbst, der zum Zeitpunkt des Wirksamwerdens seiner letztwilligen Verfügung nicht mehr lebt und daher auch nicht über die tatsächliche Bedeutung der von ihm verwendeten Zeichen befragt werden kann.

Da sich somit im Regelfall gewisse Restzweifel an der Eindeutigkeit eines durch Zeichen erklärten letzten Willens nicht werden beseitigen lassen, muß an dem Erfordernis der Mündlichkeit auch im Rahmen des Dreizeugentestaments festgehalten werden. Nur auf einer solchen Grundlage läßt sich die Beweisbarkeit des Erblasserwillens ermöglichen und damit eine zuverlässige Authentizitätsermittlung gewährleisten.

2. Gefahr der bewußten Falschübermittlung

Die Gefahr vorsätzlichen Mißbrauchs ist von der Art und Weise der Erklärungsübermittlung unberührt, da eine letztwillige Erklärung, sei sie durch Zeichen oder mündlich erklärt, gleichermaßen gefälscht werden kann.

So bleibt festzuhalten, daß das Erfordernis der Mündlichkeit der Erblassererklärung im Hinblick auf die Gefahren der unbewußten Falschübermittlung unverzichtbar ist.

B. Niederschrift

I. Darstellung der Gesetzeslage und deren Auslegung

Hinsichtlich der Anwendbarkeit des § 2249 Abs. 6 BGB und der sich unter diesem Gesichtspunkt ergebenden Diskussion über begriffsnotwendige Bestandteile der Niederschrift kann hier gleichfalls auf die Ausführungen zum Bürgermeistertestament verwiesen werden.[62] Auch insoweit bestehen keine Unterschiede beider Testamentsformen.

Ergänzend bleibt darauf hinzuweisen, daß die Niederschrift des Dreizeugentestaments im Unterschied zu der des Bürgermeistertestaments nach h.M. keine öffentliche, mit der Beweiskraft des § 415 ZPO ausgestattete Urkunde darstellt, sondern lediglich als Privaturkunde zu qualifizieren ist.[63]

Diese Differenzierung wird allerdings von Bengel bestritten.[64] § 2250 Abs. 3 BGB verweise auf die für das öffentliche Testament geltenden Vorschriften des Beurkundungsgesetzes. Die Zeugen träten an die Stelle der sonst tätigen Amtsperson, so daß den von ihnen beurkundeten Erklärungen gleichfalls öffentlicher Glaube zukommen müsse. Daß auch die Niederschrift eine öffentliche Urkunde darstelle, folge aus der in § 1 Abs. 2 BeurkG enthaltenen und durch § 57 Abs. 3 Nr. 11 b) BeurkG modifizierten Geltungserstreckung des Beurkundungsgesetzes.

II. Überprüfung der Niederschriftserfordernisse

Bengel verkennt allerdings den Anknüpfungspunkt für die erhöhte Beweiskraft des § 415 ZPO. Nicht der nach bestimmten Regeln erfolgende Beurkundungsvorgang allein, sondern vielmehr auch die Vertrauensstellung der Urkundsperson führen zu der gesetzgeberischen Wertung, daß einer Urkunde erhöhte Beweiskraft zukommt.

Die Zeugen, die anstelle der Urkundsperson handeln, sind jedoch beliebige Personen. Allein aufgrund ihrer, letztlich rein zufälligen Ersatzfunktion, kann ihnen ein erhöhtes Vertrauen kaum entgegengebracht werden.

Die Folge, daß die Urkunde des Zeugentestaments als Privaturkunde anzusehen ist und daher z.B. auch nicht als Nachweis im Grundbuchverfahren ausreicht, wie dies von der h.M.[65] vertreten wird, erscheint daher angemessen.

---

[62] Vgl. 3. Teil, 2. Abschn. B. I. 3.

[63] Mot. V. S. 285; BGH LM Nr. 1 zu § 416 ZPO; BayObLGZ 79, 232; *Palandt-Edenhofer*, § 2250 Rn. 5; *Staudinger-Firsching*, § 2250 Rn. 16; *Schlüter*, Erbrecht, S. 115.

[64] Dit / Rei / Be-Be § 2250 Rn. 28 f.

[65] *Meikel-Roth*, Grundbuchrecht, Band 2, § 35 Rn. 100; *Horber / Demharter*, GBO, § 35 Rn. 34; a.A. *Haegele*, Grundbuchrecht, § 35 Rn. 296.

Dem Dreizeugentestament kommt jedoch die Beweiskraft des § 416 ZPO zu und ist damit jedenfalls als Privaturkunde zu qualifizieren, sofern der Erblasser die Errichtungsurkunde als deren Aussteller unterschrieben hat.[66]

Die konkrete Überprüfung des im Rahmen des Zeugentestaments erforderlichen Niederschriftsinhaltes hängt wiederum unmittelbar mit der Frage zusammen, ob an einer Niederschriftsanfertigung zu Lebzeiten überhaupt festzuhalten ist oder vielmehr eine nachträgliche Protokollierung zuzulassen ist.

Die hiermit verbundenen Fragen stellen sich aber konsequenterweise erst dann, wenn die Überprüfung der für das Dreizeugentestament bestehenden gesetzlichen Erfordernisse ergeben sollte, daß diejenigen Vorschriften, die die Anwesenheit des Erblassers bei der Niederschriftsanfertigung zwingend voraussetzen (z.B. das Vorlesen und Genehmigen), ihrerseits verzichtbar sind.

C. Vorlesen und Genehmigen der Niederschrift

I. Darstellung der Gesetzeslage und deren Auslegung

Die Bedeutung des Vorlesens und Genehmigens sowie die Auslegung durch die h.M. wurde bereits im Rahmen des Bürgermeistertestaments erörtert.[67] Insoweit ergeben sich für das Dreizeugentestament keine Abweichungen.

II. Überprüfung des Erfordernisses des Vorlesens und Genehmigens der Niederschrift

Ob auch das dort gefundene Überprüfungsergebnis, demzufolge für das Bürgermeistertestament an den Formvoraussetzungen des Vorlesens und Genehmigens festzuhalten ist, in gleicher Weise auf das Zeugentestament übertragbar ist, bedarf der näheren Untersuchung.

Zu prüfen ist dabei hier, ob im Falle des Verzichts auf das Vorlesen und Genehmigen gleichwohl eine zuverlässige Authentizitätsermittlung in aller Regel möglich bleibt.

---

[66] BGHZ 37, 79, 91.

[67] Vgl. 3. Teil, 2. Abschn. C. I.

1. Gefahr der bewußten Falschübermittlung

Dabei wird zunächst die Gefahr einer bewußten Falschübermittlung durch einen Verzicht auf die Vorgänge des Verlesens und Genehmigens nicht erhöht.

Die hier zu untersuchenden Formerfordernisse sind nämlich durchaus nicht geeignet, Fälschungen oder sonstigen Mißbräuchen vorzubeugen. So wäre es für unredliche Zeugen beispielsweise ohne weiteres möglich, das Vorlesen der Niederschrift dadurch zu manipulieren, daß sie dem Erblasser dessen vermeintlich niedergelegte Erklärung zum Schein vorlesen, in Wirklichkeit aber eine gefälschte Fassung zu Papier gebracht haben.

Darüber hinaus läßt sich die Einhaltung eines das Vorlesen und Genehmigen betreffenden Formerfordernisses letztlich ohnehin nicht mit Gewißheit nachprüfen. Ohne weiteres nämlich könnten die Zeugen hiervon absehen, gleichwohl aber die Einhaltung dieses Formerfordernisses in einer späteren Beweisaufnahme wahrheitswidrig bekunden, was ihnen auch kaum zu widerlegen sein wird.

2. Gefahr der unbewußten Falschübermittlung

Dagegen erhöht sich die Gefahr der unbewußten Falschübermittlung bei Verzicht auf die Erfordernisse des Vorlesens und Genehmigens dadurch, daß gerade derjenige Kontrollgang entfällt, der dem Erblasser und den Zeugen eine unmittelbare Überprüfung der Authentizität der Niederschrift ermöglicht.

Fraglich ist allerdings, ob die hierdurch gesteigerte Gefahr der irrtümlichen Übermittlung tatsächlich zu einem Festhalten an der Notwendigkeit des Vorlesens und Genehmigens zwingt.

Da es sich hier um Nottestamentsvorschriften sowie überdies um solche eines bloßen Zeugentestaments handelt, sind bei der Beantwortung der Frage vor allem die folgende Aspekte zu berücksichtigen.

a) Vorlesen und Genehmigen als überflüssige Formalität

So wird man sich einerseits mit der Erwägung auseinanderzusetzen haben, daß die typische Errichtungssituation von Zeugentestamenten eine Rückversicherung durch Vorlesen und Genehmigen allzu häufig als bloße Formalität erscheinen läßt. Oftmals wird es sich bei der Erblassererklärung nämlich um eine kurze, einprägsame Äußerung handeln, die eines förmlichen Rückversicherungsprozesses schlichtweg nicht bedarf.

Gerade der todgeweihte und geschwächte Erblasser wird häufig kaum mehr in der Lage sein, komplizierte und schwer einprägsame Verfügungen zu treffen, sondern muß sich regelmäßig darauf beschränken, sein Hauptanliegen in aller Knappheit zu artikulieren, um dieses überhaupt noch zur Geltung zu bringen. Bei derartigen kurzen, leicht zu erinnernden Verfügungen jedoch, gerät eine obligatorische Rückkontrolle durch Vorlesen und Genehmigen zu einer überzogenen und sinnentleerten Anforderung, da hier die Gefahr einer unzutreffenden Wahrnehmung des Erblasserwillens und deren Niederlegung denkbar gering ist.

Auch eine Vielzahl von in der Rechtsprechung behandelten Fällen belegt, daß die Praxis der Zeugentestamente von knappen und eindeutigen letztwilligen Verfügungen beherrscht wird. So werden beispielsweise häufig lediglich einzelne Erben bestimmt oder aber ausgeschlossen.

Typisch sind hierbei Verfügungen wie „Mein Hab und Gut gehört der Rosel“[68]; oder „Hiermit bestimme ich, daß meine Nichte Fräulein Hertha Th. Berlin-W., P.-Straße 9 meine alleinige Erbin ist und mein Grundstück, Haus und allen weiteren Nachlaß erben soll“[69], oder „Mein ganzes Vermögen, bestehend aus meinem Hausgrundstück, dem gesamten Hausrat und aus meinem Barvermögen, soll meine Schwester Anna E. und, wenn diese stirbt, mein Neffe Lothar E. haben.“[70]

Ohne weiteres kann in derartigen Fällen davon ausgegangen werden, daß eine authentische Erklärungswiedergabe auch ohne die Rückversicherung durch den formellen Vorgang des Vorlesens und Genehmigens gelingen wird, zumal die Anwesenheit mehrerer Zeugen das selbst hier verbleibende Restrisiko von Mißverständnissen auf eine gewiß hinnehmbares Mindestmaß begrenzt.

Zu diesem beherrschenden Regelfall der Nottestamentserrichtung führt nicht zuletzt auch der Umstand, daß diejenigen, die komplexe letztwilligen Verfügungen zu treffen wünschen, dies regelmäßig rechtzeitig und durch Errichtung eines ordentlichen Testaments bewerkstelligen. Jene aber, die in letzter Sekunde ein Nottestament errichten müssen, werden, wenn sie sich auch zuvor keine

---

[68] Vgl. Sachverhalt OLG Freiburg HEZ 2, 338, 340.

[69] Vgl. Sachverhalt KG SJW 1948, 200.

[70] Vgl. Sachverhalt RG DR 1944, 841.

differenzierten Überlegungen zur Verteilung ihres Vermögens gemacht haben, nur in den seltensten Fällen noch im Angesicht des Todes komplizierte und detaillierte Verfügungen äußern.

Natürlich gibt es daneben auch Verfügungen, die den beschriebenen typischen Rahmen sprengen und daher einer Rückversicherung bedürfen mögen. Doch hat eine schlüssige Konzeption des Zeugentestaments gerade die extreme Notsituation als Regelfall anzunehmen und somit zunächst davon auszugehen, daß der todgeweihte Erblasser eher dazu neigen wird, sich auf die wesentlichen Punkte zu konzentrieren. Auch ist es nach dem hier angelegten Maßstab nicht – wie beim Bürgermeistertestament – erforderlich, die Authentizität sicherzustellen, sondern lediglich die Ermittelbarkeit in aller Regel zu gewährleisten.

b) Rückversicherung auf andere Weise

Eine interessante Besonderheit stellen jene Fälle dar, in denen die Zeugen zwar nicht die vom Gesetz vorgesehene Rückkontrolle durch Vorlesen und Genehmigen durchgeführt haben, jedoch auf andere Weise sicherzustellen versuchten, daß sie die Erblassererklärung richtig verstanden und wiedergegeben haben. Mögen diese Maßnahmen hierzu zwar nicht in jedem Fall ausreichend erscheinen und werden sie daher von der h.M. auch zu Recht nicht als allgemeiner Ersatz für das Vorlesen und Genehmigen anerkannt[71], so ist doch andererseits unbestreitbar, daß sie vielfach auch geeignet sein können, eine hinreichende Kontrolle tatsächlich zu ermöglichen und in diesem Falle auch eine entsprechende Würdigung verdienen.[72]

Folgender Rechtsprechungsfall soll hierfür als Beispiel dienen[73]:

Der Erblasser, der an Lungentuberkulose erkrankt war, hatte im Krankenhaus vor vier Zeugen mündlich seinen letzten Willen erklärt. Nachdem eine Zeugin die Erklärungen des Erblassers in ihrem Büro maschinenschriftlich niedergelegt hatte, las der Erblasser die Niederschrift in Anwesenheit der vier Zeugen durch und unterschrieb sie sodann. Nach ihm unterschrieben auch zwei der vier Zeugen. Eine Verlesung der Niederschrift unterblieb.

---

[71] Vgl hierzu 3. Teil, 2. Abschn. C. I. 3. b) c).

[72] Hier geht es ohnehin nur um die Fälle, in denen eine Rückversicherung nicht, wie unter a) erörtert, als entbehrlich erscheint.

[73] OLG Frankfurt Rpfleger 1979, 206 f.

Das OLG Frankfurt lehnte die Wirksamkeit des Testaments mit folgender Argumentation ab: „Das Verlesen der Niederschrift soll es dem Notar ermöglichen, festzustellen, ob das, was der oder die Beteiligten als ihren Willen erklärt haben, von ihm richtig wiedergegeben ist. Dagegen kann er nicht in gleicher Weise zuverlässig prüfen, ob seine Wahrnehmungen mit denen der Beteiligten übereinstimmen, wenn diese die Niederschrift nur selbst lesen. ... Die aufgezeigten Grundsätze gelten auch für die Beurkundung eines Nottestaments vor dem Bürgermeister einer Gemeinde nach § 2249 und für die Errichtung eines Testaments durch mündliche Erklärung vor drei Zeugen nach § 2250 Abs. 2 BGB.“

Zwar ist dem OLG Frankfurt insofern beizupflichten, daß das Vorlesen eine bessere Kontrollmöglichkeit bietet als das bloße Selbstlesen, welches den Vorteil der unmittelbaren Überprüfung der Erblasserreaktion durch die Mitwirkenden entbehrt. Aber dennoch kann nach den Umständen des Einzelfalls auch eine weniger wirkungsvolle Kontrolle durchaus ausreichen, um die Authentizität der letztwilligen Verfügung überprüfen zu können.

So kann im vorliegenden Fall davon ausgegangen werden, daß der Erblasser durch die nach dem Durchlesen erfolgte Unterschriftsleistung seine Zustimmung zu Art und Inhalt der Niederschrift seines letzten Willens zum Ausdruck brachte und diese deshalb auch zweifellos seinen letzten Willen zutreffend wiedergibt.

Diesem Laientestament die Wirksamkeit deshalb abzusprechen, weil der nach dem Beurkundungsgesetz für notarielle Beurkundungen vorgeschriebene Kontrollweg durch Verlesen nicht eingehalten wurde, widerspricht im Ergebnis somit eklatant der Zielsetzung, die Formen für den Notbehelf des Zeugentestaments auf ein zur Gewährleistung der Authentizitätsermittlung unverzichtbares Minimum zu reduzieren.

Gerade weil es sich hier nämlich um Nottestamentsvorschriften handelt, wäre es vielmehr sachgerecht, das Gericht im konkreten Einzelfall überprüfen zu lassen, auf welche Weise sich die Zeugen Gewißheit über die zutreffende Wiedergabe der Erblassererklärung verschafft haben, um alsdann beurteilen zu können, ob dies nach den Umständen des Einzelfalls als ausreichend angesehen werden kann. Dem hier angelegten Maßstab der zwingend erforderlichen *Gewährleistung der Authentizitätsermittlung* – wenn nötig durch Heranziehen allgemeiner Beweismittel – würde ein solches Vorgehen problemlos gerecht, ja entspräche ihm sogar ideal.

So erscheint beispielsweise auch als durchaus denkbar, daß ein lautes Diktat, das von der h.M. als Ersatz für das Vorlesen und Genehmigen abgelehnt wird[74], bei eindeutigen unkomplizierten Verfügungen ausreicht, sofern auch die sonstigen Umstände keinen Zweifel daran lassen, daß der Erblasser zu Einwänden zwar grundsätzlich noch befähigt, mit dem Inhalt des Verlesenen jedoch vollauf einverstanden war.

So ist im Ergebnis festzuhalten, daß ein Verzicht auf Verlesen und Genehmigen einerseits die Gefahr bewußter Falschübermittlungen nicht erhöht, daß sich jedoch die Gefahr einer unbewußten Falschübermittlung andererseits in vielen Fällen durch eine spätere Zeugenbefragung kompensieren läßt. Das Vorlesen und Genehmigen ist demnach nicht als ein für die Authentizitätsermittlung unerläßlicher Vorgang anzusehen.

D. Erblasserunterschrift

I. Darstellung der Gesetzeslage und deren Auslegung

Hinsichtlich Darstellung und Auslegung der gesetzlichen Lage kann hier wiederum auf die Ausführungen zur Bürgermeistertestament verwiesen werden.[75]

Anläßlich der Testamentsrechtsreform des Jahres 1938 angestellte Überlegungen, die gesetzlichen Anforderungen des Dreizeugentestaments zu erleichtern, vermochten sich nicht durchzusetzen. Der mit den Reformarbeiten befaßte Erbrechtsausschuß hatte in dieser Frage vorgeschlagen, unter bestimmten Umständen auf das Erfordernis der Erblasserunterschrift zu verzichten.

Hierzu berichtet Lange[76]: „Von dem Erfordernis der (Erblasser-)Unterschrift will er (der Erbrechtsausschuß) nur absehen, wenn der Erblasser vor wenigstens drei Zeugen den letzten Willen erklärt; dieser niedergeschrieben und verlesen wird.“

---

[74] Vgl. 3. Teil, 2. Abschn. C. I. 3. c).

[75] Vgl. 3. Teil, 2. Abschn. D. I.

[76] *Lange*, 1. Denkschrift, S. 92.

II. Überprüfung des Erfordernisses der Erblasserunterschrift

1. Gefahr der unbewußten Falschübermittlung

Die Erblasserunterschrift unter der Niederschrift ist zunächt durchaus kein untrügliches Zeichen dafür, daß die dort wiedergegebene Erblassererklärung tatsächlich authentisch aufgezeichnet wurde. Auch wenn der Erblasser nämlich seine Unterschrift leistet, haben die Zeugen keine Gewißheit darüber, ob der Erblasser hierbei zugleich eine genaue inhaltliche Kontrolle der Niederschrift vornahm. Von einer derartigen Kontrolle mag man zwar bei der Unterschriftsleistung unter gewöhnlichen Umständen ausgehen können, nicht aber bei einem kurz vor dem Tode stehenden Erblasser, dessen Konzentrationsfähigkeit häufig nur noch unvollkommen gegeben ist.

Die Erblasserunterschrift läßt jedoch andererseits zumindest erkennen, daß die Niederschrift in engem zeitlichen Zusammenhang mit der Erblassererklärung erfolgt ist, und sie zudem noch in Anwesenheit des Erblassers gefertigt und abgeschlossen wurde. Die Niederschrift, so läßt die Unterzeichnung durch den Erblasser erkennen, ist hier nicht erst nach dem Ableben des Erblassers und auf der Grundlage einer verblassenden Erinnerung gefertigt worden, sondern stellt sich vielmehr als direkte Aufzeichnung des vom Erblasser geäußerten Willens dar.

Der vermittels der Erblasserunterschrift somit gewährleistete enge zeitliche Zusammenhang zwischen Willenserklärung und Niederschriftsaufnahme hat daher zumindest den Vorteil, daß die Gefahr von Erinnerungsschwächen der Zeugen und der hieraus resultierenden Fehlerhaftigkeit späterer Aufzeichnungen wirksam gebannt ist.

2. Gefahr der bewußten Falschübermittlung

Auch bei Berücksichtigung der notlagenbedingten, verminderten Kontrollfähigkeit des Erblassers ist die Gefahr der Fälschung bei Fehlen der Erblasserunterschrift erheblich erhöht. Muß dem Erblasser die Niederschrift zur Unterzeichnung vorgelegt werden, so haben Übelwollende nämlich jedenfalls mit der Möglichkeit zu rechnen, daß der Erblasser die Niederschrift zumindest einer kursorischen Prüfung unterzieht, zumal er den Zeugen regelmäßig nicht das gleiche Vertrauen entgegenbringen wird, wie einer beurkundenden Amtsperson.

Zudem verhindert das Erfordernis der Erblasserunterschrift, daß die Niederschrift im nachhinein zu jedem späteren Zeitpunkt ohne weiteres geändert und verfälscht werden kann. Die Erblasserunterschrift setzt einen Schlußpunkt unter die Niederschrift und damit zugleich ein festes Zeichen dafür, daß gerade diese, hierdurch auch optisch abgeschlossene Niederschrift, als Testament aufgenommen wurde. Die Erblasserunterschrift sorgt auf diese Weise dafür, daß der Niederschriftstext nach der Testamentserrichtung weder einfach ausgetauscht oder ergänzt werden kann, und stellt damit – wenn auch gewiß keinen absoluten Schutz – so doch zumindest eine beträchtliche Hürde für etwaige spätere Manipulationen dar.

3. Beweisbarkeit der Authentizität

Vor diesem Hintergrund ist fraglich, ob die Authentizität einer Niederschrift auch dann noch zuverlässig ermittelt bzw. bewiesen werden kann, wenn das Erfordernis der Erblasserunterschrift aufgegeben würde.

Die bisherigen Erwägungen verdeutlichen, daß gerade beim Zeugentestament ein verstärkter Bedarf nach einem äußerlich erkennbaren Zeichen der Genehmigung durch den Erblasser besteht, da diesbezüglichen Bekundungen der Zeugen weniger Gewicht beizumessen ist , als denen einer Amtsperson.

Gleichwohl darf dieses Argument nicht als ausschlaggebend bewertet werden, da eine solche Sichtweise bereits im Ansatz der Grundtendenz zuwiderläuft, nach der die Formanforderungen des Zeugentestaments gegenüber jenen des Bürgermeistertestaments herabzusetzen sind, um hiermit dem Verhältnis beider Nottestamentsformen zueinander sowie dem erhöhten Formnichtigkeitsrisiko des Zeugentestaments gerecht werden zu können.

Gelangt man aber im Rahmen des Bürgermeistertestaments zu dem Ergebnis, daß die Erblasserunterschrift nicht zwingend zu fordern sein dürfe[77], so darf auch für das Zeugentestament nicht an dieser Voraussetzung festgehalten werden.

Zwar ist die Erblasserunterschrift durchaus ein wertvoller Anhaltspunkt für die Authentizitätsermittlung und auch geeignet, deren Beweisbarkeit zu erleichtern. Sie ist hierzu aber andererseits keineswegs unentbehrlich. Auch hier gilt, daß die Funktion der Erblasserunterschrift in einer die Authentizitätsermittlung

[77] Vgl. 3. Teil, 2. Abschn. D. II.

gewährleistenden Weise durch Befragung der Zeugen im Prozeß ersetzbar erscheint, da diese in aller Regel dasjenige werden bekunden können, was auch der Erblasser mit seiner Unterschrift zum Ausdruck gebracht hätte.

Zum Schutz vor Manipulationen sollten zudem besser solche Vorkehrungen getroffen werden, die das Risiko der Formnichtigkeit in geringerem Maße beinhalten als ein Beharren auf dem Erfordernis der Erblasserunterschrift.[78]

Die Gefahr nämlich, daß der Erblasser vor der Unterschriftsleistung verstirbt oder aus sonstigen notstandsbedingten Gründen nicht mehr zu unterschreiben vermag, ist gerade bei einer Testmentserrichtung in unmittelbarer Todesgefahr typischerweise verstärkt gegeben. Formerfordernisse jedoch, die gerade den typischen Risikolagen entsprechender Notsituationen nicht gerecht werden, erscheinen als Nottestamentsformen wenig geeignet, da sie den eigentlichen Wert einer erleichterten Testiermöglichkeit letztlich selbst zunichte machen.

Im Ergebnis ist somit festzuhalten, daß das Erfordernis der Erblasserunterschrift nicht beibehalten werden sollte.

E. Zeugenunterschriften

I. Darstellung der Gesetzeslage und deren Auslegung

Die Niederschrift muß, wie sich aus der Verweisung des § 2250 Abs. 3 BGB auf § 2249 Abs. 1 S. 5 BGB ergibt, von allen Zeugen unterschrieben werden.

Während beim Bürgermeistertestament das Fehlen der Zeugenunterschriften von der h.M. als ein gem. § 2249 Abs. 6 BGB heilbarer Formfehler bewertet wird, ist dies nicht ohne weiteres auf das Zeugentestament übertragbar, da den Zeugen hier eine besondere Stellung zukommt.[79]

---

[78] Siehe die Überlegungen zur konkreten Ausgestaltung, 4. Teil, 3. Abschn. B. III.

[79] Vgl. hierzu 4. Teil, 1. Abschn. B. I.

1. Erfordernis der Zeugenunterschriftsleistung noch vor dem Erblassertod

Eine Mindermeinung hält in dieser Frage an der strengen Forderung nach dem Vorliegen aller drei Zeugenunterschriften fest.[80]

Werde nämlich, so wird dabei argumentiert, die zwingend erforderliche Niederschrift nicht von allen drei Zeugen unterschrieben, so handele es sich bei dem erstellten Papier nicht lediglich um eine formmangelhafte Niederschrift. Eine Niederschrift im geforderten Sinn liege vielmehr noch gar nicht vor, weil hier nicht erkennbar sei, daß alle drei Zeugen auch tatsächlich die Verantwortung für die Richtigkeit und Vollständigkeit der Niederschrift übernähmen. Ebenso sei auch die Unterschrift des Notars oder Bürgermeisters, an deren Stelle die drei Zeugen träten, zwingendes Gültigkeitserfordernis.[81]

Insoweit – so wird auch bereits in den Motiven dargelegt[82] – könne nichts anderes gelten als im Rahmen des § 126 Abs. 1 BGB. Ein Schriftstück, das der einfachen schriftlichen Form genügen soll, bedürfe der Unterschrift des Ausstellers. Austeller im Rechtssinn seien jedoch alle drei Zeugen, selbst wenn nur einer die Niederschrift aufgesetzt habe. Ihre Unterschrift solle nämlich bekunden, daß das Niedergeschriebene die zum Abschluß gelangte Erklärung des Unterschriebenen sei.[83]

Damit überhaupt ein Protokoll vorläge, müßten daher alle drei Zeugen unterzeichnen.

2. Ausreichenlassen einer Zeugenunterschrift noch vor dem Erblassertod

Nach anderer, wohl überwiegender Auffassung[84], sind im Hinblick auf die Beurkundungsfunktion der Zeugen zwar nicht alle drei, wohl aber *eine* Zeugenunterschrift noch vor dem Tode des Erblassers zwingend erforderlich.

---

[80] *Harder*, (Anm.) LM Nr. 4 zu § 2250; *Erman-Schmidt*, § 2250 Rn. 9; *von Lübtow*, Erbrecht, Band 1, S. 229.

[81] *Harder*, (Anm.) LM Nr. 4 zu § 2250.

[82] Mot. V. S. 184.

[83] *Von Lübtow*, Erbrecht, Band 1, S. 229.

[84] BayObLGZ 79, 232, 240; OLG Gera NJW 1949, 80; Dit / Rei / Be-Be § 2250 Rn. 18.

Hierbei sei die Frage, ob im Zeitpunkt des Todes nicht wenigstens ein Beteiligter die schriftliche Aufzeichnung des letzten Willens unterschrieben haben müsse, und ob das Fehlen auch dieser Unterschrift einen unheilbaren Formfehler darstelle, von der daneben zu erörternden Fragestellung der Nachholbarkeit der übrigen Unterschriften zu unterscheiden.

Ohne Unterschrift eines Mitwirkenden liege begrifflich noch keine Niederschrift vor. Ohne eine Unterschrift möge zwar ein Schriftstück eine Notiz sein, so das OLG Hamm, die jedoch nichts Abschließendes enthalte. Wenn das Gesetz für die Errichtung eines Nottestaments die nach § 2250 Abs. 2 BGB die Aufnahme einer Niederschrift fordere, so könne damit nicht nur eine schriftliche Gedächtnishilfe für die Zeugen gemeint sein.[85]

Bereits mit *einer* Unterschrift, so die Argumentation, werde aus dem bisherigen Entwurf die in § 2250 Abs. 3 S. 1 BGB für die wirksame Errichtung eines Dreizeugentestaments geforderte vollständige Niederschrift.[86]

Zwar gehöre zur Beurkundungsfunktion der Zeugen auch deren Unterschriftsleistung. Dies ändere aber nichts daran, daß bereits mit nur einer Unterschrift begrifflich schon eine Niederschrift vorliege, womit der eigentliche Errichtungsakt, der noch vor dem Tod des Erblassers abgeschlossen sein müsse, vollzogen sei. Die übrigen Unterschriften gehörten nicht mehr zum Errichtungsakt selbst, sondern lediglich zum Abfassen der Niederschrift, so daß ihr Fehlen folglich zu den heilbaren Formfehlern im Sinne des § 2249 Abs. 6 BGB zählten[87], und auch nach dem Erblassertod nachholbar seien.[88]

3. Gänzliches Fehlen der Zeugenunterschriften

Teilweise wird darüber hinaus selbst das gänzliche Fehlen aller Zeugenunterschriften für unschädlich gehalten.

Die Unterschriften gehörten insgesamt nicht mehr zum Errichtungsakt, sondern zum Abfassen der Niederschrift, so daß auch ihr gänzliches Fehlen zu den gem. § 2249 Abs. 6 BGB heilbaren Formfehlern zähle. Nur eine solche Auffas-

---

[85] OLG Hamm JMBl. NRW 1962, 212, 213.

[86] OLG Hamm JMBl. NRW 1962, 212; BayObLGZ 79, 234, 241.

[87] BayObLGZ 79, 232, 241.

[88] Dit / Rei / Be-Be § 2250 Rn. 15; *Vogels / Seybold*, TestG, § 24 Rn. 7; KG NJW 1947 / 48, 190

sung, so deren Anhänger, enspreche dem Zweck des Gesetzes, bei der Errichtung eines Nottestaments unter Mitwirkung von Laien jede unnötige Formstrenge zu vermeiden.[89]

Auch beschränke sich die Mitwirkung der Testamentszeugen bei der Testamentserrichtung allein darauf, bei der mündlichen Erklärung des letzten Willens durch den Erblasser im Bewußtsein ihrer Mitwirkung zugegen zu sein. Hieraus werde deutlich, daß die Unterzeichnung durch die drei Zeugen keinesfalls noch zum Errichtungsakt zu rechnen sei, sondern vielmehr zur Abfassung der Niederschrift hierüber. Dies gelte jedenfalls dann, wenn die Niederschrift dem Erblasser vorgelesen, von diesem genehmigt und unterschrieben worden sei.[90]

Vor dem Hintergrund einer solchen Sichtweise hielt auch das BayObLG anstelle einer Unterschrift die über einem Testament befindliche „Oberschrift" für einen unschädlichen Formfehler i.S. des § 2249 Abs. 6 BGB.[91]

II. Überprüfung der an die Zeugenunterschriften gestellten Anforderungen

1. Das Unterschriftserfordernis an sich

Mit ihren Unterschriften bekräftigen die Zeugen, daß die Erklärung des Erblassers in eben der Weise, wie sie aus der Niederschrift hervorgeht, auch tatsächlich geäußert wurde und zeichnen sich damit für die ordnungsgemäße Niederschriftserstellung verantwortlich. Die Unterschriften bilden zugleich den Abschluß der Beurkundung.

Das im Rahmen des Bürgermeistertestaments bestehende Erfordernis der Unterschriftsleistung durch die Urkundsperson ist auf das Zeugentestament durchaus übertragbar.[92]

Entscheidend ist hierbei, daß das bloße Niederschreiben der Erblassererklärung durch fremde Hand ohne eine diese abschließende und verbürgende Unterzeichnung keine hinreichende Grundlage für eine Beweiserbringung darstellt.

---

[89] BayObLG NJW 1991, 928, 929; KG JFG 21, 38.

[90] KG OLGZ 66, 462, 466; dazu neigt auch BGH DNotZ 1971, 489, 490; offengelassen BGH NJW 1991, 3210, 3211.

[91] BayObLG NJW 1991, 928, 929.

[92] Vgl. Überprüfung des Erfordernisses der Bürgermeisterunterschrift, 3. Teil, 2. Abschn. E. II. 1.

Erst die Unterschriften der Urkundspersonen verleihen der Niederschrift die von ihr zu fordernde Aussagekraft, die ganz wesentlich davon abhängt, wer als für ihre Aufnahme als verantwortlich erkennbar ist. So bemißt auch der Gesetzgeber den Beweiswert der Urkunde vor allem an der Eigenschaft der unterzeichneten Urkundsperson, wie § 415 ZPO verdeutlicht.

Ist demzufolge das Erfordernis der Zeugenunterschriften zunächst generell zu bejahen, so ist nun weiter danach zu fragen, ob diese zwingend noch vor dem Erblassertod erfolgen müssen.

2. Unterschriftsleistung vor dem Erblassertod

Wie dargestellt, hält es die vorherrschende Meinung für erforderlich, daß jedenfalls ein Zeuge seine Unterschrift vor dem Ableben des Erblassers leistet. Hierbei stützt sich die h.M. auf die bereits im Rahmen der Erörterung der Bürgermeisterunterschrift dargestellten formalen Gesichtspunkte.[93] Stellt man auch hier diese formalen Aspekte zunächst zurück[94], so ist für das Zeugentestament der Frage nachzugehen, ob in aller Regel eine Authentizitätsermittlung auch ohne Unterschriftsleistung noch zu Lebzeiten des Erblassers zuverlässig erfolgen kann. Dazu sind im folgenden die Auswirkungen eines Verzichts auf dieses Formerfordernis auf die Risiken eine unbewußten bzw. bewußten Falschübermittlung zu untersuchen.

a) Gefahr der unbewußten Falschübermittlung

Die Unterschriftsleistung noch zu Lebzeiten des Erblassers vermittelt zunächst durchaus keine größere Sicherheit der zutreffenden Wiedergabe der Erblassererklärung als eine erst nach seinem Tode erfolgende Unterzeichnung durch die beurkundenden Zeugen. Entscheidend ist vielmehr allein, daß die Niederschrift überhaupt eine Unterzeichnung aus dem Kreise der beurkundenden Personen aufweist und damit zugleich ein Bekenntnis zur Übernahme der Verantwortung für die Richtigkeit der Niederschrift beinhaltet.

---

[93] Vgl. 3. Teil, 2. Abschn. E. I. 3. b).

[94] Vgl. zur parallel liegenden Problematik beim Erfordernis der Niederschrift zu Lebzeiten des Erblassers, 4. Teil, 2. Abschn. F. II. 1.

Die Rechtsprechung bleibt dagegen mit zweifelhaften Argumenten an rein formalen Gesichtspunkten verhaftet, was folgender Beispielsfall verdeutlichen möge[95]:

Die Erblasserin wollte auf ihrem Sterbelager ein Testament durch mündliche Erklärung zu Protokoll des Notars errichten. In Gegenwart einer Reihe von Personen erklärte sie dem Notar ihren letzten Willen. Der Notar diktierte daraufhin ein Schriftstück, nach dessen wesentlichem Inhalt die Erblasserin die anwesende A. zur Alleinerbin einsetzte, einen bestimmten Acker jedoch der B. vermachte. Der Notar begann, das Schriftstück zu verlesen. Bevor er die Verlesung beendet hatte, wurde der Tod der Erblasserin festgestellt. Der Notar vermerkte dies in dem Schriftstück und fügte hinzu, daß während des ganzen Vorgangs außer der A. und ihm drei weitere Personen zugegen gewesen seien, die bekunden könnten, daß die Erblasserin ihren letzten Willen so erklärt habe, wie er im Schriftstück niedergelegt worden sei. Sodann wurde das Schriftstück den drei weiteren Personen vorgelesen, von ihnen genehmigt und von ihnen und dem Notar unterzeichnet.

Das OLG Hamm[96] verneinte die Wirksamkeit der Niederschrift als Dreizeugentestament mit der Begründung, daß beim Tode der Erblasserin eine Niederschrift noch nicht vorgelegen habe, weil das Schriftstück zu diesem Zeitpunkt noch von niemanden unterzeichnet gewesen sei. Ohne jegliche Unterschrift sei das Schriftstück allenfalls eine Notiz, aus dem nicht entnommen werden könne, ob jemand auch die Gewähr für seinen Inhalt übernehmen wolle.

Das unbefriedigende Ergebnis der Rechtsprechung macht offenbar, daß in dieser Frage rein formale Argumente zu groben Unbilligkeiten führen. Setzt man sich dagegen im Interesse einer sachgerechten Entscheidung über die ausschließlich formalen Aspekte hinweg und bemüht sich um eine Problemlösung anhand des Maßstabs der Gewährleistung einer sicheren Authentizitätsermittlung, so gelangt man zu dem Ergebnis, daß allein das Fehlen der Unterschriftsleistung zu Lebzeiten noch keine notwendigen Authentizitätszweifel nach sich ziehen muß.

So zeigt auch der dargestellte Fall, daß eine Unterschriftsleistung erst nach dem Erblassertod die Authentizitätermittlung in ebenso zuverlässiger Weise ermöglichen kann, wie es bei rechtzeitiger Formerfüllung der Fall wäre. Es ist nicht hinzunehmen, daß hier letztlich allein der dem reinen Zufall unterfallende

---

[95] OLG Hamm JMBl. NRW 1962, 212.

[96] OLG Hamm JMBl. NRW 1962, 212.

„ungünstig" liegende Todeszeitpunkt der Erblasserin der Wirksamkeit des Testamentes entgegenstehen soll, obgleich doch an dessen zuverlässiger Erklärungswiedergabe nicht zu zweifeln ist. In dem vorliegenden Fall wirkte als Zeuge sogar ein Notar mit, der sich für die richtige Niederlegung der Erblassererklärung verbürgte. Daneben ist zu berücksichtigen, daß aufgrund der Kürze der Verfügung Zweifel an der authentischen Erklärungswiedergabe eher gering und durch Befragung der Zeugen leicht auszuräumen sein dürften. Diese Faktoren müßten berücksichtigt werden, will das Gericht zu einer „richtigen" Entscheidung gelangen. Das Zurückziehen auf bloß formale Aspekte führt dagegen zu wenig befriedigenden Ergebnissen.

b) Gefahr der bewußten Falschübermittlung

Da die Unterschriftsleistung der Zeugen keine irgendwie geartete Mitwirkung des Erblassers voraussetzt, ist das Risiko vorsätzlicher Verfälschungen nicht durch ein Festhalten an dem Erfordernis der Unterschriftsleistung zu Lebzeiten zu vermindern. Entscheidend ist hierbei auch, daß der Zeitpunkt der Unterschriftsleistung durch die Zeugen ohnehin nicht zuverlässig nachgeprüft werden kann, sich der Richter also insoweit auf die Angaben der Zeugen verlassen muß.

Auch wenn man die Behauptung der Zeugen, sie hätten ihre Unterschriften noch vor dem Erblassertod geleistet, als wahr unterstellen wollte, so könnte hieraus durchaus noch nicht die Schlußfolgerung gezogen werden, die Niederschrift sei nicht gefälscht worden. Die Zeugenunterschriften werden weder durch den Erblasser kontrolliert, noch ermöglichen sie ansonsten die sichere Annahme eines verantwortungsvollen und korrekten Handelns der Zeugen bei der Testamentsaufnahme, und zwar auch dann nicht, wenn sie noch zu Lebzeiten des Erblassers erfolgten.

Tatsächlich ist es dabei insoweit unerheblich, zu welchem Zeitpunkt die Unterschriften geleistet wurden.

Hinzu kommt, daß die überwiegend vertretene Ansicht, nach der wenigstens eine Unterschriftsleistung noch vor dem Erblassertod erforderlich sei, damit aus dem bloßen Entwurf eine Niederschrift werde, alle weiteren Unterschriften aber nachgeholt werden können, letztlich inkonsequent ist. Diese Auffassung scheint vielmehr ein Versuch zu sein, die gravierenden Nachteile, die das Festhalten an rein formalen Gesichtspunkten mit sich bringt, dadurch abzumildern, daß statt drei nur noch eine einzige rechtzeitige Unterschrift notwendig sein soll.

Warum jedoch nur eine Unterschriftsleistung ausreichen soll, wenn doch alle drei Zeugen die Urkundsperson gemeinsam ersetzen, ist kaum einzusehen.

Mit ihrem Festhalten an rein formalen Erwägungen verfängt sich die h.M. auf diese Weise in Widersprüchlichkeiten, ohne daß damit zugleich ein befriedigendes Ergebnis erreicht werden könnte.

Richtigerweise ist daher auf das zwingende Erfordernis der Zeugenunterschriften noch zu Lebzeiten des Erblassers gänzlich zu verzichten.

Die sich an dieses Ergebnis anschließende Fragestellung, in welchem Zeitabstand zum Erblassertod eine Unterzeichnung erfolgen muß, ist dabei zunächst zurückzustellen, da deren Beantwortung von der vorrangig zu klärenden Problematik abhängt, ob überhaupt an dem Erfordernis der Niederschriftserrichtung noch zu Lebzeiten des Erblassers festzuhalten ist.

F. Niederschrift zu Lebzeiten

Die Überprüfung der Vorschriften, die im Rahmen der Durchführung einer ordnungsgemäßen Beurkundungsverhandlung nach geltender Rechtslage zu beachten sind, hat verdeutlicht, daß an jenen Erfordernissen, die eine Anwesenheit des Erblassers zwingend voraussetzen, nicht notwendig festzuhalten ist.

So ist letztlich die Frage berechtigt, ob auch auf eine Niederschriftsanfertigung zu Lebzeiten des Erblassers gänzlich verzichtet werden kann.

I. Darstellung der vorherrschenden Meinung

Es entspricht dabei zunächst der ganz h.M., daß einer Testamentserrichtung Rechtswirksamkeit nur dann zukommen kann, wenn die Niederschrift zu Lebzeiten des Erblassers erstellt wurde.[97]

Da ein Testament nur zu Lebzeiten des Erblassers errichtet werde könne, die Niederschrift aber zur Errichtung des Testaments notwendig sei, müsse auch die

[97] Dit / Rei / Be-Be § 2249 Rn. 15; *Lange / Kuchinke*, Erbrecht, S. 326; OLG Hamm JMBl. NRW 1962, 212.

Niederschrift selbst zum Zeitpunkt der Erblassertodes bereits vorliegen.[98] Vor dem vollständigen Abschluß der über die Errichtung der letztwilligen Verfügung aufzunehmenden Niederschrift sei der Akt der Testamentserrichtung nicht vorschriftsmäßig vollendet und auch das Testament nicht wirksam errichtet.[99]

Auch aus dem Wortlaut des Testamentsgesetzes ergebe sich, daß der Gesetzgeber eine nachträgliche Niederschrift aus dem Gedächtnis nicht zulasse.[100] Das österreichische Testament, das eine Niederschrift nicht erfordere, sei seinerzeit gerade deshalb abgeschafft worden, weil es offensichtlich eine zuverlässige Wiedergabe des Erblasserwillens nicht gewährleiste.[101]

Schließlich wird darauf hingewiesen, daß auch die Bestimmung des § 2249 Abs. 6 BGB nicht herangezogen werden könne, wenn eine Niederschrift überhaupt nicht vorliege. Formfehler seien danach eben nur dann heilbar, wenn sie beim Abfassen der *Niederschrift* unterlaufen seien.[102]

Demgegenüber finden sich allerdings auch vereinzelte Stimmen, die sich ernsthaft mit der Zulassung eines mündlichen Dreizeugentestaments auseinandersetzen, das eine Niederschriftsanfertigung zu Lebzeiten nicht voraussetzt.

So hatte selbst der mit der Testamentsrechtsreform des Jahres 1938 befaßte Erbrechtsausschuß die Zulassung eines mündlichen Zeugentestaments in Erwägung gezogen, dann aber doch letztlich abgelehnt.[103] Wolle man, so die Überlegung des Ausschusses, tatsächlich möglichst vielen Fällen eines plötzlichen Bedürfnisses nach Testamentserrichtung gerecht werden, so müsse man auf eine, etwa der Schweizer Regelung[104] entsprechenden Bestimmung zurückkommen und eine mündliche Erklärung vor den Zeugen genügen lassen, die dann für die spätere Niederlegung des letzten Willens zu sorgen hätten.

Die deutliche Ablehnung dieser Konzeption beruhte auf der Erwägung, daß das mündliche Testieren vor zwei Zeugen[105] die Gefahr mit sich bringe, daß diese gemeinsame Sache machen und der Verfügung eine von ihnen gewünsch-

---

[98] *Lange / Kuchinke*, Erbrecht, S. 326; OLG Hamm JMBl. NRW 1962, 212.

[99] *Firsching*, DNotZ 1955, 283, 290.

[100] *Lange*, ZAkDR 1938, 577, 580.

[101] RG DNotZ 1941, 26; *Kipp / Coing*, Erbrecht, 9. Aufl. 1953, S. 74.

[102] OLG Gera NJW 1949, 80.

[103] *Lange*, 1. Denkschrift, S. 91.

[104] Vgl. im einzelnen zur Schweizer Regelung 4. Teil, 3. Abschn. A. II.

[105] Der Erbrechtsausschuß zieht hier gleichzeitig die Zeugenreduzierung auf zwei Zeugen in Betracht.

te mißbräuchliche Richtung geben könnten. Auch bestand außerdem die Besorgnis, daß die Zeugen den erklärten letzten Willen nicht richtig, und zwar insbesondere nicht vollständig übermittelten.[106]

Neben diesen Ansätzen im Rahmen der Testamentsrechtsreform äußern sich insbesondere Lange / Kuchinke sehr kritisch gegenüber der nach geltendem Recht bestehenden Situation[107]: „Das Festhalten an der Urkunde *sollte nicht dazu nötigen, überspannte Formerfordernisse aufzustellen.* Die Zulassung allein eines privaten Zeugentestaments aber *fordert die Anerkennung der mündlichen Entgegennahme und nachträglichen Niederlegung.* Die entscheidende Frage ist darum die, ob man die reifliche Überlegung, die Rechtssicherheit und die Entlastung der Zeugen höher stellt als den letzten Willen des Erblassers."[108]

II. Überprüfung des Erfordernisses der Niederschriftserrichtung zu Lebzeiten des Erblassers

1. Konstruktive Bedenken der herrschenden Meinung

Die Zulassung einer nach dem Erblassertod erfolgende Niederschriftsanfertigung würde in der Tat bedeuten, daß zu Lebzeiten und selbst über den Zeitpunkt des Erbfalls hinaus, eine wirksame letztwillige Verfügung noch nicht vorläge.

Ein Grundsatz des Erbrechts jedoch besteht darin, daß unmittelbar mit dem Erbfall festzustehen hat, wem die Erbenstellung zukommt.

Seinen deutlichen Ausdruck findet diese gesetzgeberische Entscheidung zugunsten des Grundsatzes des Vonselbsterwerbs[109] in § 1922 BGB. Nach dieser Bestimmung geht die Erbschaft mit dem Erbfall kraft Gesetzes unmittelbar und von selbst auf den Erben über, ohne daß es hierbei auf sein Wissen und Wollen oder auf seine Annahme oder Antritt ankäme. Endgültig erwirbt der Erbe die Erbschaft infolge seines Rechts zur Ausschlagung allerdings erst mit der Annahme.

---

[106] *Lange*, 1. Denkschrift, S. 91.

[107] *Lange / Kuchinke*, Erbrecht, S. 332.

[108] Hervorhebungen durch die Verfasserin.

[109] *Lange / Kuchinke*, Erbrecht, S. 145.

Der Zeitpunkt des Erbfalls ist damit konstitutiv für die Erbfolge selbst. Rechtsnachfolger des Erblassers ist, wer zum Zeitpunkt des Erblassertodes entweder wirksam als Erbe eingesetzt oder aber gesetzlicher Erbe ist.

Vor diesem Hintergrund sind die konstruktiven Bedenken der h.M. zunächst verständlich, denn die Zulassung einer Niederschriftsanfertigung nach dem Erblassertod würde dazu führen, daß der gewillkürte Erbe nicht im Zeitpunkt des Todes, sondern erst mit der späteren Niederschriftsanfertigung feststünde.

Das Prinzip, an dem die h.M. glaubt festhalten zu müssen, ist jedoch durchaus nicht so starr, wie es zunächst den Anschein hat. Der Gesetzgeber selbst hat Ausnahmen hiervon zugelassen.

So erlaubt das Gesetz beispielsweise auch solche Verfügungen, in denen der Erbe zunächst zwar abstrakt bestimmbar, selbst jedoch nicht bestimmt ist, und seine Konkretisierung von einem zukünftigen, nach dem Erblasser liegenden Ereignis abhängt. Als Ausgleich sieht das Gesetz in § 2105 BGB vor, daß zunächst Vorerben die gesetzlichen Erben des Erblassers werden. Zwar ist diese Konstellation insoweit von der zu untersuchenden verschieden, als hier zum Zeitpunkt des Erblassertodes bereits eine formgerechte letztwillige Verfügung vorliegt und diese gewissermaßen nur noch nicht „inhaltlich fertiggestellt" ist, während bei der Niederschriftsanfertigung erst nach dem Erblassertod eine wirksame letztwillige Verfügung noch gar nicht vorliegt, es also noch an deren „formellen Fertigstellung" fehlt. Beide Fälle zielen aber doch auf das gleiche tatsächliche Ergebnis, daß nämlich der konkrete gewillkürte Erbe zum Zeitpunkt des Erbfalls noch nicht wirksam bestimmt ist.[110]

Schließlich ist weiter zu bedenken, daß die Ermöglichung einer Niederschriftsanfertigung erst nach dem Erblassertod zwar einen konstitutiven Bestandteil der wirksamen Testamentserrichtung darstellen würde, eine wirksame letztwillige Verfügung also tatsächlich erst nach dem Erbfall vorläge, doch hat der verstorbene Erblasser durch seine mündliche Erklärung noch vor seinem Tode das ihm Mögliche zur Testamentserrichtung beigetragen und damit auch zugleich den unveränderbaren inhaltlichen Kern der Verfügung geschaffen.

Diese harrt nun nur noch der vorgeschriebenen Gestaltung ihrer äußeren Form. Insofern steht bereits zum Zeitpunkt des Erbfalles der Inhalt der letztwilligen Verfügung unverrückbar fest, mag diese dann auch später u.U. als

[110] Überdies sind nach Art. 86 EGBGB abweichende landesgesetzliche Vorschriften zulässig, die testamentarische Erwerbsbeschränkungen für juristische Personen enthalten.

Folge widriger Gegebenheiten nicht zur Geltung gelangen. Das hierin liegende Risiko jedoch ist beim eigenhändigen Testament in gleicher Weise gegeben, da auch dieses verlorengehen oder beiseite geschafft werden kann.

So zeigt sich, daß die bestehenden konstruktiven Bedenken grundsätzlich zurückgestellt werden könnten und es im Kern daher auch hier lediglich auf die Beantwortung der materiellen Fragestellung ankommt, ob eine zuverlässige Authentizitätsermittlung auch bei einer Niederschriftsanfertigung nach dem Erblassertod noch möglich bleibt.

2. Gefahr der bewußten Falschübermittlung

Ob sich hierbei die Gefahr einer vorsätzlichen Verfälschung deshalb vergrößert, weil der Erblasser bei Aufnahme der Niederschrift nicht mehr lebt, ist zunächst äußerst zweifelhaft. Bedenkt man nämlich, daß der Erblasser bei der Niederschriftsanfertigung häufig selbst nicht unmittelbar anwesend[111] oder zwar physisch zugegen ist, aber doch aufgrund seines Gesundheitszustandes eine Kontrolle tatsächlich nicht mehr ausüben kann, so zeigt sich, daß die zu Lebzeiten des Erblassers angefertigte Niederschrift letztlich in gleicher Weise fälschungsgefährdet erscheint.

Auch die nachträgliche Verfälschungsgefahr wird durch die Forderung nach einer Niederschriftsanfertigung zu Lebzeiten keineswegs vermindert. Diese mag zwar theoretisch, nicht aber praktisch eine Hürde für derartige Mißbräuche aufstellen. Enthält die Niederschrift nämlich selbst keine Anhaltspunkte, aus denen sich das ausreichend lange Überleben des Erblassers schließen läßt, wie etwa die Erblasserunterschrift, so ist in der Praxis schwer feststellbar, wann die Anfertigung tatsächlich erfolgt ist. Abgesehen davon, daß häufig auch für die Zeugen der Eintritt des Todes nicht eindeutig erkennbar ist, ist es unredlichen Zeugen ohne weiteres möglich, wahrheitswidrig zu behaupten, sie hätten die Niederschrift noch im Beisein des Erblassers aufgenommen, was ihnen auch kaum widerlegt werden könnte.

Diese Problematik sprechen auch Lange / Kuchinke an[112]: „Verzichtet man aber schon nach geltendem Recht auf die Niederschrift des Erblassers und die Feststellung der Überzeugung von seiner Schreibunfähigkeit, so trägt das an-

---

[111] Z.B. bei einer vorherigen Entwurfserstellung.

[112] *Lange / Kuchinke*, Erbrecht, S. 332.

geblich vor dem Todes des Erblassers niedergelegte Testament dieselben Gefahren der Verfälschung in sich wie das nachträglich beurkundete."

Die Gefahr der bewußten Falschübermittlung würde durch die Zulassung einer nachträglichen Niederschriftsanfertigung somit nicht erhöht werden.

3. Gefahr der unbewußten Falschübermittlung

Auch die Gefahr, daß die Zeugen den Erblasserwillen versehentlich falsch übermitteln, hängt durchaus nicht vom zufälligen Moment des Eintritts des Erblassertodes ab. Entscheidend für die Gefahr der unbewußten Falschübermittlung ist vielmehr die zwischen der Erblassererklärung und deren Niederschrift liegende Zeitspanne.

Die Möglichkeit, daß Gedächtnisfehler zu einer unrichtigen Wiedergabe führen, besteht umso eher, je größer diese Zeitspanne ist. Auch hier kommt es darüber hinaus auch auf den Umfang der wiederzugebenden Erblassererklärung an.

Ein Fall, über den das Kammergericht im Jahre 1940 zu entscheiden hatte, soll hierbei zur Verdeutlichung dienen[113]:

Der Erblasser hatte am 4. März 1940 in Berlin vor drei Hausgenossen mündlich erklärt, er wolle nicht von seinem mißratenen Sohn, sondern von seinen vier Geschwistern beerbt werden; eine Stunde darauf verstarb er. Am 13. März 1940, also neun Tage später, erschienen die drei Zeugen vor einem Notar und ließen dort folgende eidesstattliche Erklärung beurkunden: der Erblasser habe ihnen am 4. März mündlich seinen letzten Willen erklärt; die Anfertigung einer Niederschrift sei nicht mehr möglich gewesen, weil der Erblasser bereits im Sterben gelegen habe. Diese Urkunde ist von den drei Zeugen und dem Notar unterschrieben worden.[114]

Der Beschwerdeführer des genannten Verfahrens wies darauf hin, daß der Gesetzgeber Erleichterungen der Formanforderungen für Notlagen schaffen müsse. So ginge es nicht an, daß beim Hauptanwendungsfall des Gesetzes, dem sogenannten Gebirgstestament, *die Gültigkeit letztendlich davon abhängig sei, daß einer der drei Zeugen Papier bei sich habe.*

---

[113] KG DR 1940, 1685 f.

[114] Sachverhalt zitiert nach *Vogels*, DR 1940, 1686.

Das KG vertrat demgegenüber die Meinung, eine solche Sichtweise verkenne den aus der Entstehungsgeschichte des § 24 Abs. 2 / 3 TestG entnehmbaren Sinn der zwingenden Formerfordernisse des Vorlesens und Genehmigens der Niederschrift, der notwendig eine Niederschriftsanfertigung zu Lebzeiten voraussetze.

Dem stimmt Vogels[115] in seiner Anmerkung zu der KG-Entscheidung zu und legte dar, es genüge, wenn das Testament auf einem Blatt Papier, etwa auf einem Blatt aus einem Notizbuch niedergeschrieben werde. Behelfsmäßiges Schreibzeug dieser Art werde doch wohl stets zur Stelle sein. Sollte dies dennoch einmal nicht der Fall sein, so sei eben die Errichtung eines Testaments nicht möglich.

Diese Auseinandersetzung spiegelt das sich aus der geltenden Rechtslage und der diesbezüglichen Rechtsprechung ergebende Dilemma wider. Dabei offenbart die Argumentation des Beschwerdeführers in überzeugender Weise die zwischen dem gesetzlichen Ziel der Schaffung einer Nottestamentsform für Gebirgsunfälle und deren völlig unzulänglichen Ausgestaltung liegende Diskrepanz.

Die Begründung des Kammergerichts, nach der bereits im Hinblick auf die Vorgänge des Vorlesens und Genehmigens am Erfordernis der Niederschriftsanfertigung zu Lebzeiten festzuhalten sei, entspricht zwar der geltenden Gesetzeslage, liefert aber darüber hinaus keinen materiell wirklich einsichtigen Grund, die Niederschriftsanfertigung zu Lebzeiten für unentbehrlich zu halten und ist letztlich ein logischer Zirkelschluß ohne Erkenntniswert. Auch wurde überdies bereits dargelegt, daß an den Erfordernissen des Vorlesens und Genehmigens als Folge der zu berücksichtigenden Funktion des Zeugentestaments als letzter Notbehelf, nicht festgehalten werden kann.[116]

Das anzustrebende Ziel muß vielmehr sein, dem Erblasserwillen im Rahmen des irgend Möglichen zur Geltung zu verhelfen. Dabei erscheint es als unangemessen, an solchen Formalitäten festzuhalten, die doch letztlich auf die Situation einer notariellen Beurkundungsverhandlung zugeschnitten sind. In den Wirren eines eingetretenen Unglücks jedoch ist stets auch damit zu rechnen, daß die Zeugen vor allem die Bewältigung der Unglücksfolgen zu leisten haben, z.B. Hilfe holen, erste Hilfe leisten, und daher nicht selten außerstande sein werden, ein Protokoll aufzunehmen.

---

[115] *Vogels*, DR 1940, 1685, 1686.

[116] Vgl. hierzu die obigen Ausführungen 4. Teil, 2. Abschn. C. II.

Anders dagegen stellt sich die Situation beim Bürgermeistertestament dar. Soll ein solches errichtet werden, also trotz der nahenTodesgefahr eine Testamentsaufnahme nach der Art einer notariellen Beurkundungsverhandlung stattfinden, so ist hier jedenfalls immerhin noch ausreichend Zeit dafür vorhanden, eine Amtsperson zur Beurkundung herbeizuholen.

Eine Konstellation also, die sich deutlich von jener Extremsituation unterscheidet, der das Dreizeugentestament gerecht zu werden hat.

Entscheidend ist daher auch in dem vom KG enschiedenen Fall, ob eine zuverlässige Authentizitätsermittlung möglich ist, obgleich die Niederschrift erst nach dem Tod des Erblassers angefertigt wurde. Ist aber die Erblassererklärung wie vorliegend einfach und einprägsam und damit auch das Risiko zwischenzeitlicher Erinnerungslücken gering, so kann, vorausgesetzt die Zeugen erscheinen glaubwürdig, hieran an sich kein Zweifel bestehen.[117]

Ebenso muß also auch das Erfordernis der Niederschriftsanfertigung zu Lebzeiten generell aufgegeben werden und vielmehr eine Betrachtung am konkreten Einzelfall erfolgen.

3. Abschnitt

Betrachtungen über die mögliche Konzeption eines mündlichen Zeugentestaments

A. Gesetzliche Ausgestaltung von mündlichen Zeugentestamenten in anderen deutschsprachigen Rechtsordnungen

Der Verzicht auf die Anfertigung einer Niederschrift zu Lebzeiten des Erblassers und der damit zusammenhängenden Beurkundungsverhandlung ebnet den Weg für die Betrachtung der möglichen Ausgestaltung eines mündlichen Zeugentestaments. Hierbei sind durchaus unterschiedliche Konzeptionen vorstellbar und die Festlegung auf eine einzig optimale Fassung kaum möglich. Allein der Blick auf die deutschsprachigen Nachbarländer Schweiz und Österreich sowie auf die in der ehemaligen DDR geltenden Rechtslage zeigt eine Vielfalt von Ausgestaltungsmöglichkeiten mündlicher Zeugentestamente.

---

[117] Bei dem vorliegenden Fall ist jedoch fraglich, ob die erst neun Tage nach dem Erblassertod erfolgte schriftliche Niederlegung bereits den zu fordernden engen zeitlichen Zusammenhang zwischen Erblassererklärung und schriftlicher Fixierung überschreitet; vgl hierzu die nachfolgenden Überlegungen zur Ausgestaltung eines Zeugentestaments 4. Teil, 3. Abschn. B. II.

Diese sollen hier im Überblick dargestellt werden, um einerseits einen Eindruck von bereits existierenden Ausformungen eines mündlichen Zeugentestaments zu vermitteln, sowie zugleich als Orientierungshilfe einer diesbezüglichen Reform des BGB dienen zu können.

I. Rechtslage in der ehemaligen DDR

Das Recht der DDR sah als ordentliche Testamentsform ein eigenhändiges und ein notarielles Testament vor, § 383 Abs. 1 ZGB. Daneben war ein mündliches Zweizeugentestament „in besonderen Notfällen" gestattet, § 383 Abs. 2 ZGB.

Dieses Nottestament[118] war in der Weise zu errichten, daß die für den Fall des Todes getroffenen Verfügung gegenüber zwei gleichzeitig anwesenden Zeugen mündlich erklärt werden mußte. Hierüber war unverzüglich eine Niederschrift anzufertigen und von den Zeugen zu unterschreiben.

Diese Voraussetzung wurde von der DDR-Rechtsprechung dabei nicht als zwingende Wirksamkeitsvorausetzung angesehen. So erklärte das Bezirksgericht Magdeburg beispielsweise ein Nottestament für wirksam, dessen Niederschrift erst 18 Tage nach der Erblassererklärung niedergelegt wurde, da die Zeugen mit einem so baldigen Tod des Erblassers nicht gerechnet hatten.[119]

Die Niederschrift mußte weiter Ort und Zeit der Errichtung enthalten und sollte auch die näheren Umstände der Errichtung darlegen. Sie sollte schließlich dem Erblasser vorgelesen und von ihm genehmigt werden (§ 386 Abs. 1 ZGB).

II. Rechtslage in der Schweiz

Die ordentlichen Testamentsformen werden im Schweizer Recht durch das eigenhändige sowie das öffentliche Testament gebildet. Daneben ist ein mündliches Testament vor zwei Zeugen als Nottestament vorgesehen, und zwar für den Fall, daß der Erblasser infolge außerordentlicher Umstände verhindert ist, sich einer anderen Errichtungsform zu bedienen, Art. 506 ZGB.

---

[118] Vgl. hierzu Min. der Justiz, Kommentar zum ZGB, § 386; *Göhring / Posch*, Zivilrecht, Teil 2, S. 256.

[119] BG Magdeburg NJ 1980 / 11, S. 525.

Zur Errichtung des Nottestaments hat der Erblasser seinen Willen vor zwei Zeugen zu erklären und die beiden Zeugen mit der nötigen Beurkundung zu beauftragen, Art 506 ZGB. Diese Beauftragung kann konkludent erfolgen, muß aber der Sache nach feststehen.[120]

Die formgerechte Beurkundung ist Gültigkeitsvoraussetzung.[121]

Sie erfolgt entweder durch die Niederschrift des Textes mit nachfolgender Deponierung bei einer Gerichtsbehörde oder aber durch eine Erklärung der Zeugen zu Protokoll einer solchen, Art. 507 ZGB, die ebenfalls dann dort zur Verwahrung hinterlegt wird.

Die Niederschrift hat eigenhändig durch einen Zeugen zu erfolgen und die Unterschriften beider Zeugen zu enthalten. Neben der Wiedergabe der Erblassererklärung ist die Angabe von Zeit und Ort der Errichtung obligatorisch.

Sie muß „sofort“ nach Empfang der Willensmitteilung durch den Erblasser angefertigt werden. Die Einreichung bei einer Gerichtsbehörde hat dann „ohne Verzug“ zu erfolgen, womit sehr kurze Zeiträume gemeint sind.[122] Zwischen Errichtung und Einreichung liegende drei Tage hält das Bundesgericht bereits für verspätet, läßt aber 24 Stunden noch ausreichen.[123]

Gegenüber der Gerichtsbehörde haben die Zeugen eine Zeugenbestätigung doppelten Inhalts abzugeben, und zwar einmal dazu, daß er Erblasser ihnen unter den anzugebenden obwaltenden Umständen die überbrachte Verfügung mitgeteilt habe und sodann die Bestätigung, daß sich der Erblasser im verfügungsfähigen Zustande befunden habe.[124]

III. Rechtslage in Österreich

Das österreichische Recht kennt eine Vielzahl ordentlicher Testamentsformen. Neben dem öffentlichen Testament existieren als ordentliche Privattestamente das eigenhändige (§ 578 ABGB), das fremdhändige (§§ 579-581 ABGB) sowie das *mündliche Testament* (§§ 584-586 ABGB).

---

[120] *Piotet*, Erbrecht, S. 241.

[121] *Escher*, Das Erbrecht, III. Band, Art. 507 Rn. 1.

[122] *Tuor*, Schw. ZGB, Art. 506-508 Rn. 27.

[123] *Escher*, a.a.O., Art 507 Rn. 4 mit weiteren Zitaten.

[124] *Escher*, a.a.O., Art. 507 Rn. 5.

Neben diesen ordentlichen Testamenten sieht das Gesetz auch außerordentliche Formen vor (§§ 597-599 ABGB). Eine allgemeine Nottestamentsform existiert dabei nicht, sondern es bestehen gewisse Begünstigungen für Reisende zur See (Schiffstestament) und für solche Personen, die sich in seuchenbeherrschten Gebieten aufhalten, (Seuchentestament). Die Formerleichterung besteht dabei vor allem darin, daß auch minderjährige Personen über 14 Jahren als Zeugen in Betracht kommen und die Zeugenzahl auf zwei herabgesetzt ist. Bei Gefahr einer Seuchenansteckung ist es zudem nicht erforderlich, daß beide Zeugen zugleich anwesend sind.[125]

Da mit dem ordentlichen mündlichen und dem fremdhändigen Privattestament bereits Testamentsformen zur Verfügung gestellt werden, die in anderen deutschsprachigen Gebieten den Nottestamentsformen vergleichbar sind, ansonsten eine allgemeine Nottestamentsform jedoch nicht existiert, soll auch deren Ausgestaltung kurz dargestellt werden.

So besteht das fremhändige Testament aus einer Niederschrift, die ein Dritter gefertigt hat, sowie der Unterschrift des Erblassers und dreier Zeugen. Der Erblasser hat die Erklärung, daß die geäußerte Regelung sein letzter Wille sei („Bekräftigung"), vor den Zeugen abzugeben, von denen zumindest zwei gleichzeitig anwesend sein müssen.

Die Zeugen haben die Urkunde mit einem Zusatz zu unterschreiben, der auf ihre Zeugeneigenschaft hinweist und welcher als ein Gültigkeitserfordernis behandelt wird.[126] Sie müssen zwar nicht in Gegenwart des Erblassers, aber doch vor seinem Tod unterschreiben.[127]

Das mündliche Testament[128] dagegen setzt die Willenserklärung des Erblassers und die gleichzeitige Anwesenheit dreier Zeugen voraus, die die Verfügung auf Verlangen nach dem Tode des Erblassers eidlich bekräftigen müssen. Eine schriftliche Aufzeichnung des Erblasserwillens ist kein Gültigkeitserfordernis. Ist sie erfolgt, so dient sie allein dem Zwecke der Beweissicherung.[129]

---

[125] *Koziol / Welser*, Band II., S. 329; *Rummel-Welser*, ABGB, §§ 597-600 Rn. 4.

[126] *Schwimann*, ABGB, § 597 Rn. 3.

[127] *Koziol / Welser*, Band II, S. 327.

[128] Teils kritisieren österreichische Autoren, daß das mündliche Testament als ordentliche Testamentsform nicht geeignet sei, da es in der Praxis häufig zu Mißbrauch führe und deshalb auf Notfälle beschränkt werden sollte, vgl. *Ehrenzweig-Kralik*, S. 136 mit Lit.-Hinweisen.

[129] *Rummel-Welser*, ABGB, §§ 597-600 Rn. 7.

Liegt dagegen keine schriftliche Fixierung vor, so hat das Gericht die Zeugen von Amts wegen vorzuladen und jeden für sich einzeln zu vernehmen und das Vernehmungsprotokoll kundzumachen. Der Inhalt des Testaments muß innerhalb von drei Tagen auf Verlangen eines jeden, dem daran gelegen ist[130], von allen drei Zeugen, mindestens aber von zweien eidlich bestätigt werden.

Die Bestätigung ist dabei zwingende Wirksamkeitsvoraussetzung[131], und die Verfügung ist nur soweit wirksam, wie die beeideten Zeugenaussagen übereinstimmen.[132]

B. Konkrete Ausgestaltung eines reformierten Zeugentestaments

Alle Erwägungen zur konkreten Ausgestaltung eines neu zu konzipierenden Zeugentestaments werden sich zunächst daran auszurichten haben, daß seine Errichtungserfordernisse den Rahmen für eine im Regelfall mögliche Beweisbarkeit und damit zuverlässige Authentizitätsermittlung bieten müssen.

Wurden bei der bisherigen Überprüfung der Gesetzeslage noch die einzelnen Formanforderungen jeweils getrennt betrachtet und auf ihre Erforderlichkeit für die Authentiziätsermittlung hin untersucht, so besteht nun die Schwierigkeit, daß die anzustrebende Form eines Zeugentestaments auf eine Beurkundungsverhandlung zu Lebzeiten des Erblassers gänzlich verzichten soll und sich damit grundlegend von der geltenden gesetzlichen Lage unterscheidet. Dieser Verzicht auf eine umfassende Gesamtheit gesetzlicher Formanforderungen wirft dabei hinsichtlich der Gewährleistung der Authentizitätsermittlung weit größere Probleme auf als die bisherige Untersuchung der Verzichtbarkeit einzelner Formanforderungen.

Insbesondere ist hierbei zu überprüfen, inwieweit die konkrete Ausgestaltung des mündlichen Zeugentestaments eine gewisse Kompensation für den Verzicht auf eine Beurkundungsverhandlung und eine Niederschriftsanfertigung zu Lebzeiten ermöglichen kann, um die Zuverlässigkeit der Authentizitätsermittlung gleichwohl gewährleisten zu können.

---

[130] *Klang / Gschnitzer*, ABGB, §§ 585, 586, S. 324.

[131] *Klang / Gschnitzer*, ABGB, §§ 585, 586, S. 325 mit näheren Ausführungen zur rechtlichen Einordnung der eidlichen Bestätigung; so auch *Rummel-Welser*, ABGB, § 585 Rn. 8.

[132] *Feil*, ABGB, §§ 584-586, S. 67.

I. Niederschrift als Errichtungsvoraussetzung

Sowohl das Schweizerische Zivilgesetzbuch als auch das ZGB der ehemaligen DDR haben die unverzügliche Anfertigung einer Niederschrift als zwingende Errichtungsvoraussetzung ausgestaltet.

Nach dem österreichischen ABGB ist die Erstellung einer Niederschrift dagegen nur als bloße Gedächtnishilfe empfohlen und somit nicht obligatorisch. An die Stelle der Niederschrift tritt hier die richterliche Zeugenvernehmung. Die österreichische Regelung befreit die Zeugen so von der Pflicht der umgehenden Niederlegung der Erblassererklärung und knüpft die Wirksamkeit der letztwilligen Verfügung zugleich an eine übereinstimmende eventuell zu beeidende Zeugenaussage. Unbestreitbarer Vorteil dieser Ausgestaltung ist, daß auf diese Weise denjenigen Formfehlern die Grundlage entzogen wird, die bei einer Beurkundung durch die Zeugen auftreten können.

Eine Testamentserrichtung ist hiernach letztlich nur dann ungültig, wenn die spätere Zeugenvernehmung Bekundungen unterschiedlichen Gehalts erbringt. Auch der Nachteil einer solchen Regelung liegt auf der Hand. Ein österreichischer Kommentator äußert sich hierzu kritisch[133]: „Die Kraft des mündlichen Testaments beruht einzig und allein auf der Aussage der Zeugen. Sterben sie oder versagt ihr Gedächtnis, wird auch ein gültig errichtetes mündliches Testament hinfällig. Darin liegt die Schwäche dieser Testamentsform, die aber unentbehrlich ist, wenn der schreibunfähige oder -unkundige Erblasser nicht mehr die Möglichkeit hat, Gericht oder Notar in Anspruch zu nehmen."

Ein Schweizer Kommentator stellt die demgegenüber bestehenden Vorzüge einer Beurkundung wie folgt dar[134]: „Beim römischen und gemeinrechtlichen mündlichen Testament lag die Gefahr vor, daß die Zeugen vor Eröffnung starben oder nicht mehr genau sich des Gehörten entsannen. Die durch das ZGB vorgeschriebene Beurkundung steuert dieser Gefahr, indem sie die Willensanordnung genau und getreu, nach dem Eindruck des soeben Vernommenen, in einer festen, unwandelbaren Form für die Interessenten aufbewahrt, entgegen."

In der Tat vermag nur die alsbaldige schriftliche Fixierung ein von körperlicher Anwesenheit und Gedächtnis der Zeugen unabhängiges Bewahren der Erblassererklärung zu leisten.

---

[133] *Klang / Gschnitzer*, ABGB, §§ 585, 586, S. 323.

[134] *Tuor*, Schw. ZGB, Art. 506-508 Rn. 22.

Die Authentizität der übermittelten Erblassererklärung läßt sich nur dann mit hinreichender Sicherheit feststellen, wenn sie in einer Niederschrift fixiert ist, die, wenn schon nicht notwendig noch zu Lebzeiten des Erblassers, so doch jedenfalls in engem zeitlichen Zusammenhang mit der Abgabe der Erblassererklärung erstellt worden ist.

Verzichtet man darauf, so werden die Zweifel daran, ob die von den Zeugen nur mündliche wiedergegebene Erblassererklärung inhaltlich zutreffend übermittelt ist, nicht selten ein Ausmaß erreichen, das eine in aller Regel zuverlässige Ermittlung der Authentizität auch anhand allgemeiner Beweismittel nicht mehr zulassen wird. Auf das Erinnerungsvermögen ist nämlich nach allgemeiner Lebenserfahrung wenig Verlaß. Zeugenaussagen werden daher oftmals unscharf und verschwommen sein und sind deshalb mit Vorsicht zu genießen.

Schließlich ist beim Verzicht auf jegliche schriftliche Fixierung auch dem Mißbrauch Tür und Tor geöffnet.

II. Zeitpunkt der Niederlegung

Für die Gewinnung der richterlichen Überzeugung von der Authentizität einer niedergelegten Erblassererklärung ist von wesentlicher Bedeutung, daß diese binnen kurzer Zeit nach der Willensäußerung niedergeschrieben wurde.

Eine möglichst unmittelbare Anfertigung der Niederschrift wird in aller Regel die Gefahr von Erinnerungslücken gering halten, und bei Verfügungen von überschaubarem Inhalt ist sie praktisch gänzlich ausgeschlossen.

Da demnach der Wert einer Niederschrift in engem Zusammenhang mit der seit der Erblassererklärung verstrichenen Zeitspanne steht, ist das Erfordernis unabweisbar, eine dies berücksichtigende gesetzliche Bestimmung vorzusehen. Das Schweizer Recht fordert eine Niederlegung „ohne Verzug", das ZGB der ehemaligen DDR eine Niederschrift „sobald wie möglich". Beide Bestimmungen bringen dabei letztlich dasselbe zum Ausdruck, nämlich, daß eine Niederlegung zu erfolgen hat, „sobald man unter den obwaltenden Umständen von den Zeugen die Erfüllung jener Obliegenheiten vernünftigerweise verlangen kann, worüber das richterliche Ermessen entscheidet."[135]

---

[135] *Tuor*, Schw. ZGB, Art. 506-508 Rn. 27; zu der diesbezüglich sehr weiten Auslegung in der ehemaligen DDR vgl. BG Magdeburg NJ 1980 / 11, S. 525.

Auch die ergänzende Bestimmung des Schweizer ZGB, die als Alternative der eigenhändigen Niederschriftsanfertigung die Protokollaufnahme durch eine Gerichtsbehörde vorsieht, ist ohne Einschränkungen zu begrüßen. Diese zusätzliche Option trägt dazu bei, Formfehler effektiv zu begrenzen und bietet insbesondere jenen Zeugen, die nicht genügend schreibgewandt sind, eine sinnvolle Unterstützung.

III. Amtliche Verwahrung

Nach dem Schweizer Recht ist die amtliche Verwahrung der Niederschrift obligatorisch, während die Regelung des DDR-ZGB dieses Erfordernis als bloße Sollvorschrift ausgestaltete.

Das BGB sieht für das Dreizeugentestament eine amtliche Verwahrung ebensowenig vor wie für das eigenhändige Testament, doch kann sie fakultativ erfolgen.

Tatsächlich hat die alsbaldige Verbringung der Niederschrift in amtliche Verwahrung erhebliche Vorteile für die spätere Authentizitätsermittlung, da durch sie der Zeitpunkt der Niederschriftsanfertigung nachvollziehbar wird. Das alleinige Vorliegen einer Niederschrift ist für sich betrachtet von geringem, nur unzulänglichem Beweiswert, da sie jederzeit angefertigt und auch verändert worden sein könnte. Dies muß insbesondere dann gelten, wenn die Niederschrift eine Erblasserunterschrift nicht enthält. Sie gewinnt jedoch dann an Bedeutung für die Authentizitätsermittlung, wenn eine sichere zeitliche Einordnung der Niederschriftsanfertigung möglich ist, wie dies durch das Erfordernis der alsbaldigen Verbringung in amtlichen Gewahrsam gewährleistet werden kann.

Ohne feste Anhaltspunkte hinsichtlich des Zeitpunkts der Niederschriftsanfertigung gibt die Niederschrift allein noch keinen genügenden Aufschluß, um die Feststellung der Authentizität hinreichend sicher treffen zu können.

Der Richter wäre allein auf die Angaben der Zeugen angewiesen, was im Ergebnis *einer völlig formfreien Testamentserrichtung* gleichkäme und eine spätere Beweisbarkeit erheblich erschweren würde, zumal die anzustrebende Reduzierung auf zwei Zeugen die Beweisgundlage schmälert.

Abgesehen von diesen Vorzügen wird die Gefahr der unbewußten Falschübermittlung durch die Anforderung der Ablieferung in amtliche Verwahrung verringert, da die Zeugen hierdurch gehalten sind, auch die Niederschrift in engem, unmittelbaren Zusammenhang mit der Erblassererklärung aufzunehmen.

Auch die Gefahr der bewußten Falschübermittlung wird durch eine amtliche Verwahrung erheblich verringert, da nachträgliche Veränderungen der Testamentsurkunde praktisch ausgeschlossen sind, zu denen sich andernfalls die Zeugen durch Beeinflussung interessierter Personen hinreißen lassen könnten.

In diesem Zusammenhang ist auch auf einen weiteren Vorteil der amtlichen Verwahrung hinzuweisen. Bei der die Niederschrift verwahrenden Behörde kann nämlich die Möglichkeit geschaffen werden, die Zeugen über den Mindestinhalt der Niederschrift zu belehren und auch die näheren Umstände der Testamentserrichtung von den Zeugen zu erfragen sowie diese zugleich zu protokollieren. Auf diese Weise können unter Umständen wichtige Beweise gesichert und gegebenenfalls Unklarheiten noch im engen Zusammenhang zur Erblassererklärung ausgeräumt werden.

Fordert man aus diesen Gründen eine amtliche Verwahrung nach Schweizer Vorbild, so muß man sich andererseits dem Vorhalt stellen, hierdurch wiederum eine neue potentielle Fehlerquelle geschaffen zu haben, die doch grundsätzlich dem eigentlichen Bestreben, Fehlerquellen wenn möglich zu beseitigen, zuwiderläuft.

Ein gewisses Risiko, daß die Zeugen das Testament, etwa aus Unkenntnis, nicht in amtliche Verwahrung verbringen, besteht zweifellos. Doch handelt es sich hierbei um eine Anforderung, die von den Zeugen jedenfalls *nicht in unmittelbarem Zusammenhang mit der Hektik und Aufregung der Nottestamentserrichtung selbst zu erfüllen ist* und daher hinnehmbar erscheint.

Die Zeugen können sich vielmehr – was auch vernünftigerweise von unkundigen Laien erwartet werden kann – im nachhinein darüber informieren, auf welche Weise mit dem Testament weiter zu verfahren ist.

Fraglich ist allerdings, ob das Erfordernis der alsbaldigen Verbringung in amtliche Verwahrung als zwingende Vorschrift oder aber lediglich als Sollvorschrift auszugestalten ist, wie dies etwa das DDR-ZGB vorsah.

Eine bloße Sollvorschrift wäre allerdings kaum wirklich in der Lage, die Vorteile der amtlichen Verwahrung effektiv zu realisieren. Denn gerade die unredlichen, sich mit Fälschungsabsichten tragenden Zeugen, wären nicht gehalten, die Niederschrift ordnungsgemäß abzuliefern, sondern würden vielmehr das Testament selbst verwahren, um spätere Änderungen vornehmen zu können.

Zur Abmilderung eines zwingenden Erfordernisses der amtlichen Verwahrung könnte jedoch in Erwägung gezogen werden, *die fehlende Verwahrung dann als geheilt anzusehen, wenn die Niederschrift eine Erblasserunterschrift enthält.*

In der Tat könnte die Erblasserunterschrift die Funktion der zeitlichen Fixierung ohne weiteres übernehmen, da sie sogar auf eine Niederschriftsanfertigung noch zu Lebzeiten des Erblassers schließen läßt und auch nachträgliche Veränderungen der Urkunde zumindest erschwert.[136]

Eine vom Erblasser unterschriebene Testamentsunterschrift bietet demnach ähnliche Vorteile wie die amtliche Verwahrung, nämlich vor allem einen festen Anhaltspunkt für die notwendige zeitliche Einordnung der Niederschriftserstellung sowie die Erschwerung von nachträglichen Verfälschungen. Sie erscheint daher zur Entschärfung jener möglichen Fehlerquelle, die durch die obligatorische Verbringung in die amtliche Verwahrung eröffnet wird, als durchaus geeignet.

IV. Inhalt der Niederschrift

1. Erblassererklärung

Die anzufertigende Niederschrift hat zunächst eine Wiedergabe der Erblassererklärung zu enthalten. Diese stellt die eigentliche Essenz der Niederschrift dar, durch die die Willenserklärung schriftlich fixiert und damit sicher und unabhängig vom Gedächtnis der Zeugen verwahrt wird.

2. Angabe von Ort und Zeit der Niederschrift

Ob in dieser Hinsicht der strengen Schweizer Regelung zu folgen ist, die eine Orts- und Zeitangabe als Wirksamkeitserfordernis der Niederschrift ausgestaltet hat, erscheint zweifelhaft.

Zwar können Orts- und Zeitangabe insofern wichtige Informationen enthalten, als sie im Hinblick auf die beschränkte Gültigkeitsdauer des Zeugentestaments von Bedeutung sind und zudem Aufschluß darüber geben können, ob das fragliche Nottestament nicht durch eine spätere Verfügung widerrufen wurde.

---

[136] Siehe zu den Vorteilen der Erblasserunterschrift 4. Teil, 2. Abschn. D. II.

Für die Authentizitätsermittlung sind diese Angaben jedoch nur am Rande und nur in Einzelfällen von maßgebender Relevanz. Ein Verzicht auf die zwingende Angabe von Ort und Zeit ließe daher Zweifel an der Echtheit des Testaments regelmäßig nicht aufkommen.

Für die Entbehrlichkeit dieser Angaben spricht überdies entscheidend, daß diese weder beim Notartestament noch beim Bürgermeistertestament oder eigenhändigen Testament des BGB Wirksamkeitsvoraussetzung sind. Schon hieraus wird deutlich, daß eine unbedingte Notwendigkeit zur Authentizitätsermittlung nicht gegeben sein kann. Die Zeugen können zudem über Ort und Zeit der Niederschrift vernommen werden, falls diese Angaben im Einzelfall für die Feststellung der Wirksamkeit doch einmal unerläßlich sein sollten.

3. Zeugenunterschriften

Die Zeugenunterschriften stellen sich als ebenso unverzichtbar dar wie auch die Unterschriften sonstiger Urkundspersonen bei anderen Arten der Beurkundungen.[137]

Da der Erblassertod bei Zulassung einer nach diesem erfolgenden Niederschriftsanfertigung ebensowenig eine zeitliche Begrenzung der Zeugenunterschriftsleistung darstellt, können diese grundsätzlich noch bis zur Testamentseröffnung nachgeholt werden. Zu einer Formnichtigkeit in Ermangelung (rechtzeitiger) Zeugentunterschriften kann es daher kaum kommen, zumal die Zeugen bei Ablieferung der Niederschrift in amtliche Verwahrung auf die Notwendigkeit der Unterschriftsleistung hingewiesen werden können.

Trotz des Festhaltens am Formerfordernis der Zeugenunterschriften ist daher das unter diesem Gesichtspunkt bestehende Formnichtigkeitsrisiko als denkbar gering zu bewerten.

---

[137] Vgl. zur rechtlichen Bedeutung der Unterzeichnung durch die Urkundsperson, 3. Teil, 2. Abschn. E. I. 2. b).

Gesetzesvorschlag

Vor dem Hintergrund der vorstehenden Untersuchungen läßt sich feststellen, daß die geltende Gesetzeslage in vielfacher Hinsicht eine Korrektur erfordert.

An den gesetzlichen Erfordernissen des *Bürgermeistertestaments* muß dabei allerdings weitgehend festgehalten werden, um mit diesem eine möglichst sichere Nottestamentsform zu bewahren. Hierbei bedarf die unklare Gesetzeslage in § 2249 Abs. 6 BGB der Konkretisierung.

Das *Zeugentestament* ist demgegenüber völlig neu zugestalten, da nach der hier vertretenen Auffassung das Festhalten an einer Beurkundungsverhandlung und der Niederschriftsanfertigung noch zu Lebzeiten des Erblassers eine unangemessene und überzogene Anforderung an die Form dieses allerletzten Notbehelfs darstellt.

Auch die veralteten Zulässigkeitsfallgruppen sind abzuschaffen, um den heutigen Umständen besser gerecht werden zu können.

Auf der Grundlage der obigen Untersuchungen wird folgende Gesetzesneufassung angeregt[1]:

– § 2249 Abs. 1 soll lauten:

Ist zu besorgen, daß der Erblasser früher sterben werde, als die Errichtung eines Testaments vor einem Notar möglich ist, so kann er das Testament zur Niederschrift des Bürgermeisters der Gemeinde, in der er sich aufhält, errichten. Der Bürgermeister muß zur Beurkundung *einen* Zeugen zuziehen. Als Zeugen kann nicht zugezogen werden, wer in dem zu beurkundenden Testament bedacht oder zum Testamentsvollstrecker ernannt wird; die Vorschriften des §§ 7, 27 des Beurkundungsgesetzes gelten entsprechend. Für die Errichtung gelten die Vorschriften der §§ 2232, 2233 sowie die Vorschriften der §§ 2, 4, 5 Abs. 1, §§ 6 bis 10, 11 Abs. 1 Satz 2, Abs. 2, § 13 Abs. 1, 3, §§ 16, 17, 23, 24, 26 Abs. 1 Nr. 3, 4, Abs. 2, §§ 27, 28, 30 bis 32, 34, 35 des Beurkundungsgesetzes; der Bürgermeister tritt an die Stelle des Notars. Die Niederschrift muß

[1] Änderungen des bisherigen Gesetzestextes sind kursiv hervorgehoben.

auch von *dem* Zeugen unterschrieben werden. Vermag der Erblasser nach seinen Angaben oder nach der Überzeugung des Bürgermeisters seinen Namen nicht zu schreiben, so wird die Unterschrift des Erblassers durch die Feststellung dieser Angabe oder Überzeugung in der Niederschrift ersetzt.

– Absätze 2 bis 5 soll unverändert gelten.

– Absatz 6 soll lauten:

Der Gültigkeit eines Bürgermeistertestaments, in dem die mündliche Erblassererklärung in Gegenwart der Zeugen niedergelegt, vom Erblasser nach Verlesung genehmigt und vom Bürgermeister unterschrieben wurde, steht nicht entgegen, daß die sonstigen Errichtungsvorschriften des Abs. 1 nicht erfüllt sind, wenn mit Sicherheit anzunehmen ist, daß das Testament eine zuverlässige Wiedergabe der Erklärung des Erblassers enthält.

Stirbt der Erblasser nach seiner Genehmigung vor Unterzeichnung durch den Bürgermeister, so hat dieser die Beurkundungsverhandlung durch seine Unterschriftsleistung zum Abschluß zu bringen.

– § 2250 BGB soll lauten:

Wer sich in so naher Todesgefahr befindet, daß die Errichtung eines ordentlichen Testaments voraussichtlich nicht mehr möglich ist, kann eine mündliche letztwillige Verfügung errichten.

Zu diesem Zweck hat er seinen letzten Willen vor zwei Zeugen zu erklären und sie zu beauftragen, seiner Verfügung die nötige Beurkundung zu verschaffen.

Die mündliche Verfügung ist von den Zeugen unverzüglich niederzuschreiben, von beiden Zeugen zu unterschreiben und mit der Erklärung, daß der Erblasser ihnen im Zustand der Testierfähigkeit unter den obwaltenden besonderen Umständen diesen letzten Willen mitgeteilt habe, ohne Verzug in die besondere amtliche Verwahrung zu geben.

Ort und Zeit der Errichtung sollen in der Niederschrift angegeben werden.

Die Niederschrift kann außer in der deutschen auch in einer anderen Sprache aufgenommen werden. Der Erblasser und die Zeugen müssen der Sprache der Niederschrift hinreichend kundig sein; dies soll in der Niederschrift festgestellt werden, wenn sie in einer anderen als der deutschen Sprache aufgenommen wird.[2]

Die beiden Zeugen können stattdessen die Verfügung mit der gleichen Erklärung bei einem Amtsgericht zu Protokoll geben.

Ist die Verbringung in amtliche Verwahrung unterblieben, ist das Testament gleichwohl wirksam, wenn es vom Erblasser unterschrieben wurde.

Auf die Zeugen sind die Vorschriften der § 6 Abs. 1 Nr. 1 bis 3, §§ 7, 26 Abs. 2 Nr. 2 bis 5, § 27 des Beurkundungsgesetzes entsprechend anzuwenden.[3]

– § 2251 BGB soll aufgehoben werden.

– § 2252 Abs. 1 BGB soll lauten:

Ein nach *§ 2249 oder § 2250* errichtetes Testament gilt als nicht errichtet, wenn seit der Errichtung drei Monate verstrichen sind und der Erblasser noch lebt.

– § 2252 Abs. 2 BGB soll lauten:

Beginn und Lauf der Frist sind gehemmt, solange der Erblasser außerstande ist, ein Testament *eigenhändig oder* vor einem Notar zu errichten.

– § 2252 Abs. 3 BGB soll aufgehoben werden.

– § 2252 Abs. 4 BGB soll unverändert gelten.

– § 2258 a Abs. 2 Nr. 3 soll lauten:

(Örtlich zuständig ist:)

wenn das Testament nach § 2247 *oder § 2250* errichtet ist, jedes Amtsgericht.

---

[2] Entspricht § 2250 Abs. 3 Satz 3 und 4 der geltenden Gesetzeslage.

[3] Entspricht § 2250 Abs. 3 Satz 2 1. Halbsatz der geltenden Gesetzeslage.

Literaturverzeichnis

Beutgen, Monika: Die Geschichte der Form des eigenhändigen Testaments, Diss. Köln 1991

Boehmer, G.: Privattestamente mit vorgedruckter Ortsangabe, in: ZAkDR 1938, 264

Brox, Hans: Erbrecht, 14. Auflage, Köln, Berlin, Bonn, München 1993

Burger, Ulrike: Probleme der gesetzlichen Schriftform, Diss. München 1975

Coing, Helmut: Urteilsanmerkung zu OLG Stuttgart, NJW 1949, 755

Dietz, Rolf: Erbrecht, Bonn 1949

Dittmann / Reimann / Bengel: Testament und Erbvertrag, 2. Auflage, München 1986

Ebel, Wilhelm: Recht und Form, Vom Stilwandel im deutschen Recht, Tübingen 1975

Ebenroth, Carsten Th.: Erbrecht, München 1992

Ehrenzweig, Armin / *Ehrenzweig*, Adolf: System des österreichischen allgemeinen Privatrechts, 4. Buch: Das Erbrecht, Wien 1983

Erman: Handkommentar zum Bürgerlichen Gesetzbuch, 2. Band, §§ 854-2385, 9. Auflage, Münster 1993

Escher, Arnold: Das Erbrecht, Züricher Kommentar zum schweizerischen Gesetzbuch, Erste Abteilung: Die Erben, Band III, 3. Auflage, Zürich 1959 / 60

Esser / Schmidt: Schuldrecht, Allgemeiner Teil, Band I, Teilband 1: Entstehung, Inhalt und Beendigung von Schuldverhältnissen, 7. Auflage, Heidelberg 1992

Feil, Erich von: ABGB, Handkommentar für die Praxis, Band IV, Erbrecht und Rechtsgemeinschaft, §§ 531-858, Eisenstadt 1977 (Österreich)

Finke: Aufnahme von Nottestamenten durch die Bürgermeister, 2. Auflage, 1938

Firsching, Karl: Fragen des Testamentsrechts, in: DNotZ 1955, 283

Gans, Eduard: Das Erbrecht in weltgeschichtlicher Entwicklung, Band 2, Berlin 1825

Glück, Christian, F. von: Ausführliche Erläuterung der Pandecten, Band 32, Erlangen 1830

Göhring / Posch: Zivilrecht, Lehrbuch, Teil 2, Staatsverlag der DDR, Berlin 1981

Görgens, Bernhard: Die Bindung des Richters an das Gesetz und die Formerfordernisse des eigenhändigen Testaments, Diss. Bochum 1975

– Überlegungen zur Weiterentwicklung des § 2247 BGB (Eigenhändiges Testament), in: JR 1979, 357

Grundmann, Stefan: Favor Testamenti, Zur Formfreiheit und Formzwang bei privatschriftlichen Testamenten, in: AcP 187, 429

Gutzeit-Wöhrmann: Das Nottestament, 12. Auflage, Berlin 1938

Haegele, Karl: Urteilsanmerkung zu BGHZ 37, 79, in: Rechtspfleger 1963, 194

– Beurkundung eines Nottestaments durch den Bürgermeister, mit einem Überblick über das Erbrecht und Erbschaftssteuerrecht, Die Fundstelle, Heft Nr. 950, 2. Auflage, Stuttgart 1969

– Nottestament-Mappe, Stuttgart 1970

– Grundbuchrecht, 8. Auflage, München 1986

Hahn, Carl: Materialien zur Zivilprozeßordnung, 1. und 2. Abteilung, 2. Auflage, Berlin 1881

Harder, Manfred: Urteilsanmerkung zu BGH LM Nr. 4 zu § 2250, in: LM Nr. 4 zu § 2250

Hesse, W.: Militärtestamente, Zur fünften Verordnung zur Ergänzung des Gesetzes über die freiwillige Gerichtsbarkeit und andere Rechtsangelegenheiten in der Wehrmacht vom 6. September 1943 (RGBl. I S. 537), in: DJ 1944, 109

Hippel, Fritz von: Formalismus und Rechtsdogmatik, Hamburg 1935

– Nochmals: Die Unterschrift des eigenhändigen Testaments, in: ZAkDR 1942, 104

Homeyer, Otto: Das Gemeindetestament in geschichtlicher Entwicklung unter besonderer Berücksichtigung einiger Fragen des modernen Rechts, Diss., Erlangen 1908

Horber / Demharter: Grundbuchordnung, 20. Auflage, München 1993

Huhn / von Schuckmann: Beurkundungsgesetz, 2. Auflage, Berlin, New York 1987

Jansen, Paul: FGG, 3. Band, Berlin 1971

Johannsen: Die Rechtsprechung des Bundesgerichtshofs auf dem Gebiete des Erbrechts, 7. Teil: Das Testament, 1. Abschnitt: Testamentserrichtung und Widerruf, in: WM 1971, 402

Keidel / Kuntze / Winkler: Freiwillige Gerichtsbarkeit, Teil B: Handausgabe des Beurkundungsgesetzes mit Erläuterungen, 12. Auflage, München 1986

Kipp / Coing: Erbrecht, Ein Lehrbuch, 9. Auflage, Tübingen 1953

– Erbrecht, Ein Lehrbuch, 14. Auflage, Tübingen 1990 (zitiert, wenn keine andere Angaben)

Klang / Gschnitzer: Kommentar zum allgemeinen bürgerlichen Gesetzbuch, Band 3, §§ 531-858, 2. Auflage, Wien 1952

Klau, Oskar: Über außerordentliche Testamentsformen, Diss., Borna, Leipzig 1911

Kretzschmar, Ferdinand: Das Erbrecht des Deutschen Bürgerlichen Gesetzbuchs, 2. Auflage, Leipzig 1913

Kröner, Walther: Die bei der Errichtung eines Gemeindetestaments von der Urkundsperson zu beachtenden zwingenden Vorschriften, Diss., Würzburg 1909

Lange, Heinrich: Bindung des Erblassers an seine Verfügungen, in: NJW 1963, 1571

– Das Gesetz über die Errichtung von Testamenten und Erbverträgen, in: ZAkDR 1938, 577

– Das Recht des Testaments, 1. Denkschrift des Erbrechtsausschusses der Akademie für Deutsches Recht, Tübingen 1937

– III. Literatur, Fritz von Hippel, Formalismus und Rechtsdogmatik, in: AcP 143, 99

Lange / Kuchinke: Lehrbuch des Erbrechts, 2. Auflage, München 1978

Larenz, Karl: Allgemeiner Teil des Deutschen Bürgerlichen Rechts, 7. Auflage, München 1989

– Lehrbuch des Schuldrechts, Band I, Allgemeiner Teil, 14. Auflage, München 1987

Leipold, Dieter: Erbrecht, 10. Auflage, Tübingen 1993

– Wille, Erklärung und Form – insbes. bei der Auslegung von Testamenten, in: Festschrift für Müller-Freienfels, 1. Auflage, Baden-Baden, 1986

Leopold, Johannes: Testamentsrecht, Ein Handbuch des gesamten Rechts der Verfügungen von Todes wegen mit 22 Mustern und ausführlichem Sachregister, Berlin 1939

Lübtow, Ulrich von: Erbrecht, 1. Halbband, Berlin 1971

Marcus, Josef: Das Deutsche Testament, insbes. das Privat- und Nottestament, Berlin, Wien 1928

– Das Deutsche Testament, insbes. der eigenhändige letzte Wille, im Zusammenhang mit dem übrigen Erbrecht und dem Familienrecht, 5. Auflage, Berlin, Wien 1928

Mattern: Urteilsanmerkung zu BGH LM Nr. 1 zu § 2249, in LM Nr. 1 zu § 2249

Mecke / Lerch: Beurkundungsgesetz, 2. Auflage, München 1991

Medicus, Dieter: Allgemeiner Teil des BGB, 5. Auflage, Heidelberg 1992

Meikel: Grundbuchrecht, Band 2, §§ 17-44, Frankfurt / M., München 1988

Meischeider, E.: Die letztwilligen Verfügungen nach dem Bürgerlichen Gesetzbuch für das Deutsche Reich, Leipzig 1900

Meyer, Paul: Das Erbrecht des Bürgerlichen Gesetzbuchs für das Deutsche Reich, Marburg 1904

Ministerium der Justiz (DDR): Kommentar zum Zivilgesetzbuch der Deutschen Demokratischen Republik vom 19. Juni 1975, Berlin (Ost) 1983

Mommsen, Friedrich: Entwurf eines Deutschen Reichsgesetzes über das Erbrecht nebst Motiven, Braunschweig 1876

Morezoll, A.: Über das sogenannte testamentum rusticorum, in: AcP 9, 297

Motive: Zu dem Entwurfe eines Bürgerlichen Gesetzbuchs für das Deutsche Reich, Band V., Erbrecht, Amtliche Ausgabe, Berlin, Leipzig 1888

Münchener Kommentar: Zum Bürgerlichen Gesetzbuch, Band 6, Erbrecht, §§ 1922-2385, §§ 27-35 BeurkG, 2. Auflage, München 1989

– Zur Zivilprozeßordnung, Band 2, §§ 355-802, München 1992

Mugdan, B.: Die gesammten Materialien zum Bürgerlichen Gesetzbuch für das Deutsche Reich, V. Band: Erbrecht, Berlin 1899

Palandt, Otto: Bürgerliches Gesetzbuch, 53. Auflage, München 1994

Piotet, Paul: Erbrecht, 4. Band, 1. Halbband, Basel, Stuttgart 1978

Planck: Bürgerliches Gesetzbuch mit Einführungsgesetz, 5. Band, Erbrecht, 3. Auflage, Berlin 1908

RGRK: Das Bürgerliche Gesetzbuch, mit besonderer Berücksichtigung der Rechtsprechung des Reichsgerichts und des Bundesgerichtshofs, Band V., 2. Teil, §§ 2147-2385, 12. Auflage, Berlin, New York 1975

Ripfel, Franz: Urteilsanmerkung zu KG DR 1939, 384, in KG DR 1939, 386

Rummel, Peter: AGBG, Kommentar zum Allgemeinen Bürgerlichen Gesetzbuch, 1. Band, §§ 1-1174, 2. Auflage, Wien 1990

Saage: Vorlesen des Protokolls bei gerichtlicher oder notarieller Beurkundung, in: DNotZ 1959, 344

Schwimann, Michael: Praxiskommentar zum Allgemeinen Bürgerlichen Gesetzbuch, 1. Band, §§ 1-1174 ABGB, Wien 1990

Schlegelberger: Gesetz über die Angelegenheiten der Freiwilligen Gerichtsbarkeit, 2. Band, §§ 125-200, 7. Auflage, Köln, Berlin 1956

Schlüter, Wilfried: Erbrecht, 12. Auflage, München 1986

Schütze, Hermann : Das Nottestament vor dem Bürgermeister, Berlin 1949

Soergel: Bürgerliches Gesetzbuch, Band 9, §§ 1922-2385, BeurkG, 12. Auflage, Stuttgart, Berlin, Köln, Stand: Frühjahr 1992

Sohm, Rudolph: Institutionen. Geschichte und System des Römischen Privatrechts, 15. Auflage, München, Leipzig 1917

Staudinger, J. von: Kommentar zum Bürgerlichen Gesetzbuch mit Einführungsgesetz und Nebengesetzen, V. Buch, Erbrecht, 12. Auflage, Berlin 1983 (zitiert, wenn keine weitere Angaben)

– Kommentar zum Bürgerlichen Gesetzbuch mit Einführungsgesetz und Nebengesetzen, V. Buch, Erbrecht, 2. Teil, 10. / 11. Auflage, Berlin 1960

Stobbe, Otto: Handbuch des Deutschen Privatrechts, 5. Band, 1. und 2. Auflage, Berlin 1885

Strohal, Emil: Grundriß des deutschen Erbrechts, Berlin 1914

Thomas / Putzo: Zivilprozeßordnung, 18. Auflage, München 1993

Tuor, Peter: Schweizerisches Zivilgesetzbuch, Das Erbrecht, Erste Abteilung: Die Erben, Art. 457-536, 2. Auflage, Bern 1964

Vogels, W.: Inwieweit sind die Testamentsformendes Bürgerlichen Gesetzbuchs erneuerungsbedürftig?, in: ZAkDR 1935, 635

– Beurkundung eines Nottestaments durch den Bürgermeister nach dem Testamentsgesetz vom 31. Juli 1938 (RGBl. I S. 973), in: StAZ 1938, 425

– Das neue Testamentsrecht (nach dem Gesetz vom 31. Juli 1938, RGBl. I S. 973), in: DJ 1938, 1269

– Urteilsanmerkung zu KG DR 1940, 1685, in: DR 1940, 1686

Vogels / Seybold: Gesetz über die Errichtung von Testamenten und Erbverträgen, 4. Auflage, Berlin, München 1949

Wagner, M.: Das Militärtestament, in: ZAkDR 1943, 222

Weigelin, Ernst: Urteilsanmerkung zu KG SJW 1948, 200, in: SJW 1948, 201

– Urteilsanmerkung zu OLG Gera SJW 1948, 201, in: SJW 1948, 202

Welter, Wolfgang: Auslegung und Form testamentarischer Verfügungen, Frankfurt am Main, Bern, New York, 1985

Windscheid / Kipp: Lehrbuch des Pandektenrechts, 9. Auflage, Frankfurt am Main, 1906

Wolf, M. / *Gangel*, A.: Der nicht formgerecht erklärte Erblasserwille und die Auslegungsfähigkeit eindeutiger testamentarischer Verfügungen, in: JuS 1983, 663

Kolibri 360 GmbH
Ferdinand-Jühlke-Straße 7
99095 Erfurt, Deutschland
produktsicherheit@kolibri360.de

Druck:
CPI Druckdienstleistungen GmbH
im Auftrag der
Kolibri 360 GmbH
Ferdinand-Jühlke-Str. 7
99095 Erfurt